Lars Fedeler

DEUTSCH

Klassenarbeiten

ALL INCLUSIVE

Klasse 5–10

W0415118

fertig ausgearbeitet
mit Erwartungshorizont und Musterlösung
für alle schriftlichen Aufgabentypen

Verlag an der Ruhr

Impressum

Titel
Klassenarbeiten all inclusive. Deutsch Klasse 5–10
fertig ausgearbeitet | mit Erwartungshorizont und Musterlösung |
für alle schriftlichen Aufgabentypen

Autor
Lars Fedeler

Titelbildmotiv, Rahmenlayoutmotive
© Aquir – Fotolia.com

Lektorat
Silke Schwetschenau, Quadrum Media

Satz und Layout
ebene N, Mülheim an der Ruhr

Druck
AZ Druck und Datentechnik GmbH, Kempten, DE

Verlag an der Ruhr
Mülheim an der Ruhr
www.verlagruhr.de

Geeignet für die Klassen 5–10

Urheberrechtlicher Hinweis

Das Werk und seine Teile sind urheberrechtlich geschützt. Jede Verwendung in anderen als den gesetzlich zugelassenen Fällen bedarf der vorherigen schriftlichen Einwilligung des Verlages. Im Werk vorhandene Kopiervorlagen dürfen vervielfältigt werden, allerdings nur für jeden Schüler der eigenen Klasse/des eigenen Kurses. Die dazu notwendigen Informationen (Buchtitel, Verlag und Autor) haben wir für Sie als Service bereits mit eingedruckt. Diese Angaben dürfen weder verändert noch entfernt werden. Die Weitergabe von Kopiervorlagen oder Kopien (auch von Ihnen veränderte) an Kollegen, Eltern oder Schüler anderer Klassen/Kurse ist nicht gestattet.
Der Verlag untersagt ausdrücklich das Herstellen von digitalen Kopien, das digitale Speichern und Zurverfügungstellen dieser Materialien in Netzwerken (das gilt auch für Intranets von Schulen und sonstigen Bildungseinrichtungen), per E-Mail, Internet oder sonstigen elektronischen Medien außerhalb der gesetzlichen Grenzen. Kein Verleih. Keine gewerbliche Nutzung. Zuwiderhandlungen werden zivil- und strafrechtlich verfolgt.

Bitte beachten Sie die Informationen unter www.schulbuchkopie.de.

Soweit in diesem Produkt Personen fotografisch abgebildet sind und ihnen von der Redaktion fiktive Namen, Berufe, Dialoge u. Ä. zugeordnet oder diese Personen in bestimmte Kontexte gesetzt werden, dienen diese Zuordnungen und Darstellungen ausschließlich der Veranschaulichung und dem besseren Verständnis des Inhalts.

Trotz sorgfältiger inhaltlicher Kontrolle kann keine Haftung für die Inhalte externer Seiten, auf die mittels eines Links verwiesen wird, übernommen werden. Für den Inhalt der verlinkten Seiten sind ausschließlich deren Betreiber verantwortlich.

© Verlag an der Ruhr 2018
ISBN 978-3-8346-3925-7

Inhaltsverzeichnis

Inhaltsverzeichnis

Vorwort

„Warum sind Sie Lehrer* geworden?", fragte mich vor einiger Zeit eine Referendarin im Rahmen eines Interviews. Die Antwort fiel mir nicht schwer und kam von Herzen: „Es bereitet mir Freude, junge Menschen für Themen zu begeistern." Eine weitere Interviewfrage lautete: „Was finden Sie an Ihrem Beruf besonders stressig?" Auch in diesem Fall musste ich nicht lange über eine passende Antwort nachdenken: „Klassenarbeiten und Korrekturen – vor allem im Fach Deutsch." Mit dieser Einschätzung stehe ich nicht allein. Die Auswertung des Interviews ergab, dass Klassenarbeiten mitsamt Korrekturaufwand von den befragten Lehrkräften als mindestens genauso nervig wahrgenommen wurden wie grobe Unterrichtsstörungen und laute Klassen.

Deutschlehrer wird man nicht, weil man Freude am Erstellen und Korrigieren schriftlicher Arbeiten hat.
Im Gegenteil: Für die meisten von uns ist die Tatsache, ein **„Korrekturfach"** zu unterrichten, eine ziemlich bitter schmeckende Kröte, die es im Berufsalltag immer wieder zu schlucken gilt.

Kennen Sie das?

- Die oft langwierige **Suche nach dem passenden Klassenarbeitstext** am Ende einer Unterrichtsreihe, die besonders quälend ist, wenn man noch wenig Berufserfahrung hat?
- Das oft mühevolle Bestreben, vor der Klassenarbeit maßgeschneidertes **Übungsmaterial zu finden**, um die Lerngruppe für den „Ernstfall" fit zu machen?
- Die Herausforderung, schwachen Schülern, die auf kleinschrittige und einfach formulierte Lerntipps angewiesen sind, die oft sperrig wirkende **Fachmethodik in verständlicher Form zu vermitteln?**
- Schließlich die Mühe, Klassenarbeiten in der **hektischen „Korrekturphase"** vor einem Halbjahresende mit einer fundierten **Musterlösung** und einem fachgerechten **Erwartungshorizont** zu versehen?

Wenn wir Lehrkräfte über den **Aufwand der Vor- und Nachbereitung** stöhnen, sollte uns jedoch bewusst sein, dass es Menschen gibt, für die Klassenarbeiten einen erheblich größeren Stressfaktor bedeuten: unsere Schüler – die Hauptpersonen im Klassenzimmer. Sie sind regelmäßig dazu verdonnert, ihre Fähigkeiten und Fertigkeiten im Anforderungsbereich Schreiben unter Zeitdruck zu präsentieren und sich anschließend in Form einer Ziffer beurteilen zu lassen. Belastend kommt hinzu, dass sich Schüler oft mit dem **Lernen für Deutscharbeiten** schwertun. Für Mathe kann man Formeln büffeln, für Englisch Vokabeln – und für das Fach Deutsch? Da lässt sich der Erfolg nicht einfach „herbeipauken".

---

* Aus Gründen der besseren Lesbarkeit haben wir in diesem Buch überwiegend die männliche Form verwendet. Natürlich sind damit auch immer Frauen und Mädchen gemeint, also Lehrerinnen, Schülerinnen etc.

Vorwort

Deutscharbeiten sind also für alle Personen im Klassenraum ein irgendwie leidiges Thema, vor dem sich jedoch keiner drücken kann. Deshalb zielt das vorliegende Material darauf ab, **Lehrende und Lernende** im Schulalltag beim Vorbereiten und Korrigieren von Klassenarbeiten zu unterstützen.

Für jede Klassenstufe im Sekundarbereich I finden Sie **zu jedem Aufgabentyp** jeweils eine **Klassenarbeit** und **Begleitmaterial**. Damit haben Sie vielfältige Möglichkeiten zur Vorbereitung, Durchführung und Korrektur schriftlicher Arbeiten.
Sie können das Material **zur Übung** verwenden, um Ihre Lerngruppe auf die nächste Deutscharbeit vorzubereiten. Wenn Sie stattdessen die Texte direkt **für die Klassenarbeit** nutzen möchten, sind ein **Erwartungshorizont für die Lehrkraft** sowie ein weiterer **für die Schüler**, der ihnen aufzeigt, was sie für die Arbeit wissen müssen, und zugleich **praktische Lerntipps** gibt, sowie eine **Musterlösung** inklusive.

Dieses praxisorientierte Buch soll Ihnen in verschiedenen Unterrichtssituationen **Hilfestellungen bieten, Möglichkeiten aufzeigen** und vor allem **Entlastung bringen**, damit

- Ihnen die zeitraubende Suche nach passenden **Klassenarbeitstexten** sowie die langwierige Formulierung von fundierten **Bewertungskriterien und Musterlösungen** erspart bleibt,
- Sie vor einer Klassenarbeit ohne Aufwand **maßgeschneidertes Material zum Üben** parat haben, um Ihre Lerngruppe für die Arbeit fit zu machen,
- Sie den Lernprozess besonders schwacher Schüler mit **adressatengerecht formulierten Lerntipps** fördern können und die Fachmethodik nicht mehr sperrig wirkt,
- alle Lernenden wissen, worauf es in der jeweiligen Klassenarbeit **inhaltlich und methodisch** ankommt,
- Sie in der **hektischen „Korrekturphase"** vor dem Ende eines Halbjahres entlastet werden, indem Sie auf **fertiges Material** zur Vorbereitung und Nachbereitung der Klassenarbeit zugreifen können.

Ich wünsche Ihnen und Ihren Schülern **viel Erfolg und Freude bei der Arbeit mit den Materialien** und hoffe, dass in Zukunft das Thema „Klassenarbeiten" nicht mehr ganz so sauer schmeckt.

Ihr Lars Fedeler

Didaktische Hinweise

Das vorliegende Buch eignet sich vorrangig für den Einsatz in den Schulformen Gymnasium und Gesamtschule. In Anbetracht der vielfältigen Verwendungsoptionen und ausführlicher Lerntipps für die Schüler ist es zudem für den Deutschunterricht in der Realschule angemessen. Die Konzeption der Materialien ist auf den praktischen Nutzen im Schulalltag ausgerichtet und kann sowohl für Übungszwecke als auch für Klassenarbeiten eingesetzt werden.

Aufbau

Das Buch bietet Ihnen **einsatzfertige Materialpakete** für **alle Klassenstufen der Sekundarstufe I**. Es ist in **sechs Kapitel** gegliedert, die inhaltlich den **sechs Aufgabentypen für schriftliche Arbeiten*** entsprechen: Erzählen, Schreiben informativer Texte, Erörterung, Schreiben argumentativer Texte, Interpretation und Analyse literarischer und pragmatischer Texte, Überarbeitung von Texten und produktionsorientiertes Schreiben. Innerhalb jedes Hauptkapitels bilden die Teilkapitel für die **Jahrgangsstufen 5 bis 10** eine weitere Gliederungsebene. Jedes jahrgangsstufenbezogene **Teilkapitel** enthält ein kompaktes Materialpaket mit folgenden Inhalten:

- Am Anfang finden Sie jeweils eine themenbezogene **Klassenarbeit** als einsatzfertige Kopiervorlage für die Schüler mit Text, Arbeitsauftrag und Hinweisen zur Bearbeitung.
- Der **Erwartungshorizont für die Lehrkraft** enthält jeweils einen Anforderungskatalog für die Bereiche **Inhalt** und **Darstellung**. Anbei finden Sie einen Punkteschlüssel, den Sie zur Benotung nutzen können.
- Auf den Kopiervorlagen **„Wissen, worauf es ankommt"** finden die Schüler die Anforderungen für die Klassenarbeiten. Die Kriterien des Lehrer-Erwartungshorizonts sind hier für Jugendliche verständlich umformuliert. Außerdem bieten diese Vorlagen **Möglichkeiten der Selbsteinschätzung** sowie **Anregungen zur Vorbereitung bzw. Nachbereitung**.
- Die zusätzlichen **Tipps zum Thema** richten sich als fachmethodische Förderhilfen besonders an schwache und sehr schwache Schüler. Der Übungsschwerpunkt liegt dabei nicht nur auf dem Schreiben der eigentlichen Klassenarbeit, sondern auch auf der richtigen Vorarbeit. Beispiele dienen der Veranschaulichung.
- Die **kopierbaren Materialien** erkennen Sie an diesem Doppelstern: ★★

---

* Die Aufgabentypen sind angelehnt an die Aufgabentypen des Faches Deutsch der Sekundarstufe I des Landes NRW. Sie orientieren sich an den Bildungsstandards der Kultusministerkonferenz und sind somit bundesländerübergreifend relevant.

Didaktische Hinweise

- Eine **Musterlösung für jede Klassenarbeit** finden Sie auf den Seiten **„Mögliches Ergebnis"**. Hier sind besonders wichtige Elemente und die ausschlaggebenden Kriterien für die Bewertung der Arbeit farbig markiert. Die Musterarbeiten sollen Ihnen lediglich Anhaltspunkte liefern und stellen jeweils eine „Ideallösung" dar, die mögliche Maximalziele aufzeigt.

Text- und Themenwahl

Zur nahtlosen Einbindung in Ihren Unterricht orientiert sich die **Textauswahl** an gängigen **Standardthemen**, die in häufig genutzten Lehrwerken der Sekundarstufe I vorkommen. Darüber hinaus beziehen sich die Klassenarbeiten auf **aktuelle Themen aus der Lebenswelt der Schüler**. Neben der Erfüllung fachlicher Ansprüche sind die Texte somit für die Schüler inhaltlich interessant und haben motivierenden Charakter.

Einsatzvarianten

Grundsätzlich bietet Ihnen das Buch **zwei Einsatzvarianten** in Ihrem Deutschunterricht. Sie können **flexibel** entscheiden, welche Art der Verwendung am besten zur Planung der entsprechenden Unterrichtsreihe passt.

1) Die Texte lassen sich **direkt für Klassenarbeiten** nutzen. In dem Fall richten Sie Ihre Planung im Vorfeld auf den jeweiligen Text aus. Im Zusatzmaterial werden sämtliche Methodenkompetenzen aufgezeigt, auf die es beim Klassenarbeitsthema ankommt. Die anschließende Korrektur erfolgt dann bequem auf Grundlage des einsatzfertigen Lehrer-Erwartungshorizonts und der Musterlösung. Bei dieser ersten Nutzungsvariante bietet das Schülermaterial die Möglichkeit einer intensiven und individuellen Nachbereitung.

2) Sie können die Texte aber auch als **vorbereitendes Trainingsmaterial** für Klassenarbeiten verwenden. In den einzelnen Kapiteln finden Sie viele inhaltliche und methodische Orientierungshilfen für die Gestaltung von Übungen sowie für die Erstellung eigener Klassenarbeiten. Diese Anregungen bieten die Möglichkeit, Ihre Schüler individuell – dem Leistungsvermögen entsprechend – auf den „Ernstfall Klassenarbeit" vorzubereiten. Jedes Materialpaket ist mit Erläuterungen ausgestattet, die im Hinblick auf leistungsschwache Lernende verständlich formuliert sind. So muss in der Übungsphase vor einer Klassenarbeit kein Schüler „zurückbleiben".

Didaktische Hinweise

Bewertungskriterien

Die Bewertungssysteme für Klassenarbeiten im Fach Deutsch im Sekundarbereich I unterscheiden sich regional sowie von Schulform zu Schulform. Vor dem Hintergrund der Vielzahl an Maßstäben zur Notenfindung, die im deutschsprachigen Raum existieren, ist der **Notenschlüssel**, der in diesem Buch auf einem 100-Punkte-Schema basiert, unter dem Erwartungshorizont für die Lehrkraft nur als **Vorschlag** zu verstehen. Pro Klassenarbeit werden einzelne Leistungsaspekte gewichtet und in ein Gesamtverhältnis gesetzt, das jeweils pro Arbeit unterschiedlich ist. Es findet, etwa für gleiche Kompetenzerwartungen, kein absoluter Punktevergleich zwischen verschiedenen Klassenarbeiten statt. Die **Punktevergabe** für einzelne inhaltliche und sprachliche Kriterien hat nur den Charakter einer **Empfehlung** und kann von Ihnen individuell angepasst werden. Natürlich kann es pädagogische Gründe geben, einzelne Aspekte, wie Ausdrucksvermögen oder Kreativität, anders zu gewichten.

Zeitbedarf

Beachten Sie bei Ihren Zeitvorgaben für die Klassenarbeiten den Leistungsstand Ihrer Lerngruppe. Planen Sie Zeit für eine gründliche Vorarbeit sowie eine Selbstkontrolle der Rechtschreibung vor der Abgabe ein. Rechnen Sie für die hier angebotenen Klassenarbeiten mit folgendem Zeitbedarf:

Klasse 5	1 Unterrichtsstunde
Klasse 6	1 Unterrichtsstunde
Klasse 7	max. 2 Unterrichtsstunden
Klasse 8	max. 2 Unterrichtsstunden
Klasse 9	max. 3 Unterrichtsstunden
Klasse 10	max. 3 Unterrichtsstunden

G8

Die Teilkapitel für Klasse 10 sind so gestaltet, dass sie in Schulen mit verkürzter Sekundarstufe I (G8) in Klasse 9 verwendet werden können. Dies bedeutet, dass Ihnen als G8-Lehrkraft eine **umfangreiche Auswahl an Material** zur Verfügung steht.

Kapitel 1: Erzählen

Klasse 5

Eine Erlebnisgeschichte zum selbst gewählten Schreibziel verfassen

Klasse 6

Mithilfe eines Erzählkerns eine spannende Geschichte schreiben

Klassenarbeit

Thema:

Eine Erlebnisgeschichte zum selbst gewählten Schreibziel verfassen

Aufgaben:

1. Lege dein persönliches Schreibziel fest.
   Denke dir dazu eine Überschrift für eine Erlebnisgeschichte aus.
   Fülle unten die Lücke sinnvoll aus.
2. Übertrage deine Überschrift als Schreibziel ins Heft und schreibe dazu eine passende Geschichte.

Mein .... **Erlebnis**

Beachte!

- Denke an einen sinnvollen Aufbau der Erzählung (Einleitung ➡ Hauptteil ➡ Schluss).
- Verwende anschauliche und lebendige Formulierungen.

Viel Spaß und viel Erfolg!

Erwartungshorizont für die Lehrkraft

1) Inhaltliche Leistung

	Kompetenzerwartung: Der Schüler …	**Punkte (max.)**
1.	formuliert ein *persönliches Schreibziel.*	3
2.	erzählt die Erlebnisgeschichte in der *Ich-Perspektive.*	3
3.	beschreibt in der *Einleitung* die Ausgangssituation.	7
4.	erzählt im *Hauptteil* den Ablauf des Erlebnisses und achtet dabei auf einen erkennbaren Höhepunkt.	17
5.	rundet die Handlung im *Schlussteil* ab.	8
6.	schildert anschaulich und lebendig die eigenen *Stimmungen, Gefühle und Gedanken* während des Erlebnisses.	20
7.	achtet auf die *Logik* und Nachvollziehbarkeit der Erlebnisgeschichte.	12
	Teilsumme Inhalt:	**70**

2) Darstellungsleistung

	Kompetenzerwartung: Der Schüler …	**Punkte (max.)**
1.	erzählt die Erlebnisgeschichte in der Zeitform *Präteritum.*	3
2.	achtet auf eine schlüssige und gedanklich klare *Struktur* („Handlungstreppe").	6
3.	formuliert den Text in einem abwechslungsreichen und unterhaltsamen *Erzählstil* (Beschreibung von Gedanken und Gefühlen, passende Adjektive, wörtliche Rede).	7
4.	schreibt *grammatisch* korrekt (u. a. Syntax).	7
5.	schreibt *orthografisch* korrekt (Rechtschreibung, Zeichensetzung).*	7
	Teilsumme Inhalt:	**30**

Gesamtpunktzahl = Inhaltliche Leistung + Darstellungsleistung:	**100**

Vorschlag zur Benotung:

Note 1	Note 2	Note 3	Note 4	Note 5	Note 6
89 bis 100 P.	76 bis 88 P.	63 bis 75 P.	50 bis 62 P.	20 bis 49 P.	0 bis 19 P.

* Wenn der Schüler orthografische Regeln, die in Klasse 5 als bekannt vorausgesetzt werden, häufig nicht beachtet, wird die Note um eine Notenstufe abgesenkt. Drückt sich der Schüler sprachlich sehr sicher aus, wird die Note um eine Stufe angehoben. Für Schüler mit LRS sowie Deutsch als Zweitsprache gelten besondere Regelungen, die ggf. durch die Schulkonferenz festgelegt wurden.

Wissen, worauf es ankommt (1/3)

Aufgabe:

Schätze deinen Leistungsstand zu den einzelnen Anforderungen ein.
Kreuze an, wie gut du schon bist.

Der Inhalt deiner Erlebnisgeschichte

1. Formuliere dein **persönliches Schreibziel**.
   ☐ *Kann ich schon gut.* ☐ *Klappt überwiegend.* ☐ *Sollte besser werden.*

2. Erzähle die Geschichte aus deiner Sicht in der **Ich-Form**.
   ☐ *Kann ich schon gut.* ☐ *Klappt überwiegend.* ☐ *Sollte besser werden.*

3. Beschreibe in der **Einleitung** die Ausgangssituation.
   ☐ *Kann ich schon gut.* ☐ *Klappt überwiegend.* ☐ *Sollte besser werden.*

4. Erzähle im **Hauptteil** den Ablauf deines Erlebnisses und achte dabei auf einen erkennbaren Höhepunkt.
   ☐ *Kann ich schon gut.* ☐ *Klappt überwiegend.* ☐ *Sollte besser werden.*

5. Schließe die Handlung im **Schlussteil** ab.
   ☐ *Kann ich schon gut.* ☐ *Klappt überwiegend.* ☐ *Sollte besser werden.*

6. Schildere anschaulich und lebendig deine **Stimmungen, Gefühle und Gedanken** während des Erlebnisses.
   ☐ *Kann ich schon gut.* ☐ *Klappt überwiegend.* ☐ *Sollte besser werden.*

7. Achte darauf, dass deine Geschichte **verständlich und nachvollziehbar** ist.
   ☐ *Kann ich schon gut.* ☐ *Klappt überwiegend.* ☐ *Sollte besser werden.*

Wissen, worauf es ankommt (2/3)

Aufgabe:

- Schätze deinen Leistungsstand zu den einzelnen Anforderungen ein. Kreuze an, wie gut du schon bist.

➡ Die Art, wie du deine Geschichte schreibst (Darstellung)

1. Erzähle die Geschichte in der Zeitform **Präteritum (Vergangenheit).**
   ☐ *Kann ich schon gut.* ☐ *Klappt überwiegend.* ☐ *Sollte besser werden.*

2. Ordne die **Handlungsschritte** so an, dass sie wie Stufen einer Treppe zum Höhepunkt der Erzählung führen.
   ☐ *Kann ich schon gut.* ☐ *Klappt überwiegend.* ☐ *Sollte besser werden.*

3. Formuliere **abwechslungsreich** und **interessant**. Beschreibe deine Gedanken und Gefühle anschaulich, indem du oft **Adjektive und wörtliche Rede** verwendest.
   ☐ *Kann ich schon gut.* ☐ *Klappt überwiegend.* ☐ *Sollte besser werden.*

4. Achte auf die korrekte **Grammatik** (z. B. den richtigen Satzbau).
   ☐ *Kann ich schon gut.* ☐ *Klappt überwiegend.* ☐ *Sollte besser werden.*

5. Achte auf eine korrekte **Rechtschreibung** und **Zeichensetzung**.
   ☐ *Kann ich schon gut.* ☐ *Klappt überwiegend.* ☐ *Sollte besser werden.*

Anregungen zur Vorbereitung und Nachbereitung

- Übe, eigene Schreibziele zu formulieren. Denke dabei an einen besonderen Höhepunkt.
- Lege die Erzählschritte „stufenförmig" mit Blick auf den Höhepunkt an.
- Übe abwechslungsreiches Erzählen: Achte auf Satzanfänge, Adjektive, wörtliche Rede usw.
- Schreibe sprachlich korrekt und formuliere angemessen.
- Denke dran: Eine Erlebniserzählung bezieht sich auf ein bestimmtes Erlebnis. Sie muss „echt" wirken, auch wenn du dir manche Einzelheiten ausdenkst, damit die Geschichte interessanter wird.

Wissen, worauf es ankommt (3/3)

Tipps zum Thema

Lege dein persönliches Schreibziel fest

- Die Wörter „Mein ... Erlebnis" sind vorgegeben. Überlege dir, welches Erlebnis du erzählen möchtest, und fülle die Lücke mit einem passenden Wort aus (z. B. schönstes/schlimmstes/lustigstes/traurigstes). Du siehst, dass die zweite Steigerungsstufe von Adjektiven (Superlativ) in die Lücke passt.
- Suche dir ein ganz besonderes Erlebnis aus, über das du viel erzählen kannst.

Plane die Erzählung, indem du die W-Fragen beantwortest

- WER war beteiligt? – Notiere die **Namen**.
- WANN fand das Erlebnis statt? – Notiere den **Zeitpunkt**.
- WO hat es sich ereignet? – Notiere den **Ort**.
- WAS ist geschehen? – Notiere kurz, **worum es geht**.
- WIE ist es passiert? – Notiere kurz, **wie es dazu kam**.

Achte auf einen gelungenen Aufbau

- Gliedere deinen Text in **drei Teile**: Einleitung, Hauptteil, Schluss.
- Informiere in einer kurzen **Einleitung** über die Situation, in der du dich bei dem Erlebnis befunden hast. Nenne dabei die Beteiligten sowie Ort und Zeit.
- Erzähle den ganzen Ablauf ausführlich im **Hauptteil**. Stelle dir die Handlungsschritte als eine „Treppe" vor, die stufenweise zu einem „Höhepunkt" führt.
- Runde im **Schlussteil** die Handlung ab, indem du z. B. schreibst, was du aus dem Erlebnis gelernt hast oder warum du den Vorfall nie vergessen wirst.
- Bilde **Absätze** zwischen den Teilen deiner Geschichte. Sie erleichtern das Lesen.

Achte auf passende Formulierungen

- Schreibe in der **Ich-Form**, da du dein Erlebnis erzählst.
- Erzähle in der Zeitform **Präteritum** (Vergangenheit).
- Formuliere **abwechslungsreich** und und vermeide ständige Wortwiederholungen.
- Formuliere anschaulich. Nutze dazu
  - ➡ passende **Adjektive**,
  - ➡ **wörtliche Rede**,
  - ➡ interessant wirkende **Satzanfänge** (z. B. Plötzlich/Noch während/Wie befürchtet ...),
  - ➡ die Beschreibung von **Gedanken und Gefühlen** (z. B. Ich spürte heftige Gewissensbisse./Starr vor Schreck blieb ich stehen.).

Mögliches Ergebnis (1/2)

Das bedeuten die Hervorhebungen im Text:

Grün:	anschauliche Formulierungen, vor allem Adjektive und Adverbien
Rot:	Prädikate, die man statt „sagen" nutzen kann
Blau:	wörtliche Rede
Ocker:	interessant wirkende und abwechslungsreiche Satzanfänge

Mein unheimlichstes Erlebnis

„Komm, Lena, wir fahren schon mal vor!", forderte mich meine beste Freundin Lisa voller Tatendrang auf. „Ich habe keine Lust, zu warten, bis Herr Krause Jans platten Reifen geflickt hat!" „Hm, na gut", willigte ich zögerlich ein und spürte dabei heftige Gewissensbisse. Klassenlehrer Krause hatte uns nämlich streng verboten, bei unserer Radtour durchs Sauerland an diesem 1. Juni die Gruppe zu verlassen.
Andererseits war der Weg bis zum versteckt liegenden Grillplatz, wo unsere Eltern mit gegrillten Würstchen auf uns warteten, nicht mehr weit. „Noch fünf Minuten", hatte Herr Krause gerade gesagt. Etwas vorauszufahren, konnte also nicht so schlimm sein.

Niemand von den anderen merkte, wie Lisa und ich auf unsere Drahtesel stiegen und aus ihrem Blickfeld verschwanden, da der Weg in einen dichten, dunklen Tannenwald führte. „Ich kann schon die leckeren Bratwürstchen riechen!", jubelte Lisa fröhlich. „Du hast eine blühende Fantasie!", dämpfte ich kopfschüttelnd ihre Freude, denn von einem Bratwurstduft fehlte weit und breit jede Spur.

Plötzlich tauchte vor uns eine unerwartete Weggabelung auf. „Verdammt!", rief Lisa ärgerlich, während wir beide eine harte Vollbremsung machten. „Jetzt haben wir drei Möglichkeiten – links, rechts oder geradeaus", murmelte ich grübelnd, „oder wir wählen die vierte Möglichkeit, nämlich den sicheren Weg zurück." „Ach, Lena, sei doch kein Feigling!", meckerte meine Freundin. Dann fügte sie gut gelaunt hinzu: „Wir nehmen einfach den linken Weg, da geht's außerdem bequem bergab!"

Warum hatte ich bloß auf die unvernünftige Lisa gehört? Sie rollte bereits den steilen Weg hinunter und summte dabei unbekümmert vor sich hin. Ihre blonden Haare flatterten unter dem knallgelben Fahrradhelm im Fahrtwind, bis sie schließlich im dunklen Wald verschwand. Sollte ich ihr wirklich folgen?

Noch während ich überlegte, ließ mich ein dumpfes Grollen zusammenzucken. „Lisa", schrie ich panisch, „ein Gewitter!" Doch statt Lisa antwortete nur die krächzende Stimme einer schwarzen Krähe, dann ertönte abermals lauter Donner.

Wie von der Tarantel gestochen, sprang ich auf mein Fahrrad und jagte blitzschnell den steilen Weg hinunter, den Lisa genommen hatte. Bei schwerem Unwetter mussten wir im dichten Wald zusammenbleiben. Wie befürchtet tauchte im Tal am Ende des holprigen Weges kein netter Grillplatz mit

Mögliches Ergebnis (2/2)

Würstchen servierenden Eltern auf. Stattdessen erblickte ich vor mir im Schatten der hohen Bäume die windschiefen Umrisse eines ärmlichen kleinen Bauernhauses. Wo zum Kuckuck steckte bloß Lisa?

Da! Ein zuckender Blitz erhellte für eine Sekunde den dunklen Talkessel. Irrte ich mich oder lag da Lisa einige Meter vor mir auf dem Boden, während sich eine buckelige, alte Frau über sie beugte? Starr vor Schreck blieb ich stehen. Dann brüllte ich aus voller Kehle: „Bitte tun Sie ihr nichts!“
Ein weiterer greller Blitz. Ich sah in ein zerfurchtes Gesicht, von struppigen, grauen Haaren umrahmt. Die alte Frau humpelte – gestützt auf einen Stock – direkt auf mich zu! „Hilfe!“, platzte es krampfhaft aus mir heraus, denn jetzt war ich felsenfest davon überzeugt, dass wir uns in das Märchen „Hänsel und Gretel“ verirrt hatten. Das kleine Hexenhaus, die alte Hexe, da fehlte nur noch der Backofen …

„Komm näher, mein Kind!“, sagte ihre unerwartet sanfte Stimme. Ob sie sich wohl verstellte? Das hatten böse Hexen ja so an sich. „Deine Freundin ist mit dem Rad gestürzt“, fügte sie mitfühlend hinzu, „ich habe sie hier gerade gefunden. Du musst mir helfen, sie ins Haus zu tragen!“ „Mach schon, Lena“, rief die am Boden liegende Lisa schmerzerfüllt, „du brauchst keine Angst zu haben!“

Ich schämte mich zutiefst, dass ich Ingeborg, die nette, alte Bäuerin, für eine böse Hexe gehalten hatte. Sie und ihr Mann Herbert versorgten liebevoll Lisas Wunden am Arm, der wahrscheinlich verstaucht war und höllisch schmerzte. Nach einer leckeren Tasse Kakao brachten uns die freundlichen Bauern auf ihrem alten Traktor durch den Gewitterregen zum Grillplatz, wo ein aufgeregter Herr Krause unsere Klasse und die Eltern bereits in Suchtrupps einteilte.

„Hey, das ist unfair“, maulte Jan neidisch, als er uns erblickte, „erst hauen Lena und Lisa ab und zur Belohnung werden sie mit dem Traktor durch den Wald gefahren!“ „Sei froh, dass du nicht in unserer Haut gesteckt hast“, erwiderte ich empört, „so etwas Unheimliches wie eben muss ich nicht noch mal erleben!“

Seitenüberschrift

Thema:

Mithilfe eines Erzählkerns eine spannende Geschichte schreiben

Aufgabe:

- Schreibe auf der Grundlage des Erzählkerns eine spannende Geschichte aus der Sicht von Max.

Erzählkern:

© namosh – Fotolia.com

Max ist mit seiner Familie am Meer. Er paddelt in seinem neuen Schlauchboot über das Wasser. Die Wellen sind niedrig. Er paddelt immer weiter vom Strand weg. Seine Eltern sonnen sich. Nur seine Schwester Mia schaut zu. Sie fuchtelt mit den Armen, doch Max beachtet sie nicht. Der Wind frischt auf. Er weht Richtung Meer. Max will wieder zurückpaddeln, aber der Gegenwind ist zu stark. Niemand hört seine Hilferufe. Ein Motorboot nähert sich. Darin sitzen zwei Strandwächter und Mia. Sie bringen Max ans Ufer zurück. Seine Eltern schimpfen nicht, sondern umarmen ihn und auch Mia.

Beachte!

- Berücksichtige die wichtigen Informationen im Erzählkern.
- Gliedere deine Geschichte in Überschrift, Einleitung, Hauptteil und Schluss.
- Halte die Regeln des spannenden Erzählens ein.

Viel Spaß und viel Erfolg!

Erwartungshorizont für die Lehrkraft

1) Inhaltliche Leistung

	Kompetenzerwartung: Der Schüler …	**Punkte (max.)**
1.	formuliert eine kurze, interessante *Überschrift.*	4
2.	erzählt die Erlebnisgeschichte in der *Ich-Perspektive* aus der Sicht von Max.	4
3.	informiert in einer *Einleitung* über die Hauptfigur (Max) und die Umstände der Handlung (Familienausflug ans Meer, dort testet Max sein Schlauchboot).	6
4.	berücksichtigt im *Hauptteil* die vorgegebenen Erzählschritte und ordnet diese der Spannungskurve (mit erkennbarem Höhepunkt) entsprechend zu.	12
5.	löst die Spannung im *Schlussteil* auf.	7
6.	gestaltet die Erzählschritte mit kreativen und unterhaltsamen *Ideen* aus.	25
7.	achtet auf die *Logik* und Nachvollziehbarkeit der Geschichte.	12
	Teilsumme Inhalt:	**70**

2) Darstellungsleistung

	Kompetenzerwartung: Der Schüler …	**Punkte (max.)**
1.	erzählt die Erlebnisgeschichte in der Zeitform *Präteritum.*	3
2.	achtet auf eine schlüssige und gedanklich klare *Struktur.*	6
3.	formuliert die Geschichte in einem ansprechenden und spannenden *Erzählstil* (Beschreibung von Gedanken und Gefühlen, passende Adjektive, wörtliche Rede).	7
4.	schreibt *grammatisch* korrekt (u. a. Syntax).	7
5.	schreibt *orthografisch* korrekt (Rechtschreibung, Zeichensetzung).*	7
	Teilsumme Inhalt:	**30**

Gesamtpunktzahl = Inhaltliche Leistung + Darstellungsleistung:	**100**

Vorschlag zur Benotung:

Note 1	Note 2	Note 3	Note 4	Note 5	Note 6
89 bis 100 P.	76 bis 88 P.	63 bis 75 P.	50 bis 62 P.	20 bis 49 P.	0 bis 19 P.

* Wenn der Schüler orthografische Regeln, die in Klasse 6 als bekannt vorausgesetzt werden, häufig nicht beachtet, wird die Note um eine Notenstufe abgesenkt. Drückt sich der Schüler sprachlich sehr sicher aus, wird die Note um eine Stufe angehoben. Für Schüler mit LRS sowie Deutsch als Zweitsprache gelten besondere Regelungen, die ggf. durch die Schulkonferenz festgelegt wurden.

Wissen, worauf es ankommt (1/3)

Aufgabe:

Schätze deinen Leistungsstand zu den einzelnen Anforderungen ein. Kreuze an, wie gut du schon bist.

Der Inhalt deiner Geschichte

1. Formuliere eine kurze, interessante **Überschrift**.
   ☐ *Kann ich schon gut.* ☐ *Klappt überwiegend.* ☐ *Sollte besser werden.*

2. Erzähle die Geschichte in der **Ich-Perspektive** aus der Sicht der Figur Max.
   ☐ *Kann ich schon gut.* ☐ *Klappt überwiegend.* ☐ *Sollte besser werden.*

3. Schreibe in der **Einleitung**, wo sich Max befindet und was er tut.
   ☐ *Kann ich schon gut.* ☐ *Klappt überwiegend.* ☐ *Sollte besser werden.*

4. Gestalte die vorgegebenen Erzählschritte zu einem **Hauptteil** mit steigender Spannung und Höhepunkt aus.
   ☐ *Kann ich schon gut.* ☐ *Klappt überwiegend.* ☐ *Sollte besser werden.*

5. Löse die Spannung am Ende in einem **Schlussteil** auf.
   ☐ *Kann ich schon gut.* ☐ *Klappt überwiegend.* ☐ *Sollte besser werden.*

6. Bringe in allen Teilen der Geschichte kreative und unterhaltsame **Ideen** ein.
   ☐ *Kann ich schon gut.* ☐ *Klappt überwiegend.* ☐ *Sollte besser werden.*

7. Achte darauf, dass deine Geschichte **verständlich** ist.
   ☐ *Kann ich schon gut.* ☐ *Klappt überwiegend.* ☐ *Sollte besser werden.*

Wissen, worauf es ankommt (2/3)

Aufgabe:

- Schätze deinen Leistungsstand zu den einzelnen Anforderungen ein.
  Kreuze an, wie gut du schon bist.

➡ Die Art, wie du deine Geschichte schreibst (Darstellung)

1. Erzähle die Geschichte in der Zeitform **Präteritum (Vergangenheit)**.
   ▢ *Kann ich schon gut.* ▢ *Klappt überwiegend.* ▢ *Sollte besser werden.*

2. Schreibe deine Geschichte entlang der „**Spannungskurve**".
   ▢ *Kann ich schon gut.* ▢ *Klappt überwiegend.* ▢ *Sollte besser werden.*

3. Formuliere **abwechslungsreich** und **interessant**.
   Gehe auf Max' Gedanken und Gefühle ein,
   verwende viele Adjektive sowie wörtliche Rede.
   ▢ *Kann ich schon gut.* ▢ *Klappt überwiegend.* ▢ *Sollte besser werden.*

4. Achte auf die korrekte **Grammatik** (z. B. den richtigen Satzbau).
   ▢ *Kann ich schon gut.* ▢ *Klappt überwiegend.* ▢ *Sollte besser werden.*

5. Achte auf eine korrekte **Rechtschreibung** und **Zeichensetzung**.
   ▢ *Kann ich schon gut.* ▢ *Klappt überwiegend.* ▢ *Sollte besser werden.*

Anregungen zur Vorbereitung und Nachbereitung

- Übe, einen Erzählkern gründlich zu lesen und die Erzählschritte zu erkennen.
- Versetze dich in die Personen hinein und notiere, welche Gefühle sie haben.
- Gliedere deine Geschichte sinnvoll und beachte die Spannungskurve.
- Übe abwechslungsreiches Erzählen:
  Satzanfänge, Adjektive, wörtliche Rede usw.
- Drücke dich sprachlich korrekt und angemessen aus.

Wissen, worauf es ankommt (3/3)

Tipps zum Thema

Vor dem Schreiben

- **Lies** den Erzählkern mehrmals sorgfältig.
- Achte auf **wichtige Wörter** (vor allem Nomen) und unterstreiche sie (z. B. Max/Schlauchboot/vom Strand weg/Wind).
- Mache dir die einzelnen **Erzählschritte** im Erzählkern bewusst, denn sie müssen in deiner Geschichte erkennbar sein. Finde den Höhepunkt der Geschichte.
- Es ist hilfreich, auf einem Notizblatt eine **Spannungskurve** zu zeichnen und darin kurz die Erzählschritte einzutragen.
  - ➡ Z. B.: Max fühlt sich sicher. – Er paddelt vom Strand weg. – Er achtet nicht auf Mias Winken. – Der Wind frischt auf.

Gliederung deiner Geschichte

- Wecke Neugier durch eine kurze, interessante **Überschrift**. Sollte dir zu Beginn keine Überschrift einfallen: Schreibe erst die Geschichte! Dabei bekommst du bestimmt gute Ideen für die Überschrift.
- Gliedere deinen Text in **drei Teile:** Einleitung, Hauptteil und Schluss.
- Informiere in einer knappen **Einleitung** über die Hauptfigur(en), den Zeitpunkt und den Ort des Geschehens.
- Steigere im ausführlich geschriebenen **Hauptteil** die Spannung, bis der Höhepunkt der Handlung erreicht ist. Beachte dabei die vorgegebenen Erzählschritte.
- Löse im **Schlussteil** die Spannung auf.
- Bilde **Absätze** zwischen den Teilen deiner Geschichte. Sie erleichtern das Lesen.

Gelungenes Formulieren

- Halte die gewählte **Erzählperspektive** (z. B. Ich-Form) ein.
- Erzähle in der Zeitform **Präteritum (Vergangenheit)**.
- Formuliere **abwechslungsreich** und vermeide ständige Wiederholungen.
- Schreibe **spannend**, damit man deine Geschichte gerne liest.
  - ➡ Verwende passende **Adjektive**.
  - ➡ Schreibe interessante **Satzanfänge** (z. B. Plötzlich .../Auf einmal .../Genau in diesem Augenblick ...).
  - ➡ Beschreibe **Gedanken und Gefühle** (z. B. „Wie soll ich bloß wieder zurückkommen?“, dachte ich entsetzt./Angstschweiß stand auf meiner Stirn./Vor Angst weinend, sackte ich auf dem Boden des Bootes zusammen.).

Mögliches Ergebnis (1/2)

Das bedeuten die Hervorhebungen im Text:

Grün:	anschauliche Formulierungen, vor allem Adjektive und Adverbien
Rot:	besonders spannende Satzänfänge und Sätze
Blau:	wörtliche Rede
Ocker:	Beschreibung von Gedanken und Gefühlen

Mein Schutzengel in Seenot

„Sei vorsichtig, Max!", rief meine kleine Schwester Mia ängstlich, als ich stolz in mein nagelneues Schlauchboot stieg, das Oma mir zum zwölften Geburtstag geschenkt hatte. „Was soll denn schon passieren?", erwiderte ich genervt, denn Mias lästige Warnungen wollte ich jetzt nicht hören. Dies war der Moment, dem ich schon seit Tagen voller Vorfreude entgegenfieberte: Wir hatten endlich Sommerferien und verbrachten unseren ersten Urlaubstag am Ostseestrand. Und nun war auch der große Augenblick gekommen, mein neues Boot auszuprobieren und in See zu stechen.

„Du paddelst ja schon super, Käpt'n Max!", lobte mich mein Vater und machte schnell noch ein Foto mit seinem Smartphone, bevor er sich wieder neben Mama zum Sonnen auf die Decke legte. Nur Mias Blicke folgten mir noch, als ich das knallgelbe Boot mit dem coolen Schriftzug „Beach Fun" durch die Badenden steuerte.
Es war ein richtig tolles Gefühl, im eigenen Boot zu sitzen und selbst den Kurs zu bestimmen! Das weite Meer zog mich geradezu magisch an. Was also sprach dagegen, etwas weiter hinaus zu paddeln, wo mich kein Schwimmer rammen konnte und ich die See für mich allein hatte? Von winzigen Babywellen abgesehen, war die Ostsee glatt wie ein Spiegel. Also paddelte ich mit starken Schlägen immer weiter hinaus und fühlte mich dabei absolut frei.

Am Strand stand als kleiner Punkt noch immer Mia. Sie fuchtelte wild mit den Armen, das war nicht zu übersehen. Sollte dies vielleicht ein Signal an mich sein? Doch ich beschloss, mich nicht verrückt machen zu lassen, und schaute lieber in den blauen Sommerhimmel und auf das klare Wasser, wo der Grund nicht mehr zu erkennen war.

Plötzlich erfasste ein Windstoß mein Boot. Er kam vom Land. „Keine Panik, Max!", sagte ich mit betont fester Stimme zu mir selbst. Doch genau in diesem Augenblick folgten weitere Windstöße, die mich aufs Meer hinausschoben. Auf einmal tauchten um mich herum weiße Schaumkronen auf. Das Schlauchboot begann, unruhig zu schaukeln.

Hektisch drehte ich den Bug Richtung Strand. Ich musste schleunigst zum Strand zurück und begann, wie ein Wilder zu paddeln. Doch der auffrischende Gegenwind drückte mit immer stärker werdender Kraft gegen mein schwerfälliges Schlauchboot. „Verdammt, ich komme nicht vom Fleck!", fluchte ich verzweifelt.

Mögliches Ergebnis (2/2)

Minuten vergingen und kamen mir wie Stunden vor. Das Rauschen der Wellen und das Pfeifen des Windes hallten wie Lärm aus der Hölle in meinen Ohren. Meine Hände und Arme schmerzten. Immer wieder blickte ich sehnsüchtig zum Strand, der einfach nicht näherkommen wollte. Mittlerweile stand Angstschweiß auf meiner Stirn. „Wie soll ich bloß wieder zurückkommen?", dachte ich entsetzt.
Schließlich verließen mich meine Kräfte. „Hilfe!", schrie ich nur noch mit schriller Stimme, doch mein Rufen drang nicht bis zum Strand. Dort bemerkte scheinbar niemand, dass weit draußen ein einsames Schlauchboot auf den Wellen schaukelte. Nicht einmal meine Eltern! Vor Panik weinend und Stoßgebete rufend, sackte ich schließlich in der Spritzwasserlache auf dem Boden des Bootes zusammen.

Plötzlich hörte ich ein dröhnendes Geräusch. Es näherte sich und als ich aufsah, erblickte ich ein hellrotes Motorboot mit der Aufschrift „DLRG", das mit rasender Geschwindigkeit Kurs auf mich hielt. „Halte durch, Max!", hörte ich auf einmal eine vertraute Mädchenstimme rufen. Es war Mia, die mit zwei kräftigen Männern in Strandwächteranzügen an Deck stand!

„Komm an Bord, Junge!", brummte mir der eine Retter zu und reichte mir seine kräftige Hand. „Danke für Ihre Hilfe", stammelte ich leise mit einer Mischung aus Erleichterung und Scham. „Danke lieber deiner Schwester", antwortete der Mann anerkennend, „denn sie hat uns schließlich alarmiert!" Dann fügte er streng hinzu: „Dass es eine Riesendummheit war, so weit rauszupaddeln, hast du wohl bereits selbst gemerkt."

Zur Strafe erntete ich unzählige neugierige Blicke aus der Menschenmenge, die gaffend zusah, wie wir mit dem Schlauchboot im Schlepp zum Strand tuckerten. „Jetzt gibt's wohl eine gepfefferte Standpauke", murmelte ich, als ich meine Eltern erblickte. Doch stattdessen nahmen Mama und Papa Mia und mich in ihre Arme. „Wir sind so froh, dass du wieder da bist, Max!", schluchzte Mama. „Und dass Mia so wachsam war!", ergänzte Papa. „Danke, Mia", flüsterte ich ihr ins Ohr.

Kapitel 2: Berichten, beschreiben und informieren

Klasse 5

Eine Fundsache beschreiben

Klasse 6

Einen Unfallbericht auf der Grundlage von Zeugenaussagen schreiben

Klasse 7

Eine Inhaltsangabe zu einer modernen Kurzgeschichte schreiben

Klasse 8

Eine Person charakterisieren

Klasse 9

Den Verlauf einer Klassenratssitzung protokollieren

Klasse 10

Einen informativen Text über die Smartphone-Nutzung bei Jugendlichen schreiben

Klassenarbeit (1/2)

Thema:

Eine Fundsache beschreiben

Aufgabe:

- Schreibe die Überschrift „Schuhe gefunden" in dein Heft und beschreibe die Fundsache ausführlich. Eine Abbildung findest du auf dem Arbeitsblatt 2.

Stelle dir folgende Situation vor:
Du findest vor der Sporthalle deiner Schule ein Paar Schuhe.
Weil du sehr gewissenhaft bist, gibst du die Schuhe im Schulsekretariat ab.
„Das sind aber schöne **Sneaker**", sagt die Sekretärin mit einem prüfenden Blick, „weißes **Kunstleder**, weiße **Gummisohle** – beide ganz sauber. Offenbar sind die Schuhe noch völlig neu und ungetragen. Weißt du denn, wem sie gehören?"
Das ist leider nicht der Fall. Abgesehen vom **Markennamen „Trendygoing"** und der **Schuhgröße 39** – diese Angaben sind **auf der Innensohle** abgedruckt – hast du keine Informationen über diese Schuhe.
„Beschreibe bitte die Schuhe möglichst genau auf einem Zettel und hänge diesen an das Schwarze Brett für Fundsachen!", fordert dich die Sekretärin auf. Dazu bist du natürlich gern bereit.
Um dir zu helfen, schreibt die Sekretärin die Überschrift „Schuhe gefunden" auf den Notizzettel.

Beachte!

- Du brauchst nicht zwischen linkem und rechtem Schuh zu unterscheiden.
- Schreibe nur, was du weißt, und erfinde keine Angaben hinzu.
- Verwende folgende Begriffe: **Obermaterial, Laufsohle, Innensohle, Schnürsenkel, Nähte, Marke, Schuhgröße**
- Der Besitzer der Schuhe muss sie durch deine Beschreibung eindeutig wiedererkennen können.

Viel Spaß und viel Erfolg!

Klassenarbeit (2/2)

© goir – Fotolia.com

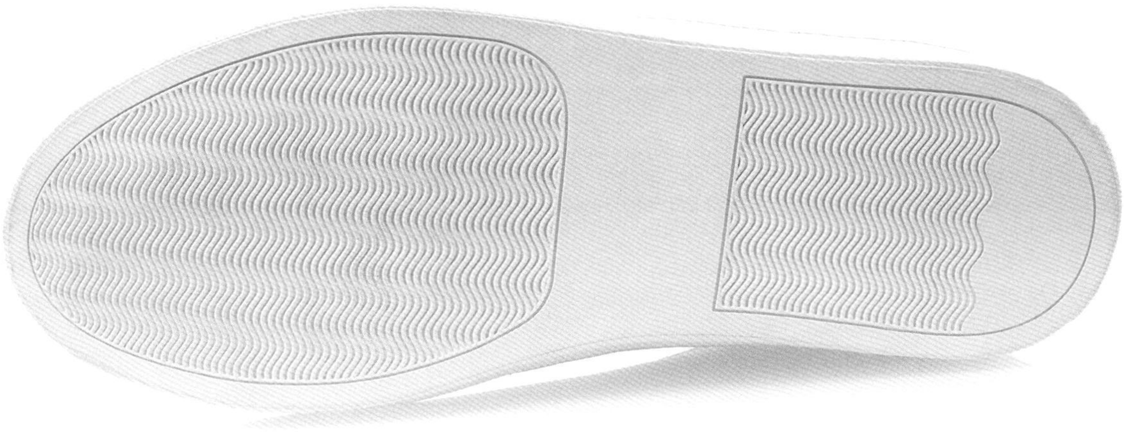

© goir – Fotolia.com

Erwartungshorizont für die Lehrkraft

1) Inhaltliche Leistung

	Kompetenzerwartung: Der Schüler …	**Punkte (max.)**
1.	formuliert eine kurze Einleitung mit *grundlegenden Angaben* zur Fundsache: Schuhpaar der Marke „Trendygoing", gefunden vor der Sporthalle.	7
2.	beschreibt die *auffälligsten Merkmale* der Fundsache: Turnschuhe, komplett weiß, weiße Schnürsenkel, Schuhgröße 39.	13
3.	beschreibt die sichtbaren *Einzelheiten* der Fundsache:	
a)	- Obermaterial aus Kunstleder	10
b)	- durchgehende Laufsohle aus Gummi	10
c)	- versch. Nähte (an der Schnürung, Öffnung und Ferse, entlang der Sohle)	10
d)	- Schnürsenkel, sechs Löcher pro Schuhseite für die Schnürung	10
e)	- Laufsohle: vorn und im Fersenbereich wellenförmig geriffelt, in der Mitte glatt	10
	Teilsumme Inhalt:	**70**

2) Darstellungsleistung

	Kompetenzerwartung: Der Schüler …	**Punkte (max.)**
1.	beschreibt die Fundsache in der Zeitform *Präsens*.	3
2.	drückt sich *sachlich* aus.	6
3.	formuliert *präzise* (Adjektive, Präpositionen, Adverbien, Wortfeld „Schuh").	7
4.	schreibt *grammatisch* korrekt (u. a. Syntax).	7
5.	schreibt *orthografisch* korrekt (Rechtschreibung, Zeichensetzung).*	7
	Teilsumme Inhalt:	**30**

Gesamtpunktzahl = Inhaltliche Leistung + Darstellungsleistung:	**100**

Vorschlag zur Benotung:

Note 1	Note 2	Note 3	Note 4	Note 5	Note 6
89 bis 100 P.	76 bis 88 P.	63 bis 75 P.	50 bis 62 P.	20 bis 49 P.	0 bis 19 P.

* Wenn der Schüler orthografische Regeln, die in Klasse 5 als bekannt vorausgesetzt werden, häufig nicht beachtet, wird die Note um eine Notenstufe abgesenkt. Drückt sich der Schüler sprachlich sehr sicher aus, wird die Note um eine Stufe angehoben. Für Schüler mit LRS sowie Deutsch als Zweitsprache gelten besondere Regelungen, die ggf. durch die Schulkonferenz festgelegt wurden.

Wissen, worauf es ankommt (1/2)

Aufgabe:

Schätze deinen Leistungsstand zu den einzelnen Anforderungen ein.
Kreuze an, wie gut du schon bist.

Der Inhalt deiner Gegenstandsbeschreibung

1. Schreibe eine kurze Einleitung mit den **grundlegenden Angaben** zur Fundsache. (z. B. Schuhpaar der Marke „Trendygoing", gefunden vor der Sporthalle).
   ☐ *Kann ich schon gut.* ☐ *Klappt überwiegend.* ☐ *Sollte besser werden.*

2. Beschreibe die **auffälligsten Merkmale** der Fundsache. (z. B. sportliche Schuhe vom Typ Sneaker, Schuhgröße 39).
   ☐ *Kann ich schon gut.* ☐ *Klappt überwiegend.* ☐ *Sollte besser werden.*

3. Beschreibe die sichtbaren **Einzelheiten** der Fundsache.
   ☐ *Kann ich schon gut.* ☐ *Klappt überwiegend.* ☐ *Sollte besser werden.*

Die Art, wie du den Gegenstand beschreibst (Darstellung)

1. Beschreibe die Fundsache in der Zeitform **Präsens (Gegenwart)**.
   ☐ *Kann ich schon gut.* ☐ *Klappt überwiegend.* ☐ *Sollte besser werden.*

2. Schreibe **sachlich**, ohne deine eigene Meinung über die Schuhe zu äußern.
   ☐ *Kann ich schon gut.* ☐ *Klappt überwiegend.* ☐ *Sollte besser werden.*

3. Drücke dich möglichst **genau** aus, indem du passende Adjektive, Präpositionen und Adverbien sowie Begriffe aus dem Wortfeld „Schuh" verwendest.
   ☐ *Kann ich schon gut.* ☐ *Klappt überwiegend.* ☐ *Sollte besser werden.*

4. Achte auf die korrekte **Grammatik** (z. B. den richtigen Satzbau).
   ☐ *Kann ich schon gut.* ☐ *Klappt überwiegend.* ☐ *Sollte besser werden.*

5. Achte auf eine korrekte **Rechtschreibung** und **Zeichensetzung**.
   ☐ *Kann ich schon gut.* ☐ *Klappt überwiegend.* ☐ *Sollte besser werden.*

Wissen, worauf es ankommt (2/2)

Anregungen zur Vorbereitung und Nachbereitung

- Übe, eine Fundsache genau zu betrachten, und notiere die Beobachtungen.
- Beschreibe den Gegenstand „vom Allgemeinen zum Besonderen".
- Verwende eine sachliche Ausdrucksweise, bei der du auf deine Meinung verzichtest.
- Schreibe sprachlich korrekt und formuliere angemessen.

Tipps zum Thema

So beschreibst du einen gefundenen Gegenstand

- Die Beschreibung soll möglichst genaue Informationen liefern.
- Formuliere sachlich, also ohne Äußerung der eigenen Meinung.

Beschreibe erst das Auffälligste, dann die Einzelheiten

- **Benenne die Fundsache** in einer kurzen Einleitung (z. B. ein Schuhpaar).
- Beschreibe dann die **auffälligsten Merkmale**, wie Form, Farbe, Material und Größe.
- Gehe anschließend auf die **Einzelheiten** ein (z. B. Obermaterial aus Kunstleder, durchgehende Laufsohle aus Gummi, verschiedene Nähte, Schnürsenkel mit sechs Löchern pro Schuhseite für die Schnürung, Sohle unten: vorn und im Fersenbereich wellenförmig geriffelt, in der Mitte glatt).
- Achte auch auf **Besonderheiten** (z. B. Die Schuhe wirken neu und unbenutzt).

Achte auf passende Formulierungen

- Drücke dich möglichst **genau** und **sachlich** aus.
- Verwende die Zeitform **Präsens (Gegenwart)**.
- Beschreibe die Fundsache mit treffenden **Adjektiven**. Denke daran, dass sie keine Wertung enthalten dürfen. (Angemessene Adjektive sind z. B. lang, rund, weiß.)
- Nutze **Fachausdrücke** oder **Begriffe aus dem Wortfeld** des Gegenstands, den du beschreibst (z. B. Schuhsohle, Schnürsenkel, Markenname).
- Verwende beim Beschreiben passende **Präpositionen** (z. B. auf, neben, über).
- Verwende außerdem passende **Adverbien** (z. B. daneben, darüber, davor).

Mögliches Ergebnis

Das bedeuten die Hervorhebungen im Text:

Grün:	anschauliche Formulierungen, vor allem Adjektive und Adverbien
Rot:	Merkmale zu Aufbau und Gliederung
Blau:	zur Beschreibung geeignete Verben
Ocker:	Fachausdrücke oder Begriffe aus dem Wortfeld „Schuhe“

Schuhe gefunden

Einleitung:
Bei der Fundsache handelt es sich um ein Paar Sportschuhe der Marke „Trendygoing“. Der Fundort ist der Platz vor unserer Sporthalle.

Die auffälligsten Merkmale:
Es handelt sich um vollständig weiße Sneaker mit ebenfalls weißen Schnürsenkeln. Die Schuhgröße beträgt 39.

Einzelheiten:
Das Obermaterial besteht aus mattem Kunstleder. Darunter befindet sich eine durchgehende Laufsohle aus Gummi.
Pro Schuhseite gibt es sechs kleine Löcher für die Schnürung.
An der Außenseite der Sneaker erkennt man verschiedene Nähte: Eine eher grobe Naht umspannt den oberen Rand der Laufsohle.
Feine Nähte befinden sich entlang der Schnürung, außerdem etwas unterhalb der nach unten gewölbten Schuhöffnung sowie auch im Fersenbereich aus dickerem Obermaterial.
Hier verläuft die Naht von der Sohle aus zunächst senkrecht nach oben und dann bogenförmig bis zur Schuhöffnung.
Die Unterseite der Laufsohle weist vorne und auch im Fersenbereich eine wellenförmige Riffelung auf. In der Mitte ist sie glatt.

Besonderheit:
Die Sneaker scheinen neu und unbenutzt zu sein.

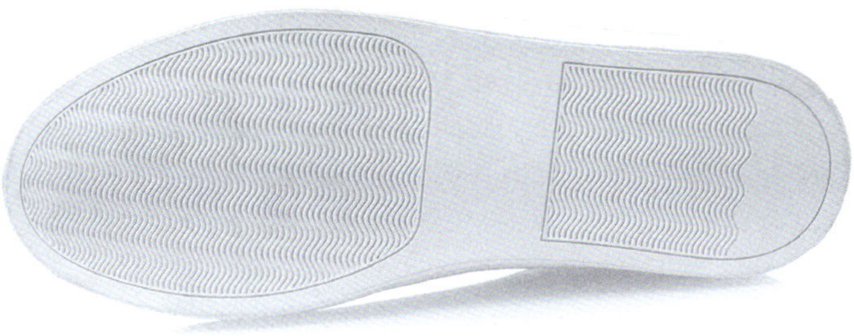

© goir – Fotolia.com

Klassenarbeit

Thema:

Einen Unfallbericht auf der Grundlage von Zeugenaussagen schreiben

Aufgabe:

- Schreibe auf der Grundlage der beiden Zeugenaussagen einen Unfallbericht. Beachte folgenden Grundsatz: So lang wie nötig, so kurz wie möglich!

Zwei Zeugen beobachten einen Verkehrsunfall:

Rüdiger R., Landwirt:

Es ist fürchterlich, was gestern passierte. Und das einen Tag vor Nikolaus! Ich wollte eine kranke Kuh mit meinem Transporter zum Tierarzt bringen. Auf der Talstraße vor der Gesamtschule muss man recht langsam fahren. Also konnte ich genau beobachten, wie ein Junge mit Baseball-Mütze über die Straße Richtung Schule rannte, ohne auf den Verkehr zu achten! Diese Kinder heutzutage!
Auf der anderen Straßenseite wurde er dann von einem anfahrenden Schulbus erfasst. Gut, dass der Fahrer schnell auf die Bremse trat. Sonst wäre der Junge wohl noch unter den Bus geraten. Ich stellte meinen Wagen sofort am Straßenrand ab und kümmerte mich um ihn.
Er war bei Bewusstsein und schrie wie am Spieß. Mir war klar: Der hat sich bestimmt das linke Bein gebrochen. Das bestätigte der Notarzt, den irgendwer gerufen hatte. Die Sanitäter nahmen das arme Kerlchen gleich mit ins Krankenhaus.

Lea K., Schülerin:

Kevin Schmidt geht mit mir in die 6c. Wir haben fast den gleichen Schulweg. An dem Morgen, als er angefahren wurde, hatten wir es sehr eilig. Es war nämlich schon fünf vor acht. Normalerweise rennt Kevin nie ohne zu gucken über die Talstraße. Immerhin ist er zwölf und kein Kleinkind mehr. Er hatte aber einen großen Bammel davor, zu spät in den Matheunterricht zu kommen. Herr Wiegand kann sehr wütend werden. Daher waren ihm die Verkehrsregeln in diesem Moment egal. Ich rief noch: „Pass auf, Kevin!" Da war es allerdings schon zu spät. Kevin bemerkte nicht, dass ein Busfahrer Gas gab. Und rums! Da lag er auf dem Boden. Es war schrecklich! Ich schrie fast so laut wie Kevin selbst. Zum Glück sprang ein Mann mit Glatze aus seinem Auto, um Erste Hilfe zu leisten. Ich kramte schnell mein Handy raus und rief mit der 112 den Rettungsdienst.

Viel Spaß und viel Erfolg!

 © Verlag an der Ruhr | Autor: Lars Fedeler | ISBN 978-3-8346-3925-7

Erwartungshorizont für die Lehrkraft

1) Inhaltliche Leistung

	Kompetenzerwartung: Der Schüler …	**Punkte (max.)**
1.	berücksichtigt (nur) die *wichtigen Informationen* in beiden Zeugenaussagen und verzichtet auf unwichtige Einzelheiten, persönliche Vermutungen und Meinungen.	15
2.	beantwortet im Laufe des Unfallberichts die *W-Fragen*: Wer? Wann? Wo? Was? Wie? Warum? Welche Folgen?	15
3.	informiert in einer kurzen *Einleitung* über Ort und Zeit des Geschehens, um welche Art von Unfall es sich handelt und wer daran beteiligt war.	10
4.	berichtet im *Hauptteil* über die Unfallursachen sowie den genauen Unfallhergang in der zeitlich korrekten Reihenfolge.	20
5.	stellt im *Schlussteil* die Auswirkungen und Folgen des Unfalls dar.	10
	Teilsumme Inhalt:	**70**

2) Darstellungsleistung

	Kompetenzerwartung: Der Schüler …	**Punkte (max.)**
1.	berichtet in der Zeitform *Präteritum*.	6
2.	formuliert *treffend* und *genau* ohne „Ausschmückungen“.	6
3.	formuliert *sachlich* ohne Umgangssprache und wörtliche Rede.	6
4.	schreibt *grammatisch* korrekt (u. a. Syntax).	6
5.	schreibt *orthografisch* korrekt (Rechtschreibung, Zeichensetzung).*	6
	Teilsumme Inhalt:	**30**

Gesamtpunktzahl = Inhaltliche Leistung + Darstellungsleistung:	**100**

Vorschlag zur Benotung:

Note 1	Note 2	Note 3	Note 4	Note 5	Note 6
89 bis 100 P.	76 bis 88 P.	63 bis 75 P.	50 bis 62 P.	20 bis 49 P.	0 bis 19 P.

* Wenn der Schüler orthografische Regeln, die in Klasse 6 als bekannt vorausgesetzt werden, häufig nicht beachtet, wird die Note um eine Notenstufe abgesenkt. Drückt sich der Schüler sprachlich sehr sicher aus, wird die Note um eine Stufe angehoben. Für Schüler mit LRS sowie Deutsch als Zweitsprache gelten besondere Regelungen, die ggf. durch die Schulkonferenz festgelegt wurden.

Wissen, worauf es ankommt (1/4)

Aufgabe:

Schätze deinen Leistungsstand zu den einzelnen Anforderungen ein.
Kreuze an, wie gut du schon bist.

Der Inhalt deines Unfallberichts

1. Berücksichtige die **wichtigen Informationen** in beiden Zeugenaussagen. Verzichte auf unwichtige Einzelheiten, persönliche Vermutungen oder Meinungen.
   ☐ *Kann ich schon gut.* ☐ *Klappt überwiegend.* ☐ *Sollte besser werden.*

2. Beantworte die **W-Fragen**:
   WER? WANN? WO? WAS? WIE? WARUM? WELCHE FOLGEN?
   ☐ *Kann ich schon gut.* ☐ *Klappt überwiegend.* ☐ *Sollte besser werden.*

3. Informiere in einer kurzen **Einleitung** über Ort und Zeit des Geschehens, um welche Art von Unfall es sich handelte und wer daran beteiligt war.
   ☐ *Kann ich schon gut.* ☐ *Klappt überwiegend.* ☐ *Sollte besser werden.*

4. Berichte im **Hauptteil** über die Unfallursachen sowie den genauen Unfallhergang in der zeitlich korrekten Reihenfolge.
   ☐ *Kann ich schon gut.* ☐ *Klappt überwiegend.* ☐ *Sollte besser werden.*

5. Stelle im **Schlussteil** die Auswirkungen und Folgen des Unfalls dar.
   ☐ *Kann ich schon gut.* ☐ *Klappt überwiegend.* ☐ *Sollte besser werden.*

Wissen, worauf es ankommt (2/4)

Aufgabe:

- Schätze deinen Leistungsstand zu den einzelnen Anforderungen ein. Kreuze an, wie gut du schon bist.

➡ Die Art, wie du deinen Unfallbericht schreibst (Darstellung)

1. Berichte in der Zeitform **Präteritum (Vergangenheit)**.
   ☐ *Kann ich schon gut.* ☐ *Klappt überwiegend.* ☐ *Sollte besser werden.*
2. Formuliere **treffend** und **genau**. Verzichte auf Ausschmückungen.
   ☐ *Kann ich schon gut.* ☐ *Klappt überwiegend.* ☐ *Sollte besser werden.*
3. Formuliere **sachlich**. Verzichte auf Umgangssprache und wörtliche Rede.
   ☐ *Kann ich schon gut.* ☐ *Klappt überwiegend.* ☐ *Sollte besser werden.*
4. Achte auf die korrekte **Grammatik** (z. B. den richtigen Satzbau).
   ☐ *Kann ich schon gut.* ☐ *Klappt überwiegend.* ☐ *Sollte besser werden.*
5. Achte auf eine korrekte **Rechtschreibung** und **Zeichensetzung**.
   ☐ *Kann ich schon gut.* ☐ *Klappt überwiegend.* ☐ *Sollte besser werden.*

Anregungen zur Vorbereitung und Nachbereitung

- Unterscheide zwischen wichtigen und unwichtigen Informationen in einer Zeugenaussage.
- Übe die Gliederung eines Unfallberichts und berücksichtige die passenden W-Fragen in den drei Teilen Einleitung, Hauptteil und Schluss.
- Beantworte die W-Fragen, indem du verschiedene Zeugeninformationen zusammenfügst.
- Übe sachliches Formulieren, ohne wörtliche Rede, Umgangssprache, persönliche Meinungen und Vermutungen zu verwenden.
- Berichte treffend, ohne unnötige Einzelheiten und Ausschmückungen zu verwenden.
- Benutze typische Formulierungen in Unfallberichten (siehe S. 39).
- Schreibe sprachlich korrekt und angemessen.

Wissen, worauf es ankommt (3/4)

Tipps zum Thema

Ein Bericht …

- soll, im Gegensatz zu einer Erzählung, nicht unterhalten, sondern **informieren**.
- orientiert sich an der Realität und stellt Tatsachen **genau** dar.
- ist **so lang wie nötig** und **so kurz wie möglich**.

Ein Unfallbericht …

- **informiert** die Polizei oder eine Versicherung **ausführlich** über einen Unfall.
- beantwortet die **W-Fragen** (siehe unten) zum Unfall und zu den Unfallumständen.
- beruht meistens auf Zeugenaussagen, darf aber **keine persönlichen Meinungen, Bewertungen und Vermutungen** enthalten.
- ist **sachlich** und **ohne Ausschmückungen** geschrieben.
- enthält **keine Umgangssprache** und **keine wörtliche Rede**.

Bereite den Unfallbericht gründlich vor

- **Lies die Zeugenaussagen** mehrmals gründlich durch und **markiere die Textstellen**, die **Antworten auf die W-Fragen** liefern (z. B.: einen Tag vor Nikolaus = 5. Dezember – Talstraße vor der Gesamtschule – Kevin Schmidt – zwölf – Mann leistete Erste Hilfe – rief mit meinem Handy den Notarzt – das linke Bein gebrochen – bestätigte der Notarzt – nahmen ihn gleich mit ins Krankenhaus).
- Berücksichtige **alle** vorliegenden Zeugenaussagen und füge die darin enthaltenen Informationen zu einem **„Gesamtbild"** zusammen.
- **Notiere deine Erkenntnisse** in einer **Stichpunktliste** zu den W-Fragen.

Schreibe eine Stichwortliste zu den W-Fragen

- WER war am Unfall beteiligt? – Notiere die **Personen** und unterscheide zwischen Unfallopfer, Unfallverursacher und Zeugen. In der Regel werden beim Unfallbericht die Namen der Beteiligten genannt, oft mit vollem Vornamen und abgekürztem Nachnamen.
- WANN passierte der Unfall? – Notiere das **Datum** und die möglichst genaue **Uhrzeit**.
- WO ereignete sich der Unfall? – Notiere den **Ort**.
- WAS geschah? – Notiere die **Art des Unfalls**.
- WIE lief der Unfall im Einzelnen ab? – Notiere den **Ablauf** der Ereignisse.
- WARUM kam es zum Unfall? – Nenne den **Grund**.
- WELCHE FOLGEN hatte der Unfall? – Beschreibe die **Auswirkungen** wie z. B. Verletzungen, Sachschäden oder rechtliche Folgen.

Wissen, worauf es ankommt (4/4)

Tipps zum Thema

Achte auf einen gelungenen Aufbau

- Gliedere den Unfallbericht in **drei Teile**: Einleitung, Hauptteil und Schluss.
- Formuliere eine kurze **Einleitung**, die **grundlegende Informationen** liefert. Beantworte hier folgende W-Fragen: WAS? WER? WANN? WO?
  - ➡ Z. B.: Am 5. Dezember ereignete sich um ca. 7.55 Uhr ein Verkehrsunfall auf der Talstraße vor der Gesamtschule. Der 12-jährige Schüler Kevin S. wurde beim Überqueren der Straße von einem Schulbus angefahren.
- Stelle im anschließenden **Hauptteil** die **Einzelheiten des Unfallhergangs in zeitlicher Reihenfolge** dar. Dabei beantwortest du folgende W-Fragen: WIE? WARUM?
- Berichte im **Schlussteil** kurz über die **Auswirkungen** des Unfalls. Hier beantwortest du die letzte W-Frage: WELCHE FOLGEN?

Achte auf passende Formulierungen

- Schreibe den Unfallbericht in der Zeitform **Präteritum (Vergangenheit)**.
- Berichte **informativ**. Konzentriere dich auf das Wesentliche und verzichte auf die Nennung unwichtiger Sachverhalte.
- Berichte **sachlich**. Konzentriere dich auf den Unfallhergang und verzichte auf persönliche Meinungen, Ausschmückungen sowie umgangssprachliche Formulierungen.
- Verwende die **indirekte Rede** statt der wörtlichen Rede, wenn du im Unfallbericht auf einzelne Aussagen eingehen willst.
- Nutze im Hauptteil passende **Konjunktionen (Bindewörter)**, um die Einzelheiten des Unfallhergangs logisch miteinander zu verknüpfen (z. B. als/nachdem/weil /da/sodass).
- Merke dir **typische Formulierungen**, die häufig in Unfallberichten vorkommen, z. B.
  - ➡ ereignete sich ein Verkehrsunfall
  - ➡ laut Zeugenaussagen
  - ➡ nach Angaben eines Zeugen
  - ➡ verständigte den Notarzt und die Polizei
  - ➡ leistete Erste Hilfe
  - ➡ entstand ein schwerer Sachschaden
  - ➡ erlitt Verletzungen
  - ➡ wurde in ein Krankenhaus überführt

Schmuckelemente © Aqua – Fotolia.com

Mögliches Ergebnis

Das bedeuten die Hervorhebungen im Text:

Grün: Überleitungen und Verknüpfungen

Rot: Beantwortung der W-Fragen

Blau: typische Formulierungen in einem Unfallbericht

Unfallbericht

Am 5. Dezember ereignete sich um ca. 7.55 Uhr ein Verkehrsunfall auf der Talstraße vor der Gesamtschule. Der 12-jährige Schüler Kevin S. wurde beim Überqueren der Straße von einem Schulbus angefahren.

Nach Angaben der Mitschülerin und Zeugin Lea K. stand der Junge wegen des kurz bevorstehenden Unterrichtsbeginns unter Zeitdruck, sodass er unaufmerksam über die Straße in Richtung Schule rannte. Dabei übersah er trotz des Warnrufs seiner Mitschülerin, dass auf der gegenüberliegenden Straßenseite gerade ein Schulbus abfuhr. Obwohl der Busfahrer laut Zeugenaussage sofort bremste, wurde Kevin S. vom Bus erfasst und durch den Aufprall zu Boden geworfen. Der Zeuge Rüdiger R., der den Unfall von seinem Fahrzeug aus beobachtete, leistete unverzüglich Soforthilfe, während Lea K. zeitgleich den Notarzt verständigte.

Der angefahrene Schüler blieb zwar bei Bewusstsein, erlitt aber nach Auskunft des Notarztes einen Bruch des linken Beins. Zur weiteren Behandlung der Verletzung wurde Kevin S. direkt vom Unfallort in ein Krankenhaus überführt.

Klassenarbeit (1/2)

Thema:
Eine Inhaltsangabe zu einer modernen Kurzgeschichte schreiben

Aufgabe:
- Schreibe eine Inhaltsangabe zur Kurzgeschichte „Kein Fünkchen Respekt".

Beachte!
- Eine Inhaltsangabe ist keine Nacherzählung.

Kein Fünkchen Respekt
Lars Fedeler (2015)

„Walter, das müssen wir uns ansehen!"
Aufregende Ereignisse kommen meist völlig unerwartet. Wie an diesem heißen Junisonntag.
Bevor ich meinen Mann – den Walter – rief, kümmerte ich mich in unserem Vorgarten um die niedlichen Gartenzwerge, die dringend geputzt werden wollten. Die armen Kameraden waren ja voller Staub und ringsherum wagte es sogar freches Unkraut, zentimeterhoch aus dem Boden zu sprießen. Was dachten wohl die Leute über uns?
Auf einmal sauste ein Auto auf der Straße an unserem Jägerzaun entlang. Der Fahrer hatte ganz laut diese fürchterliche Musik der jungen Leute heutzutage aufgedreht. Bum-bum-bum. Es ist schrecklich: Die moderne Jugend zeigt keinen Respekt vor der Mittagsruhe in einer beschaulichen Wohngegend. Ach, armes Deutschland.
Ich wollte dem Kerl ein paar passende Worte hinterherrufen, doch diese blieben mir im Hals stecken, als ich sah, wie ein paar Häuser weiter plötzlich ein Ball auf die Straße rollte. Unsere Bürgermeisterin hatte den Familien in der Siedlung vor Jahren einen Bolzplatz versprochen, doch es tut sich nichts. Die Blagen hier am Meisenweg spielen nach wie vor auf dem Bürgersteig Fußball.
Der junge Autofahrer bemerkte zu spät, dass der Bub seinem Ball nachlief.
– Ein lauter Knall, eine schreiende Kinderstimme, Flüche des Fahrers …

Eigentlich ist es mir untersagt, meinen Walter während seines Mittagsschlafs zu wecken.
„Ich hoffe, das hat einen guten Grund, Irene!", knurrt er verärgert. „Du weißt, dass mir die Mittagsruhe heilig ist!"

Klassenarbeit (2/2)

„Auf dem Meisenweg hat's gekracht!", kläre ich ihn ungeduldig hechelnd auf. „Einer der Lausejungen ist vor ein Auto gerannt! – Ich glaube, das war der Kleine von Müllers! – Jetzt komm schon, wir wollen doch nicht die Letzten sein!"
Ein Ausdruck von jugendlicher Neugier huscht über Walters faltiges Gesicht, obwohl er bereits – wie ich – weit über 70 ist.
Wenig später hetzen wir auf dem Gehweg an den gepflegten Vorgärten entlang auf den Unfallort zu, um das Spektakel anzuschauen.
„Hast du etwa vergessen, dass ich einen Herzschrittmacher trage?", keucht mein Gatte plötzlich und verlangsamt sein Tempo.
Widerwillig bleibe ich an seiner Seite und stöhne verärgert. Denn nun drängeln sich die Nachbarn einfach vor. Wir sind wirklich die Letzten und können kaum etwas erkennen. Ausgerechnet jetzt, als die Polizei und der Notarzt eintreffen!
„Kein Fünkchen Respekt!", schimpft mein Walter mit der nicht gerade dünnen Nachbarstochter Jana, die uns mit ihrem Körperumfang den Blick versperrt. „So verhält man sich nicht gegenüber älteren Leuten!", füge ich empört hinzu. „Mein Mann und ich wollen schließlich auch etwas vom Unfall sehen!"

© vencav – Fotolia.com

Wörterlexikon

Bolzplatz | Fußballplatz
Bub | Junge
Spektakel | Schauspiel, Ereignis

Viel Spaß und viel Erfolg!

Erwartungshorizont für die Lehrkraft

1) Inhaltliche Leistung

	Kompetenzerwartung: Der Schüler …	**Punkte (max.)**
1.	benennt in einer kurzen und präzisen *Einleitung* die Publikationsdaten (Textsorte, Titel, Entstehungsjahr, Verfasser) sowie die Thematik der Kurzgeschichte.	15
2.	ordnet im *Hauptteil* die *wichtigsten Handlungsschritte* in einer *zeitlich logischen Reihenfolge* an.	15
3.	informiert im *Hauptteil* u. a. mit charakterisierenden Adjektiven und passenden Nomen über das *Verhalten* der Personen und die *Interaktionen*.	15
4.	erläutert im *Hauptteil* kurz und präzise die *wesentlichen Inhalte* der Geschichte und verzichtet auf überflüssige Details.	15
5.	erwähnt im *Schlussteil* die *Wichtigkeit* und *Aktualität* der Themen „Sensationsgier" und „Gaffen" und bewertet die *Wirkung* der Kurzgeschichte.	10
	Teilsumme Inhalt:	**70**

2) Darstellungsleistung

	Kompetenzerwartung: Der Schüler …	**Punkte (max.)**
1.	schreibt die Inhaltsangabe in der Zeitform *Präsens*.	6
2.	fasst sich *kurz* und verzichtet auf Ausschmückungen.	6
3.	formuliert *sachlich* und beschränkt Meinungsäußerungen auf den Schlussteil.	6
4.	schreibt *grammatisch* korrekt (u. a. Syntax).	6
5.	schreibt *orthografisch* korrekt (Rechtschreibung, Zeichensetzung).*	6
	Teilsumme Inhalt:	**30**

Gesamtpunktzahl = Inhaltliche Leistung + Darstellungsleistung:	**100**

Vorschlag zur Benotung:

Note 1	Note 2	Note 3	Note 4	Note 5	Note 6
89 bis 100 P.	76 bis 88 P.	63 bis 75 P.	50 bis 62 P.	20 bis 49 P.	0 bis 19 P.

* Wenn der Schüler orthografische Regeln häufig nicht beachtet, wird die Note um eine Notenstufe abgesenkt. Drückt sich der Schüler sprachlich sehr sicher aus, wird die Note um eine Stufe angehoben. Für Schüler mit LRS sowie Deutsch als Zweitsprache gelten besondere Regelungen, die ggf. durch die Schulkonferenz festgelegt wurden.

Wissen, worauf es ankommt (1/3)

Aufgabe:

Schätze deinen Leistungsstand zu den einzelnen Anforderungen ein.
Kreuze an, wie gut du schon bist.

Der Inhalt deiner Inhaltsangabe

1. Informiere in einer knappen **Einleitung** über die Textsorte (Kurzgeschichte), den Titel („Kein Fünkchen Respekt"), das Entstehungsjahr (2015), den Verfasser (Lars Fedeler) und die Thematik. Bringe die Thematik durch **passende Nomen und Adjektive** auf den Punkt (z. B. „kaltherziger Egoismus").

   ☐ *Kann ich schon gut.* ☐ *Klappt überwiegend.* ☐ *Sollte besser werden.*

2. Ordne im **Hauptteil** die **wichtigsten Handlungsschritte in zeitlich logischer Reihenfolge** an:
   - Irene beobachtet den Verkehrsunfall.
   - Sie weckt ihren Mann Walter aus dem Mittagsschlaf.
   - Irene und Walter eilen zum Unfallort, allerdings langsamer als die Nachbarn.
   - Irene und Walter regen sich darüber auf, dass ihnen die Sicht versperrt wird.

   ☐ *Kann ich schon gut.* ☐ *Klappt überwiegend.* ☐ *Sollte besser werden.*

3. Informiere im **Hauptteil** über die **Personen und ihre Verhaltensweisen**, indem du z. B. charakterisierende Adjektive (wie „mitleidslos", „schaulustig" etc.) verwendest.

   ☐ *Kann ich schon gut.* ☐ *Klappt überwiegend.* ☐ *Sollte besser werden.*

4. Bemühe dich im **Hauptteil** um **Kürze** und verzichte auf die Erwähnung überflüssiger Details (wie z. B. die Pflege der Gartenzwerge).

   ☐ *Kann ich schon gut.* ☐ *Klappt überwiegend.* ☐ *Sollte besser werden.*

5. Erwähne im Schlussteil die **Wichtigkeit** und **Aktualität** der Themen „Sensationsgier" und „Gaffen" und bewerte die **Wirkung** der Kurzgeschichte auf dich als Leser.

   ☐ *Kann ich schon gut.* ☐ *Klappt überwiegend.* ☐ *Sollte besser werden.*

 © Verlag an der Ruhr | Autor: Lars Fedeler | ISBN 978-3-8346-3925-7

Wissen, worauf es ankommt (2/3)

Aufgabe:

- Schätze deinen Leistungsstand zu den einzelnen Anforderungen ein. Kreuze an, wie gut du schon bist.

➡ Die Art, wie du deine Inhaltsangabe schreibst (Darstellung)

1. Schreibe die Inhaltsangabe in der Zeitform **Präsens (Gegenwart)**.
   ☐ *Kann ich schon gut.* ☐ *Klappt überwiegend.* ☐ *Sollte besser werden.*
2. Fasse dich **kurz** und verzichte auf Ausschmückungen.
   ☐ *Kann ich schon gut.* ☐ *Klappt überwiegend.* ☐ *Sollte besser werden.*
3. Formuliere **sachlich** und beschränke Meinungsäußerungen auf den Schlussteil.
   ☐ *Kann ich schon gut.* ☐ *Klappt überwiegend.* ☐ *Sollte besser werden.*
4. Achte auf die korrekte **Grammatik** (z. B. den richtigen Satzbau).
   ☐ *Kann ich schon gut.* ☐ *Klappt überwiegend.* ☐ *Sollte besser werden.*
5. Achte auf eine korrekte **Rechtschreibung** und **Zeichensetzung**.
   ☐ *Kann ich schon gut.* ☐ *Klappt überwiegend.* ☐ *Sollte besser werden.*

Anregungen zur Vorbereitung und Nachbereitung

- Übe, eine Kurzgeschichte gründlich zu lesen.
- Formuliere die Thematik der Kurzgeschichte mit den passenden Adjektiven und Nomen.
- Erfasse die wichtigsten Handlungsschritte und ordne sie in einer zeitlich logischen Reihenfolge an.
- Versuche, die Personen und ihre Eigenschaften durch charakterisierende Adjektive treffend zu beschreiben.
- Übe die kurze, sachliche Wiedergabe von Textinformationen ohne Ausschmückungen.
- Schreibe sprachlich korrekt und angemessen.

Schmuckelemente © Aquir – Fotolia.com

Wissen, worauf es ankommt (3/3)

Tipps zum Thema

Merkmale einer Inhaltsangabe

- Sie informiert in **Kürze** über einen Textinhalt.
- Sie dient der **sachlichen Information**, nicht der Unterhaltung.
- Sie darf **nicht** mit einer Nacherzählung verwechselt werden.

Vor dem Schreiben

- **Lies** die Kurzgeschichte mehrmals sorgfältig.
- Notiere Adjektive und Nomen, die die **Thematik** näher bezeichnen.
- Erfasse die wichtigen **Handlungsschritte** und ordne sie in zeitlicher Reihenfolge an.

Achte auf einen gelungenen Aufbau

- Gliedere die Inhaltsangabe in **drei Teile**: Einleitung, Hauptteil, Schluss.
- Nenne in einer kurzen **Einleitung** die Textsorte, den Titel, das Entstehungsjahr, den Verfasser und die Thematik des Textes.
- Beschreibe die **Thematik in der Einleitung** mit wenigen **Adjektiven und Nomen**. Wähle **passende Formulierungen** und verzichte auf unwichtige Einzelheiten.
- Beschreibe im **Hauptteil** kurz die Handlung. Verzichte auf überflüssige Details.
  - ➡ **So geht's nicht:** Irene läuft ins Haus, wo ihr Mann Walter ein Nickerchen macht. Der Mittagsschlaf ist ihm heilig, daher möchte Irene ihn eigentlich nicht wecken. Sie macht es trotzdem. Walter ärgert sich einen Moment lang.
  - ➡ **So geht's:** Irene läuft ins Haus und weckt ihren Mann Walter aus dem Mittagsschlaf.
- Ordne die wichtigsten **Handlungsschritte in zeitlich logischer Reihenfolge**. Orientiere dich nicht am Handlungsaufbau der Kurzgeschichte, da sie Zeitsprünge und Rückblenden enthalten kann.
- Informiere im **Hauptteil** über die **Personen**, ihre **Eigenschaften** und ihr **Verhalten**, indem du u. a. **charakterisierende Adjektive** verwendest (z. B. kleinbürgerliche Wohnsiedlung, schaulustige Nachbarn).
- Schreibe im **Schlussteil** eine **kurze Stellungnahme zur Wichtigkeit und Aktualität** der Kurzgeschichte **mit Begründung**.

Achte auf passende Formulierungen

- Schreibe die Inhaltsangabe in der Zeitform **Präsens (Gegenwart)**.
- Fasse dich **kurz** und verzichte auf erzählerische Ausschmückungen.
- Formuliere **sachlich** und bedenke, dass Wertungen nur im Schlussteil erlaubt sind.
- Verzichte auf wörtliches Abschreiben.
- Nutze bei Bedarf die **indirekte Rede**. Verzichte auf direkte Rede.

Schmuckelemente © Aquir – Fotolia.com

Mögliches Ergebnis (1/2)

Das bedeuten die Hervorhebungen im Text:

Grün:	Nennung wesentlicher Inhalte ohne Ausschmückungen
Rot:	Strukturierung der Inhaltsangabe in Einleitung, Hauptteil und Schluss
Blau:	Verwendung von charakterisierenden Adjektiven und passenden Nomen
Ocker:	Erwähnung der Aktualität der Thematik und zusammenfassende Bewertung der Wirkung der Kurzgeschichte

Inhaltsangabe zur Kurzgeschichte „Kein Fünkchen Respekt“

Einleitung:
Textsorte, Titel, Verfasser, Thematik

Die Kurzgeschichte „Kein Fünkchen Respekt“, im Jahr 2015 von Lars Fedeler geschrieben, zeigt den kaltherzigen Egoismus und die Doppelmoral von schaulustigen Gaffern am Beispiel der Rentner Irene und Walter, die einen Verkehrsunfall als Unterhaltung ansehen und sich von anderen Sensationsgierigen gestört fühlen.

Hauptteil:
Ereignisse in zeitlicher Reihenfolge mit Angaben zu den Personen

In einer kleinbürgerlichen Wohnsiedlung irgendwo in Deutschland befindet sich der Meisenweg. Dort wird eine ältere Frau namens Irene an einem Sonntagmittag während der Pflege ihres Vorgartens Zeugin eines schlimmen Verkehrsunfalls: Sie beobachtet, wie ein spielender Nachbarsjunge durch das Auto eines zu schnell fahrenden jungen Mannes schwer verletzt wird.

Mitleidslos läuft Irene ins Haus, um ihren Mann Walter aus dem Mittagsschlaf zu wecken und mit ihm zusammen das weitere Geschehen am Unfallort aus der Nähe zu beobachten. Getrieben von der Angst, etwas Aufregendes zu verpassen, beeilt sich das ältere Ehepaar. Aus Rücksicht auf Walters Gesundheitszustand müssen die beiden jedoch ihr Tempo drosseln und werden von den ebenfalls schaulustigen Nachbarn überholt.

Schließlich versperren ihnen andere Sensationsgierige den Blick auf die gerade eingeleiteten polizeilichen und notärztlichen Maßnahmen. Daraufhin beanspruchen Irene und Walter als Senioren das Recht auf freie Sicht für sich und werfen einer jungen Nachbarin voller Empörung Respektlosigkeit vor. In ihrem Selbstmitleid sind sie nicht in der Lage, dem Unfallopfer Mitgefühl entgegenzubringen.

Schluss:
Stellungnahme zur Wichtigkeit und Aktualität der Kurzgeschichte

Die Kurzgeschichte spricht das Problem des Gaffens bei Verkehrsunfällen an, von dem in den Medien immer wieder berichtet wird. Als Leser empört man sich über die egoistische Kaltherzigkeit und den Stumpfsinn der beiden Hauptfiguren, die den Unfall in ihrer Nachbarschaft als „Show“ betrachten und für sich Respekt

Mögliches Ergebnis (2/2)

einfordern, während sie selbst nicht bereit sind, dem Unfallopfer und den Rettungskräften mit einem Mindestmaß an Anstand und Respekt zu begegnen.

Solch ein unsoziales Verhalten wird in der Realität noch von Mitmenschen übertroffen, die Unfälle ungeniert mit ihren Handykameras filmen und dabei Hilfsmaßnahmen blockieren.

Klassenarbeit (1/3)

Thema:

Eine Person charakterisieren

Textgrundlage:

Kurzgeschichte

Aufgabe:

- Charakterisiere die Person Marlon.

Beachte!

- Verwende passende Adjektive.
- Denke an Begründungen und Textbelege.

Der Raid meines Lebens

Lars Fedeler (2015)

Druidhero – mein ganz persönlicher Avatar – duldet keinen Toilettengang. Wohl oder übel muss ich in eine der leeren Colaflaschen pinkeln, die ich irgendwann zwischen Level eins (vor etlichen Wochen) und jetzt ausgetrunken habe, um wach zu bleiben.

Wer nahezu 24/7 auf virtuellen Schlachtfeldern kämpft, braucht viel Zucker und Koffein; zudem dürfen ihn mitten im Krieg nicht so banale Dinge, wie Müll und Dreck im Zimmer, stören.

Urin in alten Flaschen ist Druidhero ebenso egal wie Pizzafett auf der Tastatur oder ein überquellender Aschenbecher. Der Avatar liefert sich zusammen mit den Charakteren meiner Ingame-Freunde der Gilde ein spannendes Battle gegen finstere Schlangenmenschen. Zwölf oder 15 Stunden dauert dieser verdammt wichtige Raid bereits. Zeit spielt für mich allerdings schon lange keine Rolle mehr – es zählt allein, die Schlangenmenschen zu besiegen. Bei dieser Quest geht es um alles für unsere Gilde. Hardcore-PvM.

Druidheros Strahlenkranz ist dabei meine Hoffnung und überhaupt mein ganzer Stolz. Er leuchtet nämlich heller als die Strahlenkränze der anderen Figuren auf dem Bildschirm.

Schmuckelemente © Aquir – Fotolia.com

Klassenarbeit (2/3)

Mein Avatar ist schon wer – er krönt meine ruhmreiche Gamer-Karriere, die ich einst als popeliger Konsolenzocker begann. Mit Mut, Fleiß und Beharrlichkeit habe ich mein virtuelles Alter Ego hochgelevelt – wir sind zusammen durch dick und dünn gegangen: Tagelang musste ich auf die Veredelung von Druidhero warten; beinahe wäre mein Avatar in einer Pechsträhne geschrottet worden; da half nur noch Geld von Oma für solide Aufwertungsitems. Seit dem digitalen Doping läuft's.

Natürlich fordert Druidhero einen sehr hohen Tribut dafür, dass ich ihn in einer Edel-Gilde spielen lasse: Ich bin mit meinem PC verwachsen; Freundin weg; (die alten) Freunde auch; 30 Kilo mehr auf den Rippen; kaum noch Schlaf; nicht mehr schulfähig. „Dr. Holiday" hat mich fürs restliche Schuljahr krankgeschrieben.
„Nerd!", mobbten mich meine Mitschüler, als ich früher noch sporadisch zur Schule ging, um mich im Unterricht etwas vom Zocken zu erholen. Ich sagte nichts dazu, denn ich war eh fertig mit meinem alten Scheißleben und den langweiligen Primaten da draußen. Manchmal wurde ich auch „Suchti" genannt. Diese Beschimpfung ließ mich ebenfalls kalt. Schließlich kiffte ich nicht und hing auch nicht an der Flasche, sondern opferte mich nur einem heldenhaften Avatar.

„Marlon!", poltert meine Ma vor der abgeschlossenen Zimmertür – sie klingt wieder besoffen. „Flitz mal schnell zur Tanke und kauf deiner armen Mutter 'ne Pulle Korn!"
Seit sie ihren Fließband-Job verloren und sich auch noch im Vollsuff ein Bein gebrochen hat, geht sie mir mit ihrem Gequengel furchtbar auf den Sack. Leider gibt es keinen anderen, den sie hier nerven kann – wir sind in der kleinen Hochhauswohnung zu zweit.
Ich versuche, einfach wegzuhören, und konzentriere mich auf den Bildschirm. Druidhero braucht mich jetzt.
„Maaarlon!", kräht die Alte hysterisch und poltert mit ihren Krücken gegen die Tür.
„Ey, du Monster!", brülle ich erregt und meine damit einen dieser Schlangenmenschen, der gerade einen überaus wertvollen Giftzahn gedroppt hat! – Wann kriegt man in so einem hohen Level schon ein kostenloses Aufwertungsitem? Das ist ja wie Weihnachten und Ostern zusammen! Den Giftzahn muss Druidhero unbedingt ergattern, dann wird ihn kein anderer Avatar in der Gilde mehr übertrumpfen können! – Dies wird der Raid meines Lebens!

„Ich will meinen Korn, du Blag!", schallt es aggressiv von draußen herein.

Schmuckelemente © Aquir – Fotolia.com

Klassenarbeit (3/3)

Die Sucht meiner Mutter kann mir gestohlen bleiben. Meine Finger tanzen weiter auf der Tastatur, sie zittern vor Aufregung. So glücklich war ich noch nie! – „Mein Korn!" Ist mir schnurzpiepegal. „Mein Giftzahn!", platzt es Sekunden später panisch aus mir heraus, als Druidhero wie von Geisterhand erstarrt und ein rotes Warndreieck mit der Meldung „offline" den Strahlenkranz des Avatars verdeckt.

„Mach sofort wieder den Router an!", fauche ich wie von der Tarantel gestochen.
Mit unbändiger Wut schleudere ich die Colaflasche, in die ich soeben gepinkelt habe, gegen meine Zimmertür, hinter welcher Ma steht.
Urin spritzt an die verschimmelte Wand sowie auf das Chaos, das am Boden den gammeligen Teppich bedeckt. – Wäre ich Druidhero, würde ich jetzt mit dem Lichtschwert …

Auch Ma hat da draußen nun die Selbstkontrolle verloren: Mit voller Wucht schmeißt sie sich gegen die schäbige Tür, diese gibt augenblicklich nach.
Holz splittert, die Tür fliegt krachend in mein Zimmer, Mutti mit einem schrillen Schrei hinterher. Der Laut erstickt, als sie gegen das Stahlgestell meines Bettes prallt.
„Mama, hast du dir wehgetan?", rufe ich entsetzt und lasse den Baseballschläger, den ich mir gerade statt eines Lichtschwerts geschnappt habe, ungenutzt fallen.
Ich hätte im Jugendknast landen können – statt in der Suchtambulanz der Caritas.

Wörterlexikon

Überschrift: **Raid** | Kampfoperation beim Computerspiel
Zeile 1: **Druide** | altkeltischer Priester (hier als Fantasiefigur in einem Computerspiel)
Zeile 1: **Avatar** | Kunstfigur im Cyberspace
Zeile 5: **24/7** | 24 Stunden/7 Tage in der Woche, d. h. immer, rund um die Uhr (gesprochen: „twenty-four-seven")
Zeile 5: **virtuell** | auf dem Computer nachgestellt
Zeile 6: **banal** | alltäglich, langweilig
Zeile 10: **Charakter** | (hier) eine Spielfigur mit bestimmten Eigenschaften
Zeile 10: **Gilde** | (hier) ein Zusammenschluss von Spielern mit gleichen Zielen
Zeile 14: **Quest** | Aufgabe im Computerspiel
Zeile 15: **PvM** | Spielsituation „Player versus Monster" („Spieler gegen Monster")
Zeile 22: **Alter Ego** | anderes bzw. zweites Ich
Zeile 26: **Aufwertungsitem** | erworbener Gegenstand zur Stärkung des Spielercharakters
Zeile 33: **Nerd** | intelligenter, aber sozial isolierter Computerfan
Zeile 36: **Primaten** | Säugetiere, zu denen Affen gehören
Zeile 54: **droppen** | eine Figur lässt eine wertvolle Sache fallen, die somit ins Spiel kommt
Zeile 87: **Caritas** | eine christliche Wohltätigkeitsorganisation

Viel Spaß und viel Erfolg!

Schmuckelemente © Aquir – Fotolia.com

Erwartungshorizont für die Lehrkraft

1) Inhaltliche Leistung

	Kompetenzerwartung: Der Schüler …	**Punkte (max.)**
1.	benennt *einleitend* die Textsorte, den Titel, den Verfasser sowie die Thematik der Kurzgeschichte und stellt die Figur Marlon im Handlungskontext kurz vor.	15
2.	beginnt den *Hauptteil* mit einer grundsätzlichen Aussage über Marlon (ambivalente Persönlichkeit, Zerrissenheit zwischen Versagen im realen Leben und Erfolg im Computerspiel etc.).	8
3.	stellt im *Hauptteil* Marlons äußeres Erscheinungsbild, Lebensumstände, Gefühle, Gedanken, Handlungs- und Sprechweise sowie Entwicklung dar.	35
4.	schreibt im *Schlussteil* eine zusammenfassende Stellungnahme zur Figur Marlon.	12
	Teilsumme Inhalt:	**70**

2) Darstellungsleistung

	Kompetenzerwartung: Der Schüler …	**Punkte (max.)**
1.	schreibt die Charakterisierung in der Zeitform *Präsens*.	5
2.	charakterisiert die Figur Marlon *präzise* und *treffend*.	5
3.	formuliert *sachlich* und *distanziert*.	5
4.	stützt die Aussagen durch *Hinweise auf Textstellen*.	5
5.	schreibt *grammatisch* korrekt (u. a. Syntax).	5
6.	schreibt *orthografisch* korrekt (Rechtschreibung, Zeichensetzung).*	5
	Teilsumme Inhalt:	**30**

Gesamtpunktzahl = Inhaltliche Leistung + Darstellungsleistung:	**100**

Vorschlag zur Benotung:

Note 1	Note 2	Note 3	Note 4	Note 5	Note 6
89 bis 100 P.	76 bis 88 P.	63 bis 75 P.	50 bis 62 P.	20 bis 49 P.	0 bis 19 P.

* Wenn der Schüler orthografische Regeln häufig nicht beachtet, wird die Note um eine Notenstufe abgesenkt. Drückt sich der Schüler sprachlich sehr sicher aus, wird die Note um eine Stufe angehoben. Für Schüler mit LRS sowie Deutsch als Zweitsprache gelten besondere Regelungen, die ggf. durch die Schulkonferenz festgelegt wurden.

Wissen, worauf es ankommt (1/3)

Aufgabe:

Schätze deinen Leistungsstand zu den einzelnen Anforderungen ein.
Kreuze an, wie gut du schon bist.

Der Inhalt deiner Charakterisierung

1. Benenne in der **Einleitung** die **Textsorte**, den **Titel**, den **Verfasser** und die **Thematik** der Kurzgeschichte (z. B. Computerspielsucht). Stelle **Marlon und dessen Rolle** kurz vor.
   ◯ *Kann ich schon gut.* ◯ *Klappt überwiegend.* ◯ *Sollte besser werden.*

2. Beginne den **Hauptteil** mit einer **grundsätzlichen Aussage** über Marlon (z. B. zerrissen zwischen Versagen im wahren Leben und Erfolg im Computerspiel).
   ◯ *Kann ich schon gut.* ◯ *Klappt überwiegend.* ◯ *Sollte besser werden.*

3. Stelle im **Hauptteil** Marlons **äußeres Erscheinungsbild, Lebensumstände, Gedanken, Gefühle, Handlungs- und Sprechweise** dar. Beachte seine **Entwicklung** am Ende der Kurzgeschichte (z. B. sein Erschrecken über den eigenen Kontrollverlust).
   ◯ *Kann ich schon gut.* ◯ *Klappt überwiegend.* ◯ *Sollte besser werden.*

4. Schreibe im **Schlussteil** eine **zusammenfassende Stellungnahme** zur Figur Marlon.
   ◯ *Kann ich schon gut.* ◯ *Klappt überwiegend.* ◯ *Sollte besser werden.*

Die Art, wie du deine Charakterisierung schreibst (Darstellung)

1. Schreibe die Charakterisierung in der Zeitform **Präsens (Gegenwart)**.
   ◯ *Kann ich schon gut.* ◯ *Klappt überwiegend.* ◯ *Sollte besser werden.*

2. Charakterisiere die Figur Marlon **präzise** und **treffend**, u. a. mit passenden **Adjektiven**.
   ◯ *Kann ich schon gut.* ◯ *Klappt überwiegend.* ◯ *Sollte besser werden.*

3. Formuliere **sachlich** und **distanziert**.
   ◯ *Kann ich schon gut.* ◯ *Klappt überwiegend.* ◯ *Sollte besser werden.*

4. Stütze deine Aussagen durch **Hinweise auf Textstellen**.
   ◯ *Kann ich schon gut.* ◯ *Klappt überwiegend.* ◯ *Sollte besser werden.*

5. Achte auf die korrekte **Grammatik** (z. B. den richtigen Satzbau), korrekte **Rechtschreibung** und **Zeichensetzung**.
   ◯ *Kann ich schon gut.* ◯ *Klappt überwiegend.* ◯ *Sollte besser werden.*

Schmuckelemente © Aquir – Fotolia.com

Wissen, worauf es ankommt (2/3)

Anregungen zur Vorbereitung und Nachbereitung

- Lies gründlich und markiere den Text, um Textinformationen zu einer literarischen Figur zu erschließen.
- Leite Eigenschaften und Wesenszüge aus Denk-, Sprech- und Verhaltensweisen ab, die im Text genannt werden.
- Drücke deine Feststellungen mit eigenen Worten aus und gliedere sie nach sinnvollen Kriterien.
- Formuliere strukturiert, sachlich und textbezogen.
- Schreibe sprachlich korrekt und angemessen.

Tipps zum Thema

Merkmale einer (literaturbezogenen) Charakterisierung

- Sie stellt **Eigenarten** und **Wesenszüge** einer **Figur aus einem literarischen Text** dar.
- Sie beruht auf **Textbelegen** und erfordert deshalb eine **gründliche Textarbeit**.
- Sie lässt ein **Gesamtbild** aus verschiedenen Teilinformationen zu einer Figur entstehen.

Vor dem Schreiben

- **Lies** die Geschichte mehrmals sorgfältig und **markiere** aussagekräftige Textstellen zur Figur, die du charakterisieren sollst.
- Notiere wichtige **Textinformationen** zur Person:
  - ➡ 1. Äußeres Erscheinungsbild (z. B. Aussehen, Figur, Kleidung)
  - ➡ 2. Soziale Situation (z. B. Familie, Schule bzw. Beruf)
  - ➡ 3. Psyche (z. B. Gefühle, Gedanken, Interessen, Einstellungen)
  - ➡ 4. Verhalten (Handlungs- und Sprechweise im Umgang mit anderen Figuren)
- Beachte, dass viele **Eigenschaften und Wesenszüge** nicht direkt im Text zu finden sind, sondern durch **Auswertung** von Sprech- und Verhaltensweisen von dir ermittelt werden müssen. Nutze zur Darstellung **eigene Formulierungen**.

Schmuckelemente © Aquir – Fotolia.com

Wissen, worauf es ankommt (3/3)

Tipps zum Thema

Achte auf einen gelungenen Aufbau

- Gliedere die Charakterisierung in **drei Teile** – Einleitung, Hauptteil und Schluss.
- Benenne in der **Einleitung** die **Publikationsdaten** (Textsorte, Titel, Verfasser) und die **Thematik** der Geschichte. Stelle zudem die **Figur und ihre Rolle in der Handlung** kurz vor.
  - ➡ Z. B.: Die Kurzgeschichte „Der Raid meines Lebens", 2015 von Lars Fedeler verfasst, handelt von einem einschneidenden Erlebnis im Alltag eines jugendlichen Zockers. Der computerspielsüchtige Marlon, der sich völlig in die virtuelle Welt zurückgezogen hat, gerät auf dem Höhepunkt eines Raids in einen Konflikt mit seiner alkoholkranken Mutter. Als diese den Router ausschaltet, steht Marlon kurz vor einem Gewaltausbruch. Als sich seine Mutter beim Eindringen in sein Zimmer zufällig schwer verletzt, besinnt der Junge sich und reagiert entsetzt und mit Mitgefühl.
- Beginne den **Hauptteil** mit einer **grundsätzlichen Aussage zur Figur**.
  - ➡ Z. B. Marlon ist eine zwiespältige Person: Im realen Leben ist er ein isolierter Versager, während er im Computerspiel in Gestalt des Avatars Druidhero als erfolgreicher Held erscheint.
- Beschreibe anschließend im **Hauptteil** die vorab bereits gegliederten **äußeren und inneren Merkmale** der Figur (z. B. Erscheinungsbild, Gefühle, Gedanken usw.). Berücksichtige dabei **Entwicklungen**, die im Laufe der Handlung deutlich werden.
- Schreibe im **Schlussteil** eine **zusammenfassende Stellungnahme** über die Figur und ihre Entwicklung. **Begründe** dein Gesamturteil.

Achte auf passende Formulierungen

- Schreibe in der Zeitform **Präsens (Gegenwart)**.
- Charakterisiere die Figur **sachlich** und **distanziert**.
- Formuliere **eigenständig**, ohne direkt aus dem Text abzuschreiben.
- Verwende **passende Adjektive** (z. B.: einsam, süchtig, aggressiv).
- Begründe deine Feststellungen mithilfe von **Textstellenangaben** und **einzelnen aussagekräftigen Zitaten**.

Diese Merkmale gehören nicht zu einer Charakterisierung:

- unbegründete Vermutungen
- reine Aufzählung von Merkmalen
- bloße Inhaltsangabe

Schmuckelemente © Aquir – Fotolia.com

Mögliches Ergebnis (1/2)

Das bedeuten die Hervorhebungen im Text:

Grün:	Beschreibung der Thematik in der Einleitung
Rot:	Beschreibung von äußeren und inneren Merkmalen der Figur im Hauptteil
Blau:	Textstellenhinweise bzw. Zitate
Ocker:	Zusammenfassende Stellungnahme im Schlussteil

Charakterisierung der Figur Marlon

Die Kurzgeschichte „Der Raid meines Lebens", 2015 von Lars Fedeler verfasst, handelt von einem einschneidenden Erlebnis im Alltag eines jugendlichen Zockers. Der computerspielsüchtige Marlon, der sich völlig in die virtuelle Welt zurückgezogen hat, gerät auf dem Höhepunkt eines Raids in einen Konflikt mit seiner alkoholkranken Mutter. Als diese den Router ausschaltet, steht Marlon kurz vor einem Gewaltausbruch. Er besinnt sich jedoch, als sich seine Mutter beim Eindringen in sein Zimmer zufällig schwer verletzt, und reagiert entsetzt und mit Mitgefühl. Marlon sieht von einer Gewalttat ab.

Marlon ist eine zwiespältige Person: Im realen Leben wirkt er wie ein isolierter Versager, während er im Computerspiel in Gestalt des Avatars Druidhero als erfolgreicher Held Anerkennung findet.
Die extreme Computerspielsucht hat Folgen für Marlons Erscheinungsbild: Er wirkt völlig verwahrlost und ungepflegt, nimmt Müll und Dreck in seinem Zimmer in Kauf (Z. 1–9) und uriniert sogar in eine leere Flasche (Z. 2), um den PC, mit dem er „verwachsen" (Z. 29) zu sein scheint, nicht verlassen zu müssen. Schlafmangel und Übergewicht (Z. 30–31) sind Auswirkungen seines ungesunden Lebensstils. Während er vor dem Bildschirm sitzt, ernährt er sich von Cola (Z. 2–4) und Fastfood (Z. 5–6, 8); zudem raucht er (Z. 9). Wegen der ständigen Konzentration auf den Computer besitzt er kein Zeitgefühl mehr (Z. 12–13).
Marlon lebt mit seiner alleinerziehenden, arbeitslosen und alkoholabhängigen Mutter unter ärmlichen Bedingungen in einer Hochhauswohnung (Z. 47, 73–74). Er ist von der realen Welt enttäuscht und folglich von der Außenwelt vollkommen abgeschottet: Seine Freundin und alte Freunde hat er durch „Ingame-Freunde" im Netz ersetzt (Z. 9–11, 29–30). Nach häufigem Fehlen geht er momentan gar nicht mehr zur Schule, da der Arzt, den er abfällig „Dr. Holiday" nennt (Z. 31–32), ihn krankgeschrieben hat. Statt in der Schule ein Mobbingopfer zu sein (Z. 33–39), erlebt Marlon nach dem Rückzug aus seinem alten „Scheißleben" (Z. 35–36) in der virtuellen Welt seines Computerspiels einen heldenhaften und ruhmreichen Aufstieg des von ihm gesteuerten Avatars Druidhero (Z. 20–26, 35).
Mutig, fleißig und vor allem ehrgeizig lässt er Druidhero in einem Raid gegen Monsterfiguren kämpfen und genießt stolz, dass er von seiner Gilde als Anführer respektiert wird (Z. 17–19, 20–21). Seine aktive und

Mögliches Ergebnis (2/2)

erfolgreiche Rolle im Computerspiel lenkt ihn vom enttäuschenden wirklichen Leben ab, in dem er nicht mehr zurechtkommt.
Marlons Ausdrucksweise verrät seine starke Bindung an die Welt des Computerspiels: Als Ich-Erzähler benutzt er Begriffe wie „Raid" (Überschrift), „Quest" (Z. 14), „Hardcore-PvM" (Z. 15) oder „Aufwertungsitems" (Z. 26). Des Weiteren verwendet er häufig Umgangssprache und einen teils derben Jugendslang, indem er beispielsweise sagt, seine Mutter gehe ihm „auf den Sack" (Z. 45–46).
Seine Spielsucht verharmlost er, indem er sie mit anderen Suchtformen vergleicht (Z. 36–39). Marlon verachtet seine Mutter dafür, dass sie Alkoholikerin ist. Dies zeigt sich in seinen Bemerkungen sowie seiner kühlen und ablehnenden Haltung, als sie ihn auffordert, für sie Schnaps zu besorgen (Z. 44–47, 50–51). Genauso rücksichtslos und egoistisch, wie sie an ihre Sucht denkt, hat Marlon nur seine eigene Sucht im Blick.
In dieser Situation konzentriert er sich voll auf den virtuellen Kampf gegen die Monster auf dem Bildschirm und überhört seine tobende Mutter vor der abgeschlossenen Tür (Z. 48–49).
Sie bestraft ihn, indem sie im entscheidenden Spielmoment den Router ausschaltet und damit das Game beendet. Marlon reagiert darauf hemmungslos aggressiv (Z. 69–72). Er schmeißt nicht nur „mit unbändiger Wut" (Z. 71) eine Flasche durch das Zimmer, sondern hat offensichtlich vor, gegenüber seiner Mutter gewalttätig zu werden, da er sich mit einem Baseballschläger bewaffnet.
Das Computerspiel scheint seine Gewaltbereitschaft zu unterstützen, da er sich mit dem Baseballschläger in der Hand an das Lichtschwert seines Avatars erinnert fühlt (Z. 74–75).
Eine plötzliche Verhaltensänderung erfolgt, als die Mutter gewaltsam in Marlons Zimmer eindringt und sich dabei zufällig verletzt. Mitfühlend und besorgt erkundigt sich der Junge, ob sie sich wehgetan habe (Z. 83). Vom Zuschlagen mit dem Baseballschläger sieht er ab und verhält sich in dieser Situation wie ein fürsorglicher Sohn. Zudem wird ihm später in der Suchtambulanz selbstkritisch bewusst, dass er sich bei einer Gewaltanwendung strafbar gemacht hätte (Z. 86–87).

Marlons Computerspielsucht und Vereinsamung lösen beim Leser Mitleid aus, allerdings in Verbindung mit Abscheu und Entsetzen angesichts seiner Verwahrlosung im Chaos seines verdreckten Zimmers. Dass er seiner Mutter gegenüber keine Gewalt anwendet, Mitgefühl entwickelt und sich am Ende in einer Suchtambulanz der Caritas befindet, lässt auf eine positive Wende in Marlons Leben hoffen. Möglicherweise wird ihm bewusst, dass er in dem Zocken an falscher Stelle Halt gesucht hat. Ob Marlon wieder zu sich selbst findet, sich von Druidhero löst und anfängt, sein entgleistes Leben neu zu ordnen, lässt der Autor jedoch offen.

Klassenarbeit (1/3)

Thema:

Den Verlauf einer Klassenratssitzung protokollieren (Teil eines Verlaufsprotokolls)

Aufgabe:

- Protokolliere den Verlauf des Gesprächsausschnitts von der Klassenratssitzung der Klasse 9c.

Beachte!

- Beziehe dich beim Protokollieren des Gesprächsverlaufs nur auf die wesentlichen Redebeiträge.

Franziska Paulsen, Valentina Romanova, Jason Holzmeier und Burak Celik bilden den Klassenrat der 9c. Hier siehst du einen Ausschnitt aus ihrer ersten Sitzung im zweiten Schulhalbjahr vom 12. Februar 2018. Als Klassensprecherin leitet Valentina Romanova die Sitzung.

VALENTINA ROMANOVA (VR): Kommen wir zum Tagesordnungspunkt 4: Die Klasse hat uns als Klassenrat beauftragt, einen konkreten Vorschlag zur Gestaltung des Wandertags im zweiten Halbjahr zu erarbeiten. Habt ihr schon gute Ideen?

JASON HOLZMEIER (JH): Ich will auf keinen Fall wandern. Das ist mir zu anstrengend und außerdem total langweilig. Viele in der Klasse sehen das sicherlich genauso.

FRANZISKA PAULSEN (FP): Jason, warum heißt der Wandertag wohl Wandertag? Also, ich finde Wanderungen total cool. Ich fahre mit meinen Eltern jeden Sommer zum Wandern nach Österreich. Eine Waldwanderung ist doch super: mit dem Rucksack loslaufen, frische Luft, Bewegung, Picknick auf einer Wiese …

JH: Hör auf, sonst wird mir schlecht! Wenn es nach mir ginge, fahren wir lieber mit dem Zug in eine große Stadt. So wie die 9d, die war in Köln. Nach einem Pflichtbesuch im Museum durften die Schüler in kleinen Gruppen durch die Stadt ziehen. Die haben in der Fußgängerzone sogar einen Popstar getroffen! Echt hammermäßig!

Schmuckelemente © Aquir – Fotolia.com

Klassenarbeit (2/3)

BURAK CELIK (BC): Sorry, Jason, dein Vorschlag überzeugt mich nicht. Wir sollten lieber irgendwas in der Natur unternehmen, da stimme ich Franzi zu. Eine Wanderung ist aber wirklich ein bisschen zu spießig. Wie wär's stattdessen mit einer Kanutour? Kanuwandern ist ja auch eine Form des Wanderns.

FP: Ich finde, dass Kanuwandern interessant klingt! – Was sagst du dazu, Jason?

JH: Bin nach wie vor dagegen.

BC: Wir sollten offiziell darüber abstimmen. Ich stelle den Antrag, dass unsere Klasse am Wandertag im zweiten Halbjahr eine Kanutour unternimmt.

VR: Wer ist dafür? Bitte ein Handzeichen! – Zwei Stimmen. – Wer ist dagegen? – Eine Stimme. – Ich enthalte mich. – Damit ist Buraks Antrag angenommen.

BC: Super! – Nun zum Konkreten: Meine jüngere Schwester war im letzten Jahr mit ihrer Klasse zum Paddeln am Edersee. Echt schön da! Wir könnten auch dorthin.

JH: Wenn wir schon paddeln müssen, dann bitte nicht auf einem See. Auf einem Fluss mit Strömung hat man bestimmt mehr Spaß.

FP: Da ist was dran. Was haltet ihr von der Ems? Aus dem Erdkundeunterricht wissen wir doch, dass es im oberen Teil der Ems keinen Schiffsverkehr gibt. Da könnten wir sicher paddeln und durch die Strömung bekommt das Ganze vielleicht noch einen zusätzlichen Kick. Zudem ist die Ems ja nicht allzu weit entfernt.

VR: Prima! – Ich sehe, dass niemand etwas einzuwenden hat. Franzi, könntest du dich um ein bezahlbares Angebot eines Kanuverleihs an der Ems kümmern?

FP: Gern! Ich werde nachher mal zusammen mit meiner Mutter im Internet nachschauen. Außerdem werden wir bei Busunternehmen anrufen und in Erfahrung bringen, was es kostet, unsere Klasse zur Ems und zurück zu fahren. – Wann soll die Aktion stattfinden?

BC: Auf jeden Fall nach den Osterferien. Davor ist es zu kalt. Wenn ich mir vorstelle, jemand würde im Februar oder März ins Wasser fallen …

VR: Brrrrr. – Der beste Zeitpunkt wäre wohl kurz vor den Sommerferien, wenn es warm ist und wir keine Klassenarbeiten mehr schreiben.

Schmuckelemente © Aquir – Fotolia.com

Klassenarbeit (3/3)

JH: Gut, aber nicht an einem Mittwoch. Ich habe nämlich mittwochs Fußballtraining.

FP: Mensch, Jason, du denkst immer nur an dich!

BC: Ich wäre für einen Freitag. Dann kann man am nächsten Tag ausschlafen und sich entspannen, falls das Paddeln anstrengend werden sollte.

VR: Da ist was dran, Burak. – Was haltet ihr vom 11. Juli? Das ist der Freitag in der vorletzten Schulwoche vor den großen Ferien.

BC: Ausgezeichnet!

FP: Finde ich auch. Der Termin ist notiert.

JH: Kann ich mit leben.

VR: Gut! – Sobald wir wissen, was der ganze Spaß kostet, muss Herr Henke als Klassenlehrer unsere Idee absegnen. Ich werde mit ihm reden. Wenn alles geklärt ist, stelle ich den Plan in der Klasse vor.

© sbojanovic – Fotolia.com

Viel Spaß und viel Erfolg!

Schmuckelemente © Aquir – Fotolia.com

Erwartungshorizont für die Lehrkraft

1) Inhaltliche Leistung

	Kompetenzerwartung: Der Schüler …	Punkte (max.)
1.	berücksichtigt den *Inhalt aller wesentlichen Redebeiträge im Gesprächsverlauf.*	30
2.	stellt die einzelnen Aussagen *möglichst kurz* und *präzise* dar.	30
3.	ordnet den Redebeiträgen konsequent *Personen (Namen)* zu.	5
4.	protokolliert *Buraks Antrag* (Kanutour am Wandertag im zweiten Halbjahr) exakt und hält das *Abstimmungsergebnis* (2:1:1) genau fest.	5
	Teilsumme Inhalt:	**70**

2) Darstellungsleistung

	Kompetenzerwartung: Der Schüler …	Punkte (max.)
1.	schreibt das Verlaufsprotokoll in der Zeitform *Präsens.*	5
2.	formuliert *sachlich.*	5
3.	verwendet bei Bedarf *indirekte Rede.*	5
4.	wählt *passende Verben* zur Wiedergabe der Redebeiträge.	5
5.	schreibt *grammatisch* korrekt (u. a. Syntax).	5
6.	schreibt *orthografisch* korrekt (Rechtschreibung, Zeichensetzung).*	5
	Teilsumme Inhalt:	**30**

Gesamtpunktzahl = Inhaltliche Leistung + Darstellungsleistung:	**100**

Vorschlag zur Benotung:

Note 1	Note 2	Note 3	Note 4	Note 5	Note 6
89 bis 100 P.	76 bis 88 P.	63 bis 75 P.	50 bis 62 P.	20 bis 49 P.	0 bis 19 P.

* Wenn der Schüler orthografische Regeln häufig nicht beachtet, wird die Note um eine Notenstufe abgesenkt. Drückt sich der Schüler sprachlich sehr sicher aus, wird die Note um eine Stufe angehoben. Für Schüler mit LRS sowie Deutsch als Zweitsprache gelten besondere Regelungen, die ggf. durch die Schulkonferenz festgelegt wurden.

Wissen, worauf es ankommt (1/3)

Aufgabe:

Schätze deinen Leistungsstand zu den einzelnen Anforderungen ein.
Kreuze an, wie gut du schon bist.

Der Inhalt deines Verlaufsprotokolls

1. Berücksichtige den **Inhalt aller wesentlichen Redebeiträge** im Gesprächsverlauf.
   ☐ *Kann ich schon gut.* ☐ *Klappt überwiegend.* ☐ *Sollte besser werden.*
2. Stelle die einzelnen **Aussagen möglichst kurz und präzise** dar.
   ☐ *Kann ich schon gut.* ☐ *Klappt überwiegend.* ☐ *Sollte besser werden.*
3. Ordne den Redebeiträgen immer **Personen (Namen)** zu.
   ☐ *Kann ich schon gut.* ☐ *Klappt überwiegend.* ☐ *Sollte besser werden.*
4. Protokolliere **Buraks Antrag** (Kanutour am Wandertag im zweiten Halbjahr) exakt und halte das **Abstimmungsergebnis** (2:1:1) genau fest.
   ☐ *Kann ich schon gut.* ☐ *Klappt überwiegend.* ☐ *Sollte besser werden.*

Die Art, wie du dein Verlaufsprotokoll schreibst (Darstellung)

1. Schreibe dein Verlaufsprotokoll in der Zeitform **Präsens (Gegenwart)**.
   ☐ *Kann ich schon gut.* ☐ *Klappt überwiegend.* ☐ *Sollte besser werden.*
2. Formuliere **sachlich**.
   ☐ *Kann ich schon gut.* ☐ *Klappt überwiegend.* ☐ *Sollte besser werden.*
3. Verwende **indirekte Rede**.
   ☐ *Kann ich schon gut.* ☐ *Klappt überwiegend.* ☐ *Sollte besser werden.*
4. Wähle **passende Verben** zur Wiedergabe der Redebeiträge.
   ☐ *Kann ich schon gut.* ☐ *Klappt überwiegend.* ☐ *Sollte besser werden.*
5. Achte auf die korrekte **Grammatik** (z. B. den richtigen Satzbau).
   ☐ *Kann ich schon gut.* ☐ *Klappt überwiegend.* ☐ *Sollte besser werden.*
6. Achte auf eine korrekte **Rechtschreibung** und **Zeichensetzung**.
   ☐ *Kann ich schon gut.* ☐ *Klappt überwiegend.* ☐ *Sollte besser werden.*

Schmuckelemente © Aquir – Fotolia.com

Wissen, worauf es ankommt (2/3)

Anregungen zur Vorbereitung und Nachbereitung

- Erfasse beim Lesen die wesentlichen Aussagen des Gesprächs.
- Fasse den Gesprächsverlauf sachlich und präzise zusammen.
- Gib die Redebeiträge mit passenden Verben und indirekter Rede wieder.
- Schreibe sprachlich korrekt und angemessen.

Tipps zum Thema

Merkmale eines Protokolls

- Ein Protokoll wird von einem Protokollanten geschrieben, der an einer Sitzung oder **Besprechung** teilgenommen hat.
- Es beruht auf **Notizen**, die strukturiert zusammengefasst werden.
- Es hat den Stellenwert eines „**Beweismittels**" und ist nur mit Unterschrift gültig.
- Das Protokoll orientiert sich an einer **Tagesordnung**, welche die Themenschwerpunkte der Sitzung aufzeigt. (Tagesordnungspunkte = TOP)
- Es ist eine besondere **Berichtsform**.
- Ein Protokoll kann je nach Bedarf als **Verlaufsprotokoll** oder **Ergebnisprotokoll** angefertigt werden.
- In beiden Fällen hat es einen **Protokollkopf** (mit Anlass, Datum, Beginn, Ende, Ort, Teilnehmerübersicht und Tagesordnung); danach folgt die Darstellung der **Abläufe (Verlaufsprotokoll)** bzw. der **wichtigsten Resultate (Ergebnisprotokoll)**.
- Ein Verlaufsprotokoll dokumentiert die wesentlichen **Redebeiträge**, **Argumente**, **Anträge** und **Resultate von Abstimmungen**. Es zeichnet somit den groben **Gesprächsverlauf** nach.

Vor dem Schreiben

- **Lies** die Redebeiträge mehrmals sorgfältig.
- **Markiere** die Textstellen, die **für den Gesprächsverlauf entscheidend** sind.

Schmuckelemente © Aquir – Fotolia.com

Wissen, worauf es ankommt (3/3)

Tipps zum Thema

Beachte Folgendes bei der Wiedergabe des Gesprächs

- Orientiere dich am **Verlauf des Gesprächs** und vermeide „Gedankensprünge".
- Ordne die Redebeiträge, die du wiedergibst, immer einer **Person** zu, indem du ihren **Namen** benennst.
- Du musst nicht auf jede einzelne Äußerung, aber auf **alle wesentlichen Redebeiträge** eingehen.
  - ➡ **So geht's nicht:** Jason findet es super, dass die 9d in Köln einen Popstar getroffen hat. (= UNWESENTLICH)
  - ➡ **So geht's:** Jason findet den Besuch einer großen Stadt spannender als eine Wanderung. (= WESENTLICH)
- Stelle den Gesprächsinhalt möglichst **kurz** und **präzise** dar und verzichte auf unnötige Informationen, wie z. B. Kommentare, die für den weiteren Verlauf des Gesprächs keine Rolle spielen.
- Protokolliere **Anträge** möglichst **exakt**.
- Halte **Abstimmungsergebnisse** konkret fest (Stimmen dafür, Stimmen dagegen, Enthaltungen) und **schlussfolgere**, ob der jeweilige Antrag angenommen wurde oder nicht.
  - ➡ Z. B.: Dafür: 2 / Dagegen: 1 / Enthaltung: 1 – Der Antrag ist angenommen.

Achte auf passende Formulierungen

- Schreibe das Verlaufsprotokoll in der Zeitform **Präsens (Gegenwart)**.
- Formuliere **sachlich**: Vermeide persönliche Wertungen und Umgangssprache.
  - ➡ **So geht's nicht:** Burak stellt sich vor, jemand würde im Februar oder März ins kalte Wasser fallen.
  - ➡ **So geht's:** Burak schlägt vor, die Kanutour erst nach den Osterferien stattfinden zu lassen, da die Wassertemperatur vorher noch zu niedrig sei.
- Verwende die **indirekte Rede** zur Wiedergabe von bestimmten Äußerungen.
- Wähle **passende Verben** zur Wiedergabe der Redebeiträge.
  - ➡ Z. B.: sagt/meint/weist darauf hin/erklärt/führt aus/betont/stellt fest/stellt dar/stellt den Antrag/stellt zur Abstimmung/stellt vor/fügt hinzu/bestreitet
- Achte auf **sinnvolle Satzanfänge**.
  - ➡ Z. B.: Da .../Weil .../Daher .../Aus diesem Grund .../ Dagegen .../Allerdings ...

Schmuckelemente © Aquir – Fotolia.com

Mögliches Ergebnis

Das bedeuten die Hervorhebungen im Text:

Grün:	Verben bzw. Wendungen zur Wiedergabe der Redebeiträge
Rot:	Konjunktive bei Verwendung der indirekten Rede
Blau:	Zuordnung der Redebeiträge zu Personen (Namensnennung)
Ocker:	Protokollierung des Antrags und der Abstimmungsergebnisse

Protokoll der ersten Klassenratssitzung der Klasse 9c im 2. Schulhalbjahr 2017/2018
Datum: 12.02.2018
Teilnehmer: Franziska Paulsen, Valentina Romanova, Jason Holzmeier, Burak Celik

Zu TOP 4:
Valentina erinnert an den Auftrag der Klasse 9c an den Klassenrat, einen konkreten Vorschlag zur Gestaltung des Wandertags im zweiten Schulhalbjahr zu erarbeiten. Sie fordert dazu auf, Ideen zu äußern.
Jason lehnt eine Wanderung ab und vermutet, dass eine solche für viele Mitschüler zu anstrengend und langweilig sei. Dagegen schlägt Franziska aufgrund ihrer Outdoor-Erfahrung eine Waldwanderung vor. Als Gegenvorschlag regt Jason in Anlehnung an die Erfahrungen der Parallelklasse 9d eine Zugfahrt in eine größere Stadt an. Er betont den Vorteil, nach einem kurzen Pflichtprogramm einen Stadtbummel in Kleingruppen unternehmen zu können.
Burak bewertet diese Idee kritisch. Er stimmt grundsätzlich Franziskas Vorschlag zu, den Wandertag in der Natur zu verbringen, weist aber auch darauf hin, dass eine Wanderung durch den Wald spießig wirke. Als Alternative schlägt er eine Kanuwanderung vor.
Da die Reaktionen unterschiedlich sind, stellt Burak einen Antrag zur Abstimmung: Der Klassenrat möge über die Durchführung einer Kanutour entscheiden.
Abstimmungsergebnis: 2 dafür, 1 dagegen, 1 Enthaltung – Der Antrag ist angenommen.
Burak ist vor dem Hintergrund guter Erfahrungen seiner Schwester der Ansicht, dass der Edersee ein passendes Gewässer für die geplante Kanuwanderung sei. Jason wendet ein, dass ein Fließgewässer mehr Spaß biete. Franziska teilt diese Meinung und empfiehlt, für die Kanutour den nicht schiffbaren Teil der Ems auszuwählen. Sie begründet ihre Idee mit der guten Erreichbarkeit. Der Klassenrat nimmt diesen Vorschlag an. Daraufhin erklärt sich Franziska bereit, angemessene Angebote für das Leihen von Kanus an der Ems sowie für die An- und Rückreise mit dem Bus einzuholen. Burak schlägt vor, die Kanutour erst nach den Osterferien stattfinden zu lassen, weil die Wassertemperatur vorher noch zu niedrig sei. Valentina gibt zu bedenken, dass ein Termin kurz vor den Sommerferien Vorteile biete, da es draußen warm und der schulische Stress vorüber sei.
Nach kurzer Diskussion über den Wochentag greift Valentina Buraks Wunsch auf, wegen der anschließenden Möglichkeit zur Erholung einen Freitag einzuplanen. Ihr Vorschlag, am 11. Juli (Freitag, vorletzte Schulwoche) auf der Ems zu paddeln, findet Zustimmung.
Valentina kündigt an, den fertigen Plan nach Ermittlung der Preise mit Herrn Henke zu besprechen und nach dessen Einverständnis der Klasse vorzustellen.

Klassenarbeit (1/3)

Thema:

Einen informativen Text über die Smartphone-Nutzung bei Jugendlichen schreiben

Aufgabe:

- Verfasse auf der Grundlage der vorliegenden Materialien 1–4 einen informativen Text zum Thema „Smartphone-Nutzung bei Jugendlichen“. Dein Text soll sich in erster Linie an Erwachsene richten.

Orientiere dich an folgenden Leitfragen:

- Wie verbreitet sind Smartphones bei Jugendlichen?
- Welche Möglichkeiten bieten Smartphones?
- Wie intensiv nutzen Jugendliche ihre Smartphones?
- Welche Risiken sind mit der Smartphone-Nutzung verbunden?

Beachte!

- Es ist hilfreich, die vielen verschiedenen Informationen in einer **Mindmap** zu ordnen, bevor du mit dem Schreiben deines Textes beginnst.

Material 1

Nutzung verschiedener Handy-Funktionen (täglich/mehrmals pro Woche)
Jugendliche im Alter von 12 bis 19 Jahren in Deutschland

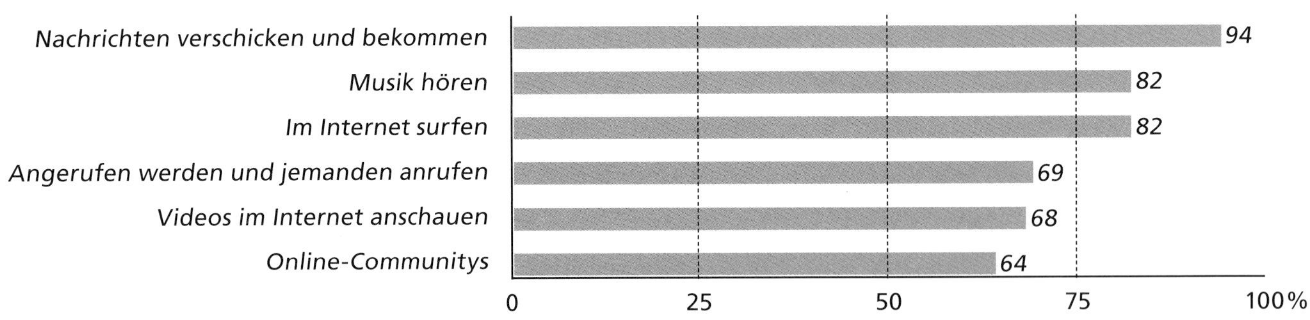

Quelle: Medienpädagogischer Forschungsverbund Südwest (Hrsg.); Feierabend, Sabine (SWR Medienforschung); Plankenhorn, Theresa (LFK); Rathgeb, Thomas (LFK) (Autoren): JIM-Studie 2015. Jugend, Information, (Multi-)Media. Basisstudie zum Medienumgang 12- bis 19-Jähriger in Deutschland, Stuttgart 2015 (S. 49)

Schmuckelemente © Aquir – Fotolia.com

Klassenarbeit (2/3)

Material 2

Im Bekanntenkreis hat jemand schon einmal erotische Fotos bzw. Filme per Handy oder Internet verschickt.

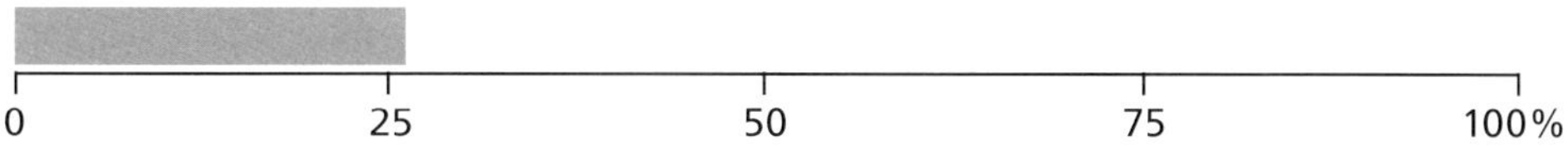

26% der 12- bis 19-Jährigen (Jungen und Mädchen) in Deutschland

Quelle: Medienpädagogischer Forschungsverbund Südwest (Hrsg.); Feierabend, Sabine (SWR Medienforschung); Plankenhorn, Theresa (LFK); Rathgeb, Thomas (LFK) (Autoren): JIM-Studie 2015. Jugend, Information, (Multi-)Media. Basisstudie zum Medienumgang 12- bis 19-Jähriger in Deutschland, Stuttgart 2015 (S. 51)

Material 3

Ich habe Stress oder Ärger wegen meiner Handynutzung in der Schule.
Jugendliche im Alter von 12 bis 19 Jahren in Deutschland

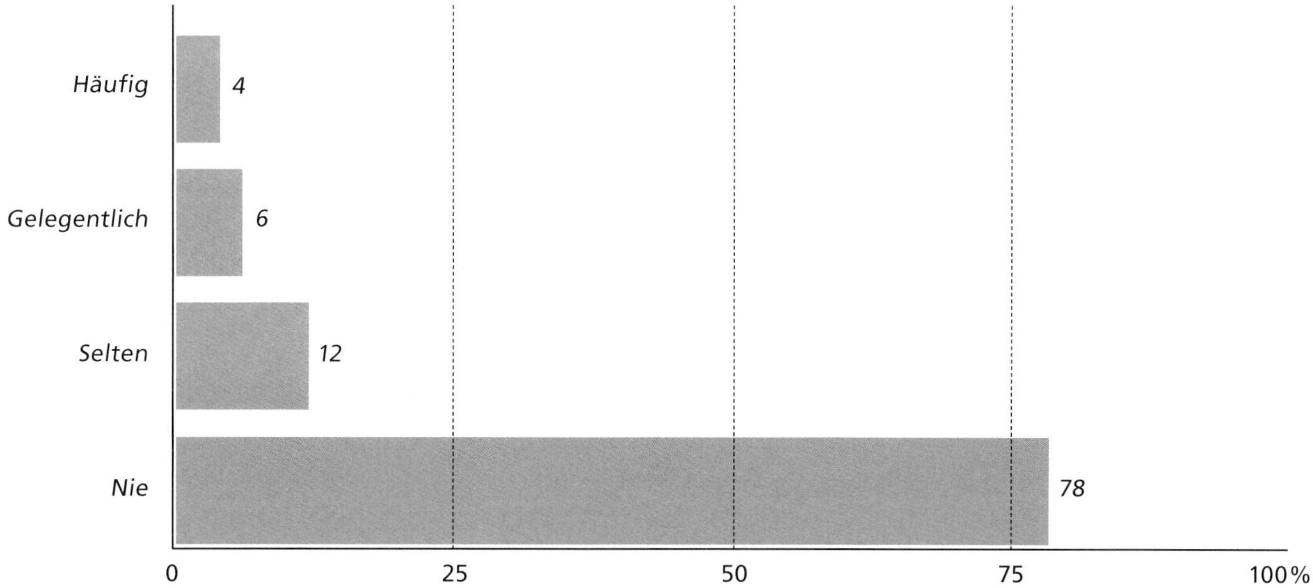

Quelle: Medienpädagogischer Forschungsverbund Südwest (Hrsg.); Feierabend, Sabine (SWR Medienforschung); Plankenhorn, Theresa (LFK); Rathgeb, Thomas (LFK) (Autoren): JIM-Studie 2015. Jugend, Information, (Multi-)Media. Basisstudie zum Medienumgang 12- bis 19-Jähriger in Deutschland, Stuttgart 2015 (S. 53)

Schmuckelemente © Aquir – Fotolia.com

Klassenarbeit (3/3)

Material 4

(...) Wie viel Handy hält die Schule aus? Das ist die Frage, mit der sich Pädagogen überall in Deutschland auseinandersetzen müssen. Viele Schüler hingegen fragen sich: Wie halte ich es nur ohne mein Handy in der Schule aus?
Denn längst ist jene Zeit überwunden, in der die Gerätschaften der Pennäler nur zum Telefonieren oder SMS-Austauschen taugten. Inzwischen besitzen fast alle ab der Mittelstufe ein Smartphone, mit dem sie im Netz surfen, Apps aufrufen, filmen und fotografieren können. Wie die neue repräsentative JIM-Studie („Jugend, Information, Multi-Media") des Medienpädagogischen Forschungsverbundes Südwest ergeben hat, haben heute mehr als 80 Prozent aller 12- bis 13-Jährigen ein solches Gerät, bei den 16- bis 17-Jährigen sind es 93 Prozent. Vor allem nutzen die Jugendlichen ihre Smartphones, um Kurznachrichten über WhatsApp und andere Messenger-Dienste zu verschicken – jeder Fünfte nutzt sie sogar häufiger als 50-mal pro Tag.

Der Ulmer Psychologe Christian Montag, der gemeinsam mit dem Bonner Informatiker Alexander Markowetz die Mobiltelefonnutzung Jugendlicher erforscht, vergleicht das Smartphone mit einem Glücksspielautomaten. Immer wenn es angeschaltet wird, warte eine potenzielle Belohnung: ein spannender Facebook-Post, eine WhatsApp-Nachricht mit niedlichen Emoticons, ein lustiges Bildchen. „Der Umgang mit dem Mobiltelefon kann suchtähnliche Symptome hervorrufen", sagt Montag. Ein Problem, das vielen Jugendlichen offenbar selbst bewusst ist: Bei der JIM-Studie gaben 64 Prozent der befragten Mädchen und Jungen an, viel Zeit mit ihren Apps zu „verschwenden".

Wie also umgehen mit den Smartphones? „Gar keine Regeln aufzustellen, ist schlecht", sagt der Bochumer Kinder- und Jugendpsychiater Andreas Richterich, der deutschlandweit Schulen zum Thema Handynutzung berät. „Viele Kinder schaffen es nicht, sich selbst Grenzen zu setzen." Das kann dramatische Folgen haben: 8 von 16 Kindern auf der psychiatrischen Jugendstation seines Bochumer Hospitals kämpfen derzeit mit exzessiver Mediennutzung, erzählt Richterich. Darunter litten nicht nur Schulnoten und Beziehungen, die Kinder bewegten sich auch zu wenig, seien wechselweise aggressiv oder traurig. (...)

Quelle: DER SPIEGEL online (15.12.2014): Friedmann, Jan; Kleinhubbert, Guido; Wiedmann-Schmidt, Wolf: Auf Handy-Entzug (Auszug), Link: http://www.spiegel.de/spiegel/print/d-130878597.html

Wörterlexikon

Pennäler | Schüler (eines Gymnasiums)

Viel Spaß und viel Erfolg!

Schmuckelemente © Aquir – Fotolia.com

Erwartungshorizont für die Lehrkraft

1) Inhaltliche Leistung

	Kompetenzerwartung: Der Schüler …	**Punkte (max.)**
1.	formuliert eine ansprechende *Überschrift* zum Thema.	3
2.	skizziert in der *Einleitung* einen *Überblick* über die Möglichkeiten und Risiken für Jugendliche durch Smartphones sowie die *aktuelle Bedeutung* der Thematik.	11
3.	fügt im *Hauptteil* die Informationen aus den Materialien 1 bis 4 zu einem *sachlich richtigen „Gesamtbild"* mit einer *klaren Struktur* (gem. Leitfragen) zusammen.	45
4.	schreibt im *Schlussteil* ein *Fazit* sowie eine *gut begründete Stellungnahme* (evtl. mit Ausblick) zum Thema.	11
	Teilsumme Inhalt:	**70**

2) Darstellungsleistung

	Kompetenzerwartung: Der Schüler …	**Punkte (max.)**
1.	formuliert den informativen Text *sachlich.*	5
2.	stellt die Informationen *präzise* und *anschaulich* dar.	5
3.	schreibt *strukturiert* und verknüpft die Teilaspekte mit passenden *Überleitungen.*	5
4.	verweist auf den „Spiegel" und die JIM-Studie als *Quellen.*	3
5.	schreibt *grammatisch* korrekt (u. a. Syntax).	6
6.	schreibt *orthografisch* korrekt (Rechtschreibung, Zeichensetzung).*	6
	Teilsumme Inhalt:	**30**

Gesamtpunktzahl = Inhaltliche Leistung + Darstellungsleistung:	**100**

Vorschlag zur Benotung:

Note 1	Note 2	Note 3	Note 4	Note 5	Note 6
89 bis 100 P.	76 bis 88 P.	63 bis 75 P.	50 bis 62 P.	20 bis 49 P.	0 bis 19 P.

* Wenn der Schüler orthografische Regeln häufig nicht beachtet, wird die Note um eine Notenstufe abgesenkt. Drückt sich der Schüler sprachlich sehr sicher aus, wird die Note um eine Stufe angehoben. Für Schüler mit LRS sowie Deutsch als Zweitsprache gelten besondere Regelungen, die ggf. durch die Schulkonferenz festgelegt wurden.

Wissen, worauf es ankommt (1/3)

Aufgabe:

Schätze deinen Leistungsstand zu den einzelnen Anforderungen ein.
Kreuze an, wie gut du schon bist.

Der Inhalt des informativen Textes

1. Formuliere eine ansprechende **Überschrift** zum Thema.
   ☐ *Kann ich schon gut.* ☐ *Klappt überwiegend.* ☐ *Sollte besser werden.*
2. Skizziere in der **Einleitung** einen kurzen **Überblick** über die Möglichkeiten und Risiken für Jugendliche durch Smartphones sowie die **aktuelle Bedeutung** der Thematik.
   ☐ *Kann ich schon gut.* ☐ *Klappt überwiegend.* ☐ *Sollte besser werden.*
3. Füge im **Hauptteil** die Informationen aus den Materialien 1 bis 4 zu einem **„Gesamtbild"** über die Smartphone-Nutzung zusammen. Achte auf die **sachliche Richtigkeit** und eine **klare Struktur**, die sich an den Leitfragen aus der Aufgabe orientiert.
   ☐ *Kann ich schon gut.* ☐ *Klappt überwiegend.* ☐ *Sollte besser werden.*
4. Fasse die wichtigsten Erkenntnisse im **Schlussteil** in Form eines **Fazits** zusammen und schreibe eine **gut begründete Stellungnahme** – evtl. mit Ausblick – zum Thema.
   ☐ *Kann ich schon gut.* ☐ *Klappt überwiegend.* ☐ *Sollte besser werden.*

Die Art, wie du den informativen Text schreibst (Darstellung)

1. Formuliere **sachlich**.
   ☐ *Kann ich schon gut.* ☐ *Klappt überwiegend.* ☐ *Sollte besser werden.*
2. Stelle die Informationen **präzise** und **anschaulich** dar.
   ☐ *Kann ich schon gut.* ☐ *Klappt überwiegend.* ☐ *Sollte besser werden.*
3. Schreibe **strukturiert** und verknüpfe die Teilaspekte mit passenden **Überleitungen**.
   ☐ *Kann ich schon gut.* ☐ *Klappt überwiegend.* ☐ *Sollte besser werden.*
4. Verweise auf den „Spiegel" und die JIM-Studie als **Quellen**.
   ☐ *Kann ich schon gut.* ☐ *Klappt überwiegend.* ☐ *Sollte besser werden.*
5. Achte auf die korrekte **Grammatik** (z. B. den richtigen Satzbau) sowie auf die **Rechtschreibung** und **Zeichensetzung**.
   ☐ *Kann ich schon gut.* ☐ *Klappt überwiegend.* ☐ *Sollte besser werden.*

Schmuckelemente © Aquir – Fotolia.com

Wissen, worauf es ankommt (2/3)

Anregungen zur Vorbereitung und Nachbereitung

- Übe die Auswertung von Material unter einer bestimmten Fragestellung.
- Führe Informationen aus verschiedenen Quellen zusammen.
- Stelle die ermittelten Informationen strukturiert in Textform dar.
- Denke daran, sprachlich korrekt und angemessen zu schreiben.

Tipps zum Thema

Merkmale eines informativen Textes

- Ein informativer Text bezieht sich auf ein **bestimmtes Thema** bzw. eine **spezifische Fragestellung**.
- Er gehört zur Kategorie der **Sachtexte**.
- Er präsentiert bedeutsame Informationen **strukturiert**.
- Er beruht auf unterschiedlichen **Quellen** (Texte verschiedener Art, Grafiken etc.).

Vor dem Schreiben

- **Lies** das Material zum Thema mehrmals sorgfältig.
- **Markiere** die Fakten und Aussagen, auf die du dich beziehen möchtest.
- **Ordne** die Informationen, z.B. in einer **Mindmap**.
- Notiere deine Überlegungen zur **Bedeutung** und **Aktualität** der Thematik.

Achte auf passende Formulierungen

- Formuliere **sachlich**. Vermeide Wertungen in der Einleitung und im Hauptteil.
- Formuliere **informativ** und **anschaulich**.
- Verknüpfe die einzelnen Informationen durch **sinnvolle Überleitungen**.
  - ➡ Z.B.: Vor diesem Hintergrund .../Diese Angabe verdeutlicht, dass .../Dies zeigt, dass ...
- Verweise auf die **Quellen** und **zitiere**, wo es sich anbietet.
  - ➡ Z.B.: Viele Jugendliche sind nach Angaben des Bochumer Kinder- und Jugendpsychiaters Andreas Richterich, der im „Spiegel" zu Wort kommt, nicht in der Lage, „sich selbst Grenzen zu setzen".

Schmuckelemente © Aquir – Fotolia.com

Wissen, worauf es ankommt (3/3)

Tipps zum Thema

Achte auf einen gelungenen Aufbau

- Formuliere eine sachbezogene **Überschrift**, die Interesse weckt.
- Gliedere deinen Text in **drei Teile** – Einleitung, Hauptteil und Schluss.
  - **Einleitung:** Stelle die zentralen Aspekte der Thematik überblicksweise vor und wecke die Neugier der Lesenden beispielsweise durch einen aktuellen Bezug. Auch eine abschließende Frage kann hilfreich sein. Schreibe den Hauptteil vor der Einleitung, dabei werden dir die zentralen Themenaspekte bewusst.
  - **Hauptteil:** Füge die wichtigen Informationen aus allen vorliegenden Quellen zu einem klar strukturierten und sachlich korrekten „Gesamtbild" zusammen. Beachte dabei die Frage- bzw. Aufgabenstellung und vermeide ein bloßes Aufzählen der Punkte.
  - **Schlussteil:** Formuliere ein knappes Fazit und eine gut begründete Stellungnahme zum Thema. Denkbar ist auch ein kurzer Ausblick als Anknüpfung an den aktuellen Bezug in der Einleitung.
- Bilde **Absätze** zwischen Einleitung, Hauptteil und Schluss sowie auch innerhalb des Hauptteils. Sie erleichtern das Lesen.

Schmuckelemente © Aquir – Fotolia.com

Mögliches Ergebnis (1/2)

Das bedeuten die Hervorhebungen im Text:

Grün:	Überblick über Möglichkeiten und Risiken der Handynutzung in der Einleitung
Rot:	Gliederung in Einleitung, Hauptteil und Schluss
Blau:	Relevante Informationen aus den Materialien 1 bis 4 mit Quellenverweis im Hauptteil
Ocker:	Fazit und Stellungnahme im Schlussteil

Generation Smartphone – Der Umgang Jugendlicher mit ihrem ständigen Begleiter

Einleitung:
Kaum ein anderes Thema wird in den Medien so häufig mit Jugendlichen in Verbindung gebracht wie ihr Umgang mit dem Smartphone. Als eine ständig griffbereite Kommunikationszentrale begleitet es die allermeisten jungen Leute durch ihren Alltag. Das Smartphone garantiert nicht nur die Erreichbarkeit auf verschiedenen Wegen, sondern bietet vielfältige Unterhaltungsmöglichkeiten durch Musik und Spiele sowie den Zugang zum World Wide Web. Doch die Schattenseite dieses modernen Kommunikationsmittels ist die Sucht- und Missbrauchsgefahr, vor der Experten warnen. – Wie stark beeinflussen Smartphones das Leben heutiger Jugendlicher?

Hauptteil:
Der Besitz und die Nutzung eines Smartphones ist für die allermeisten Jugendlichen heute eine alltägliche Normalität. Schon im Jahr 2014 verfügten laut der vom „Spiegel" zitierten JIM-Studie zur Mediennutzung junger Menschen 80 Prozent aller 12- bis 13-Jährigen und sogar 93 Prozent der 16- bis 17-Jährigen über ein Smartphone.
Über die herkömmlichen Handy-Funktionen Telefonieren und SMS hinaus ermöglicht das Smartphone weitere Optionen der Kommunikation, Information und Unterhaltung. Aus der JIM-Studie 2015 geht hervor, dass 94 Prozent der jugendlichen Smartphone-Nutzer in Deutschland ihr Gerät für den Versand und den Empfang von Nachrichten verwenden. Für jeweils 82 Prozent sind die Funktionen Musik und Internet von Bedeutung. Nur 69 Prozent geben an, ihr Mobiltelefon für dessen ursprüngliche Kernfunktion – das Telefonieren – zu gebrauchen. Fast genauso viele Nutzer, 68 Prozent, schauen sich über das Smartphone im Internet Videos an. Für 64 Prozent der 12- bis 19-Jährigen dient das Smartphone als Zugang zu Online-Communitys.
Besonders beliebt ist das Versenden von Kurznachrichten über WhatsApp sowie andere Messenger-Dienste. Laut „Spiegel" machen 20 Prozent der Jugendlichen sogar mehr als 50-mal pro Tag davon Gebrauch. Diese Angabe verdeutlicht den hohen Stellenwert des Smartphones für viele junge Menschen und zeigt, wie zeitintensiv die Nutzung des Geräts sein kann.

Mögliches Ergebnis (2/2)

Vor diesem Hintergrund warnen Experten, wie der Ulmer Psychologe Christian Montag im „Spiegel", davor, dass eine intensive Smartphone-Nutzung bei Jugendlichen „suchtähnliche Symptome hervorrufen" könne. Er vergleicht Smartphones mit Glücksspielautomaten, da „Belohnungen", wie beispielsweise spannende Facebook-Posts, zum Anschalten locken.

Dass bei den meisten Jugendlichen ein Bewusstsein für diese Problematik vorhanden ist, zeigt die JIM-Studie 2014: 64 Prozent der Befragten gaben darin nämlich selbstkritisch zu, durch Smartphone-Nutzung Zeit zu verschwenden. Allerdings sind viele nach Angaben des Bochumer Kinder- und Jugendpsychiaters Andreas Richterich, der im „Spiegel" zu Wort kommt, nicht in der Lage, „sich selbst Grenzen zu setzen".
Die Konsequenz „exzessiver Mediennutzung" kann laut Richterich äußerst dramatisch sein: Er warnt vor einer Verschlechterung von Schulnoten, Beziehungsstörungen, Mangel an Bewegung und extremen Stimmungsschwankungen. In einigen Fällen werde sogar eine stationäre psychiatrische Behandlung erforderlich.
Im Gegensatz dazu wirkt der Stress oder Ärger durch die Smartphone-Nutzung in der Schule vergleichsweise harmlos: Von den befragten Jugendlichen in der JIM-Studie 2015 geben nur 4 Prozent an, häufig davon betroffen zu sein. Gelegentlichen Stress und Ärger gibt es für 6 Prozent, 12 Prozent schätzen ein, dass diese Problematik selten zutrifft. 78 Prozent der 12- bis 19-Jährigen in Deutschland geraten nach eigenen Angaben nie wegen des Smartphones mit der Schule in Konflikt.
Ein anderes Problem wird an einer weiteren Zahl aus derselben Studie offenkundig: Mehr als jeder vierte Jugendliche gibt an, dass jemand im Bekanntenkreis schon einmal per Handy oder Internet erotische Fotos oder Filme verschickt habe.
Die Thematik des angemessenen Umgangs der Jugendlichen mit ihren Smartphones beschäftigt die Erwachsenen deutschlandweit. Dabei wird vor allem der Ruf nach Regeln laut. Diese fordert auch der Psychiater Richterich im „Spiegel".

Schlussteil:
Insgesamt lässt sich feststellen, dass ein Smartphone als Medium im Leben der Jugendlichen heutzutage nicht mehr wegzudenken ist. Die Vielfalt an Nutzungsmöglichkeiten kann im Alltag eine praktische Erleichterung bedeuten, sofern das Smartphone nicht der alles bestimmende Lebensmittelpunkt ist. Dann wird der Segen der Kommunikationstechnologie des 21. Jahrhunderts zum Fluch für die Entwicklung junger Menschen. Die Zahlen der JIM-Studie belegen zwar, dass eine Mehrheit der Jugendlichen nicht zu Sucht und Missbrauch neigt, doch die Gefahren der verantwortungslosen Nutzung des Smartphones sind offensichtlich. Eltern und Schulen sind aufgefordert, einen vernünftigen Umgang mit dem Gerät zu vermitteln. Dazu gehören sinnvolle Grenzen, wie beschränkte Nutzungszeiten, vor allem in der Schule. Wenn dies gelingt, werden die heutigen Jugendlichen auch als Erwachsene ihr Smartphone verantwortungsvoll nutzen.

Kapitel 3:
Argumentieren und erörtern

Klassenarbeit

Thema:

Eine Argumentation untersuchen und selbst schreiben

Im Deutschunterricht diskutiert die Klasse 5b über das Thema Smartphones. Frau Vollmer, die Lehrerin, stellt die Frage: „Sollten Schüler in eurem Alter ein eigenes Smartphone haben?" – Dazu äußern sich einige Schüler.

Aufgaben:

1. Untersuche, ob die Schüler vollständig argumentieren. Schreibe deine Einschätzung zu allen fünf Kindern in ganzen Sätzen ins Heft.
   a) zu Paul – b) zu Marianne – c) zu Luca – d) zu Jonathan – e) zu Alia
2. Nun sollst du die Frage von Frau Vollmer beantworten. Berücksichtige dabei die „Bausteine" einer vollständigen Argumentation und begründe deine Meinung eigenständig mit mindestens zwei Begründungen (Argumenten) und Veranschaulichungen. Natürlich darfst du gerne mehr Argumente anführen und Gegenargumente entkräften.

Äußerungen der Schüler zur Frage der Lehrerin:

PAUL: Ich finde, dass wir schon alt genug für ein eigenes Smartphone sind.

MARIANNE: Smartphones sind meiner Meinung nach in unserem Alter überflüssig. Meine Freundinnen und ich kommen sehr gut ohne Smartphone klar und spielen viel lieber draußen, statt ständig auf so ein Ding zu starren.

LUCA: Du bist voll oldschool, Marianne!

JONATHAN: Ich bin der Ansicht, dass ein ganz normales Handy in unserem Alter am besten ist, denn damit ist man für seine Eltern und Freunde erreichbar, ohne dass die ganzen Smartphone-Funktionen einen vom Spielen draußen oder von den Hausaufgaben ablenken. Mit dem alten Handy meines Vaters komme ich super klar. Und wenn ich mal ins Internet möchte, nutze ich den Familien-PC, der bei uns im Wohnzimmer steht.

ALIA: Eine Nachbarin hat meiner Mutter mal erzählt, dass in der Klasse ihres 11-jährigen Sohnes einer ist, der sich ausgeschlossen fühlt, weil er kein eigenes Smartphone besitzt.

Viel Spaß und viel Erfolg!

Schmuckelemente © Aquir – Fotolia.com

Erwartungshorizont für die Lehrkraft

1) Inhaltliche Leistung

	Kompetenzerwartung: Der Schüler …	**Punkte (max.)**
zu 1.	verdeutlicht, dass *nur Jonathans Argumentation (1d) vollständig* ist (These – Begründung – Veranschaulichung).	5
zu 1.	zeigt auf, *welche Bausteine der Argumentation fehlen*. Paul: Begründung und Veranschaulichung (1a); Marianne: (genaue) Begründung (1b); Luca: komplette Argumentation (1c); Alia: These und Begründung (1e)	20
zu 2.	schreibt eine *vollständige Argumentation* mit einer klar formulierten *These* sowie zwei *Argumenten* (geforderte Mindestzahl) und *Veranschaulichungen*.	15
zu 2.	argumentiert *eigenständig, schlüssig* und *stichhaltig*.	25
zu 2.	nennt das *stärkste Argument* (mit Veranschaulichung) *zuletzt*.	5
	Teilsumme Inhalt:	**70**
zu 2.	ZUSATZPUNKTE für jedes zusätzliche, schlüssig und stichhaltig formulierte Argument mit Veranschaulichung	6

2) Darstellungsleistung

	Kompetenzerwartung: Der Schüler …	**Punkte (max.)**
zu 1.	untersucht die Argumentation *ausführlich* und *in ganzen Sätzen*.	8
zu 2.	formuliert die eigene Argumentation *sachlich*.	5
zu 2.	verbindet die Argumentationsschritte durch *sinnvolle Überleitungen*.	5
insg.	schreibt *grammatisch* korrekt (u. a. Syntax).	6
insg.	schreibt *orthografisch* korrekt (Rechtschreibung, Zeichensetzung).*	6
	Teilsumme Inhalt:	**30**

Gesamtpunktzahl = Inhaltliche Leistung + Darstellungsleistung:	**100**

Vorschlag zur Benotung:

Note 1	Note 2	Note 3	Note 4	Note 5	Note 6
89 bis 100 P.	76 bis 88 P.	63 bis 75 P.	50 bis 62 P.	20 bis 49 P.	0 bis 19 P.

* Wenn der Schüler orthografische Regeln, die in Klasse 5 als bekannt vorausgesetzt werden, häufig nicht beachtet, wird die Note um eine Notenstufe abgesenkt. Drückt sich der Schüler sprachlich sehr sicher aus, wird die Note um eine Stufe angehoben. Für Schüler mit LRS sowie Deutsch als Zweitsprache gelten besondere Regelungen, die ggf. durch die Schulkonferenz festgelegt wurden.

Wissen, worauf es ankommt (1/3)

Aufgabe:

Schätze deinen Leistungsstand zu den einzelnen Anforderungen ein.
Kreuze an, wie gut du schon bist.

Der Inhalt deiner Arbeitsergebnisse zu den Aufgaben

Aufgabe 1: Verdeutliche, dass **nur Jonathans Argumentation vollständig** ist.
(Behauptung – Begründung – Veranschaulichung)

☐ *Kann ich schon gut.* ☐ *Klappt überwiegend.* ☐ *Sollte besser werden.*

Aufgabe 1: Zeige auf, welche **„Bausteine" der Argumentation fehlen**.
(Paul: Begründung und Veranschaulichung; Marianne: genaue Begründung; Luca: komplette Argumentation; Alia: Behauptung und Begründung)

☐ *Kann ich schon gut.* ☐ *Klappt überwiegend.* ☐ *Sollte besser werden.*

Aufgabe 2: Schreibe eine **vollständige Argumentation** mit einem klaren **Standpunkt** sowie mindestens zwei **Begründungen** und **Veranschaulichungen**.
Füge, falls möglich, weitere Begründungen (und Veranschaulichungen) hinzu.

☐ *Kann ich schon gut.* ☐ *Klappt überwiegend.* ☐ *Sollte besser werden.*

Aufgabe 2: Argumentiere **eigenständig**, **nachvollziehbar** und **überzeugend**.

☐ *Kann ich schon gut.* ☐ *Klappt überwiegend.* ☐ *Sollte besser werden.*

Aufgabe 2: Nenne die **stärkste Begründung** (mit Veranschaulichung) zuletzt.

☐ *Kann ich schon gut.* ☐ *Klappt überwiegend.* ☐ *Sollte besser werden.*

Die Art, wie du die Arbeitsergebnisse formulierst (Darstellung)

Aufgabe 1: Untersuche die Argumentation der Kinder **ausführlich** und **in ganzen Sätzen**.

☐ *Kann ich schon gut.* ☐ *Klappt überwiegend.* ☐ *Sollte besser werden.*

Aufgabe 2: Formuliere deine eigene Argumentation **sachlich**.

☐ *Kann ich schon gut.* ☐ *Klappt überwiegend.* ☐ *Sollte besser werden.*

Aufgabe 2: Verbinde die „Bausteine" der Argumentation durch **sinnvolle Überleitungen**.

☐ *Kann ich schon gut.* ☐ *Klappt überwiegend.* ☐ *Sollte besser werden.*

Aufgabe 1 und 2:
Achte auf die korrekte **Grammatik** (z. B. den richtigen Satzbau), korrekte **Rechtschreibung** und **Zeichensetzung**.

☐ *Kann ich schon gut.* ☐ *Klappt überwiegend.* ☐ *Sollte besser werden.*

Schmuckelemente © Aquir – Fotolia.com

Wissen, worauf es ankommt (2/3)

Anregungen zur Vorbereitung und Nachbereitung

- Übe, die „Bausteine" einer vollständigen Argumentation zu erkennen.
- Argumentiere schlüssig und nachvollziehbar mit passenden Begründungen und Veranschaulichungen.
- Versuche, die Argumente passend zu „gewichten". Stelle das „schwächste" Argument an den Anfang und das „stärkste" an den Schluss.
- Formuliere sinnvolle Überleitungen zwischen den einzelnen Argumentationsschritten.
- Schreibe sprachlich korrekt und angemessen.

Tipps zum Thema

Merkmale einer Argumentation

- Eine Argumentation findet beim **Meinungsaustausch** in einer Diskussion und in einer mündlichen oder schriftlichen **Stellungnahme** zu einem **strittigen Thema** statt.
- Argumentieren bedeutet, andere von der eigenen Meinung zu **überzeugen**.
- Es heißt auch, sich mit anderen Meinungen **auseinanderzusetzen**.
- Eine Argumentation gelingt am besten, wenn sie alle „**Bausteine**" enthält (siehe nächste Seite).
- Sie sollte **schlüssig** und **stichhaltig** sein.

Argumentiere schlüssig und stichhaltig

- Du argumentierst **schlüssig**, wenn deine Argumente **logisch nachvollziehbar** sind.
- Du argumentierst **stichhaltig**, wenn deine Argumentation **überzeugend** ist.
- Sammle die Argumente, die dir zum Thema einfallen, durch **Brainstorming**. Überprüfe, ob sie schlüssig und stichhaltig sind.

Achte auf passende Formulierungen

- Argumentiere mit einer **sachlichen Ausdrucksweise**.
- Wähle **sinnvolle Überleitungen** zur Verbindung der „Bausteine" deiner Argumentation.
  ➡ Z. B.: weil/da/denn/Ein weiteres Argument ist .../Dafür spricht, dass .../Dies kann ich durch eigene Erfahrungen bestätigen ...
- Formuliere **abwechslungsreich** und vermeide Wiederholungen, vor allem bei den Satzanfängen.

Schmuckelemente © Aquir – Fotolia.com

Wissen, worauf es ankommt (3/3)

Tipps zum Thema

„Bausteine" einer vollständigen Argumentation

- In der Regel steht am Anfang einer Argumentation eine **Behauptung (These)** bzw. eine **Forderung**, um den eigenen **Standpunkt** auszudrücken.
  - ➡ Z. B.: Für Fünftklässler ist es nicht sinnvoll, ein eigenes Smartphone zu besitzen.
- Es folgt eine **Begründung (Argument)** als Erklärung. Mit dem Hinweis auf Tatsachen, Zahlen, Grundsätze oder Expertenmeinungen kannst du sie **wirksam stützen**.
  - ➡ Z. B.: ..., denn Kinder in diesem Alter vergeuden oft zu viel Zeit mit einem Smartphone, wie Forscher von der Universität Mannheim berichten.
- Anschließend sollte zur **Veranschaulichung** eine persönliche Erfahrung (oder auch die Erfahrung anderer) hinzugefügt werden.
  - ➡ Z. B.: Dies erlebe ich bei meinem Freund Johannes. Nachmittags kommt er kaum noch raus auf den Bolzplatz, seitdem er ein Smartphone hat. Er schafft es nicht, vor dem Abend mit seinen Hausaufgaben fertig zu werden, weil er zwischendurch auf dem Smartphone spielt und unzählige WhatsApp-Nachrichten schreibt.
- Du kannst einer These **mehrere Argumente** (mit Veranschaulichungen) zuordnen. In diesem Fall ist es sinnvoll, mit dem „schwächsten" Argument zu beginnen und das „stärkste" Argument ans Ende zu setzen, weil das zuletzt Gehörte bzw. Gelesene meistens die stärkste Wirkung hat.
- Wenn du in deiner Argumentation ein **Gegenargument entkräften** möchtest, solltest du dieses kurz zusammenfassen und erklären, weshalb es für dich nicht einleuchtend ist.
  - ➡ Z. B.: Viele Eltern kaufen ihren 10- und 11-jährigen Kindern ein Smartphone, damit sie schneller Freunde finden und ihre Freundschaften über WhatsApp besser pflegen können. Zudem haben sie Angst, ihre Kinder könnten ohne Smartphone uncool wirken und gemobbt werden. Dabei übersehen sie aber, dass es in WhatsApp-Gruppen nicht immer freundschaftlich zugeht und ausgerechnet über WhatsApp viel Mobbing stattfindet, von dem sie als Eltern zunächst nichts mitbekommen. Außerdem ist es übertrieben, gleich von einer Mobbinggefahr auszugehen, wenn ein Kind bestimmte Dinge, die andere Kinder haben, nicht besitzt. Mein Mitschüler, der kein Smartphone hat, ist bei allen in der Klasse wegen seiner Hilfsbereitschaft beliebt und wurde sogar zum Klassensprecher gewählt. Auch ohne Smartphone hat er sehr viele gute Freunde.

Schmuckelemente © Aquir – Fotolia.com

Mögliches Ergebnis (1/2)

Aufgabe 1

Argumentieren die Kinder vollständig? Untersuchung der Aussagen

a) zu Paul: Paul argumentiert nicht vollständig, weil er lediglich seinen Standpunkt nennt. Diesen begründet und veranschaulicht er nicht.

b) zu Marianne: Marianne argumentiert ebenfalls nicht vollständig. Sie stellt zwar eine klare Behauptung auf und fügt eine persönliche Erfahrung als Veranschaulichung hinzu, allerdings fehlt die genaue Begründung, weshalb sie Smartphones in ihrer Altersgruppe für „überflüssig“ hält.

c) zu Luca: Luca argumentiert überhaupt nicht. Stattdessen kommentiert er Mariannes Meinung in einer beleidigenden Art.

d) zu Jonathan: Jonathan argumentiert als einziger vollständig. Er beginnt mit einer klaren Behauptung und begründet diese mit einem nachvollziehbaren Argument. Zur Veranschaulichung ergänzt er eine persönliche Erfahrung.

e) zu Alia: Alia argumentiert dagegen nicht vollständig. Ihre Aussage beschränkt sich auf eine persönliche Erfahrung. Daher lässt sich ihr Standpunkt nur erahnen.

Aufgabe 2

Sollten Fünftklässler ein eigenes Smartphone besitzen? Schreiben einer Argumentation

Das bedeuten die Hervorhebungen im Text:

Grün:	Stichhaltige und schlüssige Argumente
Rot:	„Bausteine“ der Argumentation
Blau:	Sinnvolle Überleitungen zwischen den Bausteinen
Ocker:	Inhaltliche Anmerkungen zu den Argumenten

Mögliches Ergebnis (2/2)

These:
Kinder in der fünften Klasse sollten ein eigenes Smartphone besitzen, …

Erstes – **schwächstes** –
Argument mit Veranschaulichung:
… denn in der weiterführenden Schule gehört ein Smartphone heutzutage zur normalen Ausstattung von Schülern. Dies bedeutet auch, dass man als Außenseiter ausgegrenzt werden könnte, wenn man kein Smartphone hat.
Dies erlebe ich in letzter Zeit bei den wenigen Mitschülern, die kein Smartphone besitzen. Sie bekommen viele Neuigkeiten und Verabredungen einfach nicht mit, weil sie nicht zur WhatsApp-Klassengruppe gehören. So besteht die Gefahr, dass sie zu Außenseitern werden.

>> Dieses Argument ist recht angreifbar, da die Angst vor einer drohenden Ausgrenzung von Kindern ohne Smartphone nicht zwangsläufig berechtigt ist und übertrieben wirken könnte. Als Schüler der fünften Klasse besucht man zwar schon zusammen mit Jugendlichen die Schule, aber dies bedeutet nicht automatisch, dass man auch deren Smartphone-Ausstattung haben muss.

Zweites – **mittelstarkes** –
Argument mit Veranschaulichung:
Ein weiteres Argument dafür, dass Fünftklässler ein eigenes Smartphone besitzen sollten, ist die Chance, mithilfe der Erwachsenen einen verantwortungsvollen Umgang mit diesem Gerät zu erlernen.
In meinem Fall hat das funktioniert: Zunächst haben mir meine Eltern erklärt, wie ich das Smartphone nutzen darf und was ich lassen soll, zum Beispiel mit Fremden schreiben oder peinliche Bilder senden. Erst nach diesem Gespräch, das wir kurz nach den Sommerferien führten, bekam ich mein Smartphone. Meine Eltern vertrauen mir und ich möchte sie nicht enttäuschen. Allerdings kontrollieren sie auch, was ich bei WhatsApp schreibe und empfange. Bis jetzt mussten sie noch nicht mit mir schimpfen.

>> Dieses Argument setzt voraus, dass Eltern und Kinder verantwortungsvoll handeln. In dem Fall wirkt es stark. Jedoch besteht immer die Gefahr, dass die Kinder noch nicht „reif" genug sind, ein Smartphone zu besitzen, und dass die Eltern einfach „wegschauen".

Drittes – **stärkstes** –
Argument mit Veranschaulichung:
Vor allem spricht für ein eigenes Smartphone, dass es mit seinen vielen Funktionen im Alltag eines Fünftklässlers eine große Hilfe ist.
Seitdem ich ein Smartphone habe, brauche ich weder einen Wecker zum Aufstehen noch einen PC, wenn ich das Internet nutzen möchte. Im Urlaub muss ich keine Kamera mit mir herumschleppen, um zu fotografieren. Über das Smartphone höre ich Musik, ohne die anderen im Haus damit zu nerven. Mit meinen Freunden tausche ich mich über WhatsApp aus, sodass niemand versuchen muss, mich vergeblich über das Festnetztelefon meiner Eltern zu erreichen. Und wenn ich mich mal auf dem Weg nach Hause verspäten sollte, kann ich Mama und Papa auf verschiedenen Wegen mitteilen, dass sie sich keine Sorgen zu machen brauchen.

>> Dieses Argument wirkt durch die Hervorhebung der vielen nützlichen Funktionen eines Smartphones ziemlich stark, aber nicht ganz unangreifbar. Wecker, PC, Fotoapparat, CD-Player, Telefon und ein „normales" Handy erfüllen in den beschriebenen Situationen auch ihren Zweck. Außerdem wird hier die Gefahr einer unvernünftigen Smartphone-Nutzung ausgeblendet.

Klassenarbeit (1/2)

Thema:

Einen Forumsbeitrag zum Thema „Trainingsraum“ schreiben

Aufgabe:

- Schreibe einen Forumsbeitrag zu der Diskussion zum Thema „Trainingsraum“. Begründe darin deinen Standpunkt und setze dich mit mindestens zwei Argumenten aus anderen Beiträgen kritisch auseinander.

Beachte!

- Argumentiere schlüssig und stichhaltig.
- Sei kritisch, aber bleibe fair gegenüber den anderen Diskussionsteilnehmern – vor allem bei deiner Wortwahl.

Im Schüler-Internetforum „Full-of-School.de“ liest du folgende Diskussionsbeiträge:

Trainingsraum: gemischte Gefühle
Bibi (15:13 Uhr)

Hey Leute, an meiner Schule wird morgen ein Trainingsraum eingeführt.
Das ist natürlich kein Fitnessstudio, sondern ein Raum, in dem Störenfriede ein gutes Benehmen trainieren sollen. Wenn ein Schüler trotz Ermahnung weiterhin den Unterricht stört, wird er in dieses Zimmer geschickt, wo er mit einem Betreuungslehrer seinen Regelverstoß bespricht. Dann soll er notieren, wie er sich künftig besser verhalten kann, und den Zettel unterschreiben. Erst danach darf er in den Unterricht zurückkehren.
Hält er das Versprechen nicht ein, benachrichtigt die Schule seine Eltern.
Ich habe gemischte Gefühle: Einerseits hoffe ich, dass es dadurch in unserer Klasse viel ruhiger wird. Andererseits befürchte ich, im Trainingsraum zu landen, wenn ich mal etwas zu laut huste oder mir ein Kichern nicht verkneifen kann.
Wie findet ihr so einen Trainingsraum?

Schmuckelemente © Aquir – Fotolia.com

Klassenarbeit (2/2)

Ungerecht und übertrieben
DarthV (15:49 Uhr)

Ich halte überhaupt nichts vom Trainingsraum, weil es unfair ist, gleich vom Unterricht ausgeschlossen zu werden, nur weil man 2-mal hintereinander etwas stört. Wegen des Aufenthalts im Trainingsraum meiner Schule habe ich schon einige Unterrichtsthemen verpasst.
Ungerecht ist es auch, wenn nur einer in den Trainingsraum gehen muss, obwohl mehrere in der Klasse stören. Heute haben einige Jungs und ich uns in der Mathestunde ein paar Sachen zugeworfen. Justin, Kay und Alexej wurden nicht erwischt, nur mich schickte die Mathelehrerin in den Trainingsraum.
Am Ende haben dann natürlich alle über mich abgelästert und die anderen kamen ungeschoren davon.
Außerdem ist es übertrieben, dass man einen Plan zur Verhaltensänderung aufschreiben muss. Dass ich mein Geodreieck nicht mehr durch die Klasse werfen werde, hätte ich der Mathelehrerin auch persönlich versprechen können – ohne Stift und Papier und eine Trainingsraumlehrerin im Rücken, die mir sagt, dass ich leserlicher schreiben soll.

Wie man in den Wald hineinruft
Sternchen (16:21 Uhr)

DarthV hat keinen Grund, sich ungerecht behandelt zu fühlen, denn er ist ja selber daran schuld, dass er im Trainingsraum gelandet ist. Wenn er nicht den Unterricht gestört hätte, wäre er auch nicht in den Trainingsraum geschickt worden. Die frechsten Schüler fühlen sich oft als die größten Opfer, wenn sie Ärger bekommen. Das liegt daran, dass sie nur an sich denken. Was sie den anderen Schülern mit ihrem Verhalten antun, ist ihnen egal. Das habe ich im letzten Schuljahr selbst zu spüren bekommen, als ich neben so einem Dauerstörer sitzen musste, deswegen ständig abgelenkt wurde und nur die Hälfte vom Unterricht mitbekam. Vielleicht kann ein Trainingsraum ja solchen Schülern helfen, mehr Rücksicht zu nehmen.

Du entscheidest dich, mit einem eigenen Beitrag an der Online-Diskussion teilzunehmen. Damit dein Statement überzeugend wirkt, berücksichtigst du die Regeln für gelungenes Argumentieren, die du in der Schule gelernt hast.

Viel Spaß und viel Erfolg!

Schmuckelemente © Aquir – Fotolia.com

Erwartungshorizont für die Lehrkraft

1) Inhaltliche Leistung

	Kompetenzerwartung: Der Schüler …	**Punkte (max.)**
1.	formuliert eine kurze, passende *Überschrift*.	5
2.	vertritt einen *klaren Standpunkt* mit Bezug zu anderen Forumsbeiträgen.	5
3.	argumentiert *ausführlich* (treffende Argumente, Veranschaulichungen, Entkräftung von Gegenargumenten, evtl. Ergänzung von Wünschen oder Forderungen).	15
4.	argumentiert *schlüssig, stichhaltig* und *themenbezogen*.	15
5.	setzt sich mit *mindestens zwei Argumenten aus anderen Forumsbeiträgen* auseinander.	15
6.	bezieht sich *kritisch, fair* und *respektvoll* auf andere Ansichten.	15
	Teilsumme Inhalt:	**70**

2) Darstellungsleistung

	Kompetenzerwartung: Der Schüler …	**Punkte (max.)**
1.	argumentiert *sachlich*.	6
2.	verknüpft die einzelnen Argumentationsschritte durch *sinnvolle Überleitungen*.	6
3.	formuliert den Text *abwechslungsreich*.	6
4.	schreibt *grammatisch* korrekt (u. a. Syntax).	6
5.	schreibt *orthografisch* korrekt (Rechtschreibung, Zeichensetzung).*	6
	Teilsumme Inhalt:	**30**

Gesamtpunktzahl = Inhaltliche Leistung + Darstellungsleistung:	**100**

Vorschlag zur Benotung:

Note 1	Note 2	Note 3	Note 4	Note 5	Note 6
89 bis 100 P.	76 bis 88 P.	63 bis 75 P.	50 bis 62 P.	20 bis 49 P.	0 bis 19 P.

* Wenn der Schüler orthografische Regeln, die in Klasse 6 als bekannt vorausgesetzt werden, häufig nicht beachtet, wird die Note um eine Notenstufe abgesenkt. Drückt sich der Schüler sprachlich sehr sicher aus, wird die Note um eine Stufe angehoben. Für Schüler mit LRS sowie Deutsch als Zweitsprache gelten besondere Regelungen, die ggf. durch die Schulkonferenz festgelegt wurden.

Wissen, worauf es ankommt (1/3)

Aufgabe:

Schätze deinen Leistungsstand zu den einzelnen Anforderungen ein.
Kreuze an, wie gut du schon bist.

➡ Der Inhalt deines Forumsbeitrags

1. Formuliere eine **kurze Überschrift**, aus der deine Meinung zum Thema hervorgeht.
   ☐ *Kann ich schon gut.* ☐ *Klappt überwiegend.* ☐ *Sollte besser werden.*

2. Vertrete einen **klaren Standpunkt** mit **Bezug zu anderen Forumsbeiträgen**.
   ☐ *Kann ich schon gut.* ☐ *Klappt überwiegend.* ☐ *Sollte besser werden.*

3. Argumentiere ausführlich mit **Begründungen** und **Veranschaulichungen** und entkräfte die **Gegenargumente**. Wenn sinnvoll, füge **Wünsche** und **Forderungen** hinzu.
   ☐ *Kann ich schon gut.* ☐ *Klappt überwiegend.* ☐ *Sollte besser werden.*

4. Argumentiere **schlüssig**, **stichhaltig** und mit **Bezug zum Thema** „Trainingsraum".
   ☐ *Kann ich schon gut.* ☐ *Klappt überwiegend.* ☐ *Sollte besser werden.*

5. Setze dich mit **mindestens zwei Argumenten aus den anderen Forumsbeiträgen** (Bibi, DarthV, Sternchen) auseinander.
   ☐ *Kann ich schon gut.* ☐ *Klappt überwiegend.* ☐ *Sollte besser werden.*

6. Sei anderen gegenüber **kritisch**, aber **fair** und **respektvoll**.
   ☐ *Kann ich schon gut.* ☐ *Klappt überwiegend.* ☐ *Sollte besser werden.*

Schmuckelemente © Aquir – Fotolia.com

Wissen, worauf es ankommt (2/3)

Aufgabe:

- Schätze deinen Leistungsstand zu den einzelnen Anforderungen ein. Kreuze an, wie gut du schon bist.

➡ Die Art, wie du deinen Forumsbeitrag schreibst (Darstellung)

1. Argumentiere **sachlich**.
   ☐ *Kann ich schon gut.* ☐ *Klappt überwiegend.* ☐ *Sollte besser werden.*
2. Verknüpfe die Argumentationsschritte durch **sinnvolle Überleitungen**.
   ☐ *Kann ich schon gut.* ☐ *Klappt überwiegend.* ☐ *Sollte besser werden.*
3. Schreibe **abwechslungsreich** und vermeide Wortwiederholungen.
   ☐ *Kann ich schon gut.* ☐ *Klappt überwiegend.* ☐ *Sollte besser werden.*
4. Achte auf die korrekte **Grammatik** (z. B. den richtigen Satzbau).
   ☐ *Kann ich schon gut.* ☐ *Klappt überwiegend.* ☐ *Sollte besser werden.*
5. Achte auf eine korrekte **Rechtschreibung** und **Zeichensetzung**.
   ☐ *Kann ich schon gut.* ☐ *Klappt überwiegend.* ☐ *Sollte besser werden.*

Anregungen zur Vorbereitung und Nachbereitung

- Übe, die Beiträge in einem Internetforum kritisch zu lesen und dir zum Thema eine eigene Meinung zu bilden.
- Versuche, schlüssige und stichhaltige Argumente und Beispiele für deinen Standpunkt zu erarbeiten.
- Denke daran, andere Ansichten zu bestätigen bzw. fair und respektvoll zu kritisieren.
- Formuliere eine zusammenhängende Argumentation mit passenden Überleitungen.
- Schreibe sprachlich korrekt und angemessen.

Schmuckelemente © Aquir – Fotolia.com

Wissen, worauf es ankommt (3/3)

Tipps zum Thema

Internetforum

- Ein Internetforum ist ein **virtueller Ort** und dient dem **Meinungs- und Erfahrungsaustausch** zu verschiedenen Themen im Internet.
- Er bietet Forumsteilnehmern die Möglichkeit, **kurze Beiträge** zu platzieren.
- Die Beiträge sind in der Regel nach **zeitlicher Abfolge** ihres Einstellens sortiert.

Vor dem Schreiben

- **Lies** die bereits vorhandenen Forumsbeiträge sorgfältig.
- **Prüfe kritisch**, ob du die Ansichten anderer teilst oder ablehnst.
- Formuliere einen **eigenen Standpunkt** und sammle dafür **Argumente** und **Beispiele**.

Gestalte den Inhalt deines Forumsbeitrags wirkungsvoll

- Fasse deine Ansicht zum Thema in einer **kurzen Überschrift** zusammen. Du kannst dich direkt auf die Aussagen anderer beziehen.
  - ➡ Z. B.: Keine Angst vor dem Trainingsraum, Bibi!
- Beziehe dich einleitend auf einen **anderen Forumsbeitrag**.
  - ➡ Z. B.: Ich befürworte im Gegensatz zu DarthV den Trainingsraum an Schulen.
- Formuliere einen klaren **Standpunkt** und begründe diesen mit passenden **Argumenten** und **Veranschaulichungen** bzw. durch die **Entkräftung von Gegenargumenten**. Du darfst auch **Wünsche** und **Forderungen** hinzufügen.
- Bleibe beim **Thema**.
- Argumentiere **schlüssig** und **stichhaltig**, sodass deine Begründungen überzeugend und logisch nachvollziehbar sind.
- Setze dich **kritisch**, aber **respektvoll** und **fair** mit anderen Beiträgen auseinander.
  - ➡ **So geht's nicht:** DarthV ist ein verrückter Spinner, der nur dummes Zeug von sich gibt.
  - ➡ **So geht's:** DarthV vertritt Ansichten, die ich nicht teile, weil …

Achte auf passende Formulierungen

- Drücke dich **sachlich** aus. Vermeide eine beleidigende Wortwahl.
- Schreibe eine **zusammenhängende Argumentation** durch eine **sinnvolle Einleitung und Verknüpfung** der einzelnen Argumentationsschritte.
  - ➡ Z. B.: Ich finde, dass … / Ich teile die Ansicht, dass … / Meiner Auffassung nach … / Deshalb denke ich, dass … / Im Gegensatz zu … meine ich, dass … / Meine Erfahrung zeigt, dass …
- Formuliere **abwechslungsreich** und vermeide Wiederholungen.

Schmuckelemente © Aquir – Fotolia.com

Mögliches Ergebnis

Das bedeuten die Hervorhebungen im Text:

Grün:	Auseinandersetzung mit den Argumenten der anderen Forumsbeiträge
Rot:	Argumente für einen Trainingsraum an Schulen
Blau:	Beispiele für die Einleitung und Verknüpfung von Argumentationsschritten
Ocker:	Veranschaulichung der eigenen Argumente

Sinnvoll für alle Beteiligten

Ich gratuliere Bibi und ihrer Schule, denn die Einführung eines Trainingsraums ist eine große Hilfe für alle in der Klasse, vor allem für die lernwilligen Schüler, die aufatmen können, wenn Dauerstörer den Unterricht verlassen müssen. Dass dann der Unterricht wieder „läuft", erlebe ich immer wieder in meiner eigenen Klasse.

Unterrichtsstörungen sind respektlos, da sie das ungestörte Lehren und Lernen verhindern. Daher teile ich Sternchens Kritik an DarthV, der das Werfen eines Geodreiecks verharmlost und beleidigt ist, weil die Lehrkraft ihn deshalb in den Trainingsraum geschickt hat. DarthV sollte sich mit seinem Verhalten auseinandersetzen – auch wenn mehrere Freunde ebenfalls Unsinn gemacht haben, ohne erwischt zu werden.

Im Gegensatz zu DarthV sehe ich im Trainingsraum keine Strafe für die Störer, sondern eine Chance, weil sie dort die Gelegenheit haben, die Gründe für ihr Fehlverhalten intensiv zu besprechen und einen ernsthaften Plan zur Verhaltensverbesserung aufzustellen. Bei einem Jungen aus meiner Klasse stellte sich im Trainingsraum heraus, dass er ständig den Unterricht störte, weil er seinen Ärger über Probleme mit den Eltern „rauslassen" wollte. Daraufhin bekam er Hilfe von der Schulsozialarbeiterin und benahm sich wieder einigermaßen ordentlich.

Dieses Beispiel zeigt, dass der Trainingsraum Positives bewirken kann. Sternchens Hoffnung ist also durchaus berechtigt. Bibis Angst, bei einem lautem Husten oder Kichern gleich in den Trainingsraum geschickt zu werden, halte ich dagegen für unbegründet, da die meisten Lehrkräfte nicht gleich jedes unbeabsichtigte Geräusch als Störung werten. Bei unseren Lehrern wissen wir genau, wo der Spaß aufhört. Wer allerdings die Grenzen mehr als einmal überschreitet, muss natürlich mit dem Trainingsraum rechnen.

Das ist sinnvoll für alle Beteiligten.

Klassenarbeit

Thema:

Einen Leserbrief zum Schülerzeitungsartikel über Essen in Schulkantinen schreiben

Aufgabe:

- Schreibe zu diesem Artikel einen Leserbrief an die Redaktion.

In der Schülerzeitung „Schoolnews", Ausgabe Nr. 2, liest du folgenden Artikel:

Fair und bio für Schulkantinen abgeschmettert

Sichtlich enttäuscht verließ Bezirksschülersprecher Moritz Klusmann die gestrige Sitzung der Bezirksschülervertretung. Die dort versammelten Schülersprecher unserer Region hatten den Vorschlag Klusmanns, eine Umstellung des Essens in allen Schulkantinen auf fair gehandelte Bioprodukte anzuregen, mehrheitlich abgelehnt.

„Wir sollten mehr an unsere Gesundheit und auch an unsere Verantwortung gegenüber den Armen in der Dritten Welt denken!", forderte Klusmann während der hitzig geführten Diskussion und betonte: „Überzuckerte Schokoriegel und fetttriefende Pommes gehören ebenso wenig in eine Schulkantine wie billige Kaffee- und Kakaoprodukte, die von unterbezahlten Arbeitern in armen Ländern hergestellt wurden."

Fair gehandelte Lebensmittel seien um ein Vielfaches teurer als „normale", lautete eines der Argumente gegen Klusmanns Vorschlag. „Das mit der sozialen Gerechtigkeit ist ja schön und gut, aber das Taschengeld der Schüler ist nun mal sehr begrenzt", stellte eine Schülersprecherin fest. „Auch Bioprodukte kosten viel mehr als das herkömmliche Kantinenessen und treffen leider nicht den Geschmack der meisten Schüler. Wer in der Mittagspause mit Heißhunger in die Schulkantine kommt, möchte nicht Spinat und grüne Äpfel, sondern Burger und Pudding – schnell und bezahlbar."

Dass sein Vorschlag von der Bezirksschülervertretung deutlich abgeschmettert wurde, traf Moritz Klusmann überraschend. „Ich hatte fest damit gerechnet, dass alle für fair und bio stimmen würden." Er schäme sich für dieses Ergebnis. „Wir hätten ein Vorbild sein und ein wichtiges Signal an die Erwachsenen senden können", so der Bezirksschülersprecher.

Viel Spaß und viel Erfolg!

Schmuckelemente © Aquir – Fotolia.com

Erwartungshorizont für die Lehrkraft

1) Inhaltliche Leistung

	Kompetenzerwartung: Der Schüler …	**Punkte (max.)**
1.	berücksichtigt die wesentlichen *Elemente eines Briefs* (Betreff, Anrede, Grußformel mit Unterschrift, Absätze) in angemessener Weise.	6
2.	formuliert eine kurze, aussagekräftige *Überschrift*.	3
3.	bezieht sich in der *Einleitung* auf den vorliegenden Artikel als Schreibanlass und stellt kurz die Bedeutsamkeit des Themas „Essen in der Schulkantine" dar.	8
4.	formuliert im *Hauptteil* eine klare Position und entwickelt daraus eine schlüssige und stichhaltige Argumentationskette mit einer Entkräftung von Gegenargumenten.	45
5.	schreibt einen angemessenen *Schlussteil* (z. B. eine kurze Zusammenfassung und bzw. oder Wünsche, Forderungen an Entscheidungsträger).	8
	Teilsumme Inhalt:	**70**

2) Darstellungsleistung

	Kompetenzerwartung: Der Schüler …	**Punkte (max.)**
1.	argumentiert *sachlich*.	5
2.	formuliert *treffend* und *schlagkräftig*.	5
3.	formuliert den Text *abwechslungsreich*.	5
4.	verwendet sinnvolle *Einleitungen* und *Verknüpfungen*.	5
5.	schreibt *grammatisch* korrekt (u. a. Syntax).	5
6.	schreibt *orthografisch* korrekt (Rechtschreibung, Zeichensetzung).*	5
	Teilsumme Inhalt:	**30**

Gesamtpunktzahl = Inhaltliche Leistung + Darstellungsleistung:	**100**

Vorschlag zur Benotung:

Note 1	Note 2	Note 3	Note 4	Note 5	Note 6
89 bis 100 P.	76 bis 88 P.	63 bis 75 P.	50 bis 62 P.	20 bis 49 P.	0 bis 19 P.

* Wenn der Schüler orthografische Regeln häufig nicht beachtet, wird die Note um eine Notenstufe abgesenkt. Drückt sich der Schüler sprachlich sehr sicher aus, wird die Note um eine Stufe angehoben. Für Schüler mit LRS sowie Deutsch als Zweitsprache gelten besondere Regelungen, die ggf. durch die Schulkonferenz festgelegt wurden.

Wissen, worauf es ankommt (1/3)

Aufgabe:

Schätze deinen Leistungsstand zu den einzelnen Anforderungen ein.
Kreuze an, wie gut du schon bist.

Der Inhalt deines Leserbriefs

1. Berücksichtige die **Briefform** durch einen angemessenen **Betreff**, die **Anrede** und die **Grußformel mit Unterschrift** sowie durch passende **Absätze**.
   ☐ *Kann ich schon gut.* ☐ *Klappt überwiegend.* ☐ *Sollte besser werden.*
2. Drücke deinen Standpunkt zur Thematik des Schülerzeitungsartikels in einer kurzen, aussagekräftigen **Überschrift** aus.
   ☐ *Kann ich schon gut.* ☐ *Klappt überwiegend.* ☐ *Sollte besser werden.*
3. Beziehe dich in der **Einleitung** auf den vorliegenden Artikel als **Schreibanlass** und stelle die **Bedeutsamkeit** des Themas „Essen in der Schulkantine" für dich persönlich dar.
   ☐ *Kann ich schon gut.* ☐ *Klappt überwiegend.* ☐ *Sollte besser werden.*
4. Formuliere im **Hauptteil** zunächst eine klare **Position** zur Thematik und begründe diese mit einer schlüssigen und stichhaltigen **Argumentationskette**. Denke dabei auch an die **Entkräftung von Gegenargumenten**.
   ☐ *Kann ich schon gut.* ☐ *Klappt überwiegend.* ☐ *Sollte besser werden.*
5. Gestalte den **Schlussteil** als kurze **Zusammenfassung** deiner Ansicht. Du kannst hier auch deine **Wünsche** und **Forderungen** (beispielsweise an die Bezirksschülervertretung) äußern.
   ☐ *Kann ich schon gut.* ☐ *Klappt überwiegend.* ☐ *Sollte besser werden.*

Schmuckelemente © Aquir – Fotolia.com

Wissen, worauf es ankommt (2/3)

Aufgabe:

- Schätze deinen Leistungsstand zu den einzelnen Anforderungen ein. Kreuze an, wie gut du schon bist.

➡ Die Art, wie du deinen Leserbrief schreibst (Darstellung)

1. Argumentiere **sachlich**.
   ☐ *Kann ich schon gut.* ☐ *Klappt überwiegend.* ☐ *Sollte besser werden.*

2. Formuliere **treffend** und **überzeugend**.
   ☐ *Kann ich schon gut.* ☐ *Klappt überwiegend.* ☐ *Sollte besser werden.*

3. Schreibe **abwechslungsreich** und vermeide Wortwiederholungen.
   ☐ *Kann ich schon gut.* ☐ *Klappt überwiegend.* ☐ *Sollte besser werden.*

4. Entwickle eine Argumentationskette mit sinnvollen **Einleitungen** und **Verknüpfungen**.
   ☐ *Kann ich schon gut.* ☐ *Klappt überwiegend.* ☐ *Sollte besser werden.*

5. Achte auf die korrekte **Grammatik** (z. B. den richtigen Satzbau).
   ☐ *Kann ich schon gut.* ☐ *Klappt überwiegend.* ☐ *Sollte besser werden.*

6. Achte auf eine korrekte **Rechtschreibung** und **Zeichensetzung**.
   ☐ *Kann ich schon gut.* ☐ *Klappt überwiegend.* ☐ *Sollte besser werden.*

Anregungen zur Vorbereitung und Nachbereitung

- Erschließe die Thematik des Artikels und bilde dir dazu eine Meinung.
- Sammle schlüssige und stichhaltige Argumente und Beispiele für deinen Standpunkt und setze dich kritisch mit Gegenargumenten auseinander, um sie zu entkräften.
- Ordne die „Bausteine“ deiner Argumentation mit passenden Ein- und Überleitungen zu einer Argumentationskette an (Standpunkt ➡ Argument 1 + Beispiel ➡ Argument 2 + Beispiel …). Bedenke, dass das letzte Argument am stärksten wirkt.
- Achte beim Aufbau des Leserbriefs auf die Briefform.

Schmuckelemente © Aquir – Fotolia.com

Wissen, worauf es ankommt (3/3)

Tipps zum Thema

Merkmale eines Leserbriefs

- Ein Leserbrief zeigt die **Leserhaltung** zu einem Artikel.
- Er ist eine persönliche **Stellungnahme** (Zustimmung/Ablehnung).
- Er zählt zu den sachlichen Briefen und hat daher eine **Briefform**.
- Er beschränkt sich auf **Wesentliches**. Oft **kürzt** die Redaktion ihn.
- Ein Leserbrief wird online oder gedruckt **veröffentlicht**.

Achte auf einen gelungenen Aufbau

- Berücksichtige die **Briefform**. Gliedere deinen Text durch **Absätze**.
- Beginne mit einer **Betreffzeile**, die den Titel des Artikels und die Nummer der Ausgabe bzw. ein Datum enthält. So weiß die Redaktion, worauf sich dein Leserbrief bezieht.
- Formuliere eine kurze, aussagekräftige **Überschrift**.
  - ➡ Z. B.: Bezirksschülervertretung blamiert die ganze Schülerschaft
- Richte dich in der **Anrede** an die Redaktion oder den Autor.
  - ➡ Z. B.: Hallo Schoolnews-Redaktion, ...
- Nenne in der **Einleitung** den **Anlass** des Leserbriefes und deute deine Meinung an. Du kannst auch kurz darstellen, weshalb das Thema für dich bedeutsam ist.
- Formuliere im **Hauptteil** zunächst eine **klare Position** und entwickle anschließend eine schlüssige und stichhaltige **Argumentationskette** mit sinnvoll verbundenen Argumenten und Beispielen. **Entkräfte** dabei auch **Gegenargumente**.
- Runde deinen Leserbrief im **Schlussteil** durch eine kurze **Zusammenfassung**, **Wünsche** für die Zukunft oder **Forderungen** ab.
  - ➡ Z. B.: Es ist zu wünschen, dass sich unsere Bezirksschülervertretung doch für Gesundheit und soziale Gerechtigkeit stark macht.
- Beende den Brief mit einer **Grußformel** und deiner **Unterschrift**.

Achte auf passende Formulierungen

- Verwende für die **Anrede** und die **Grußformel** Formulierungen, die bei Briefen üblich sind (z. B.: Liebe/Hallo Schoolnews-Redaktion, ... – Mit freundlichen Grüßen ...).
- Teile deine Meinung mit, bleibe aber **sachlich** und vermeide beleidigende Ausdrücke.
- Formuliere **abwechslungsreich** und vermeide Wiederholungen.
- Verbinde deine Argumente und Veranschaulichungen durch sinnvolle **Einleitungen** und **Verknüpfungen** zu einer zusammenhängenden Argumentationskette.
  - ➡ Z. B.: Dafür spricht, dass ... / Außerdem gilt es, zu bedenken, dass ... / Wichtig ist vor allem, dass ... / Obwohl ... / Allerdings ... / Zwar ... / Aber ... / Meine Erfahrung zeigt, dass ... / Dies wird deutlich an ...

Schmuckelemente © Aquir – Fotolia.com

Mögliches Ergebnis (1/2)

Das bedeuten die Hervorhebungen im Text:

Grün:	Position zur Thematik und stichhaltige Argumente
Rot:	Berücksichtigung der Briefform und Elemente der Gliederung
Blau:	Beispiele für die Einleitung und Verknüpfung von Argumentationsschritten
Ocker:	Veranschaulichung der Argumente

Leserbrief

Betreff:
Artikel „Fair und bio für Schulkantinen abgeschmettert", Schoolnews – Ausgabe Nr. 2

Überschrift:
Kurzsichtige und falsche Entscheidung

Anrede:
Liebe Schoolnews-Redaktion,

Einleitung:
ich habe mit Entsetzen euren Artikel gelesen, in dem ihr über die Ablehnung der Idee des Bezirksschülersprechers, in unseren Schulkantinen nur noch fair gehandelte Bioprodukte anzubieten, berichtet.
Da ich an Schultagen mittags selbst in der Kantine esse, halte ich das Thema Ernährung in der Schule für sehr wichtig.

Hauptteil:
Ich bin wie Moritz Klusmann der Auffassung, dass gesundes und fair gehandeltes Essen in jede Schulkantine gehört.
Dafür spricht in erster Linie, dass es in der Schule nicht nur auf Fachwissen ankommt, sondern auch auf die Vermittlung von Werten und die Förderung von sozialem Handeln. Dazu gehört auch eine sinnvolle Ernährung. Wenn ich in den Bio-Stunden von den Gefahren durch zuckerhaltige Lebensmittel höre und mir die Reli-Lehrerin von der Ausbeutung auf den Kakaoplantagen in der Dritten Welt erzählt, erscheint es mir verrückt, im gleichen Gebäude billige Schokoriegel kaufen zu können.
Hinzu kommt, dass die Schulkantinen angesichts des großen Bedarfs an Lebensmitteln sowohl Biobauern als auch Bauern in der Dritten Welt wirksam unterstützen könnten. Es ist lobenswert, wenn sich einzelne Familien „fair und bio" ernähren. Wären aber Großküchen die Abnehmer solcher Lebensmittel, hätten die Hersteller einen viel höheren Gewinn und mehr Verbraucher bekämen gutes und gesundes Essen auf den Tisch.

Mögliches Ergebnis (2/2)

Zwar mögen viele Kinder und Jugendliche lieber ungesundes Essen, wie fettige Pommes und süßen Pudding, allerdings sollte der Staat schädliche Verhaltensweisen nicht auch noch fördern. Schließlich werden in unseren Schulen ja auch nicht Zigaretten und Alkohol angeboten. Nicht in allen Familien wird auf gesunde und fair gehandelte Lebensmittel geachtet. Unsere Schule könnte und sollte das ausgleichen, was in diesen Familien versäumt wird. Obwohl es vielleicht richtig ist, dass die Preise in den Schulkantinen steigen könnten, wenn der Vorschlag Klusmanns umgesetzt würde, gilt es, zu bedenken, dass es hierbei um die Gesundheit der Schüler und einen Beitrag zur sozialen Gerechtigkeit geht, also um Werte, die mehr zählen als Geld. Meine Eltern und viele Erwachsene aus dem Bekanntenkreis wären gerne bereit, uns Schülern ein paar Euros mehr für das Essen in der Schule zu geben, wenn sie damit für uns und die Welt etwas Gutes tun könnten.

Schlussteil:
Aufgrund dieser Argumente bin ich der Ansicht, dass die Bezirksschülervertretung mit der Ablehnung des Vorschlags von Moritz Klusmann einen großen Fehler begangen hat.
Gemeinsam mit unserem Bezirksschülersprecher schäme ich mich für diese kurzsichtige und falsche Entscheidung.
Ich hoffe gleichzeitig, dass möglichst viele Schüler dagegen protestieren werden und die Bezirksschülervertretung wachrütteln.

Grußformel und Unterschrift:
Mit freundlichen Grüßen
Max Muster

Anmerkung zum möglichen Ergebnis:
Der Hauptteil ist bewusst umfangreich gestaltet, um mehrere Argumente und Formulierungen aufzuzeigen.

Klassenarbeit

Thema:

Lineare Erörterung: Sollten an Schulen Pflicht-Benimmkurse eingeführt werden?

Aufgabe:

- Schreibe eine lineare Erörterung zu folgender Fragestellung: Sollten an Schulen verpflichtende Benimmkurse für Jugendliche eingeführt werden?

Beachte!

- Nutze den Text „Ist Benimm noch in?" als Informationsquelle.
- Argumentiere schlüssig und stichhaltig.
- Entwickle eine Argumentationskette mit einer sinnvollen Rangfolge der Argumente.

Ist Benimm noch in?

Bereits der antike griechische Philosoph Sokrates (469–399 v. Chr.) empörte sich über schlechte Manieren bei jungen Menschen und warf ihnen vor allem Respektlosigkeit vor.
Dieses Thema ist heute nach wie vor aktuell: Wer bei Google die Begriffe „Knigge" und „Jugend" eingibt, stößt auf ein großes Angebot an Benimmtipps für Jugendliche.
Der Begriff „Knigge" stammt von Freiherr Adolph Knigge, der im 18. Jahrhundert einen Katalog mit Benimmregeln aufgestellt hat, und bezeichnet heute einen Benimmratgeber.

Eine Umfrage des Meinungsforschungsinstituts YouGov im Jahr 2015 ergab, dass sich 75 Prozent der Deutschen Benimmkurse für Jugendliche an Schulen wünschen.

Einzelne Benimmprojekte gibt es bereits, wie zum Beispiel im ostwestfälischen Herford, wo Jugendliche einer weiterführenden Schule an einem Vormittag Begrüßungsregeln, die Höflichkeit in Gesprächen und gängige Tischsitten thematisieren und einüben.

Auf der anderen Seite bescheinigt eine Studie des Sinus-Instituts aus dem Jahr 2016 den heutigen Jugendlichen, im Gegensatz zu den aufsässigen Teenies früherer Generationen besonders angepasst und sogar spießig zu sein. Tugenden wie Pflichterfüllung sind vielen jungen Menschen wichtig.

Über das Benehmen der „Jugend von heute" kann man also geteilter Meinung sein.

Viel Spaß und viel Erfolg!

Schmuckelemente © Aquir – Fotolia.com

Erwartungshorizont für die Lehrkraft

1) Inhaltliche Leistung

	Kompetenzerwartung: Der Schüler …	**Punkte (max.)**
1.	stellt in der *Einleitung* die persönliche bzw. gesellschaftliche *Bedeutsamkeit der Streitfrage* dar und formuliert anschließend eine *These*.	12
2.	begründet die Position im *Hauptteil* mit schlüssigen und stichhaltigen *Argumenten* sowie *Veranschaulichungen*.	40
3.	verknüpft die Argumente im *Hauptteil* zu einer *Argumentationskette* mit deutlicher *Rangfolge* nach dem Prinzip der wachsenden Stärke der Begründungen.	9
4.	schreibt im *Schlussteil* ein *Fazit* mit Bezug zur These.	9
	Teilsumme Inhalt:	**70**

2) Darstellungsleistung

	Kompetenzerwartung: Der Schüler …	**Punkte (max.)**
1.	argumentiert *sachlich*.	6
2.	formuliert *abwechslungsreich*.	6
3.	verwendet *treffende Satzanfänge und Überleitungen*, um zusammenhängend zu argumentieren und die Rangfolge der Begründungen zu verdeutlichen.	6
4.	schreibt *grammatisch* korrekt (u. a. Syntax).	6
5.	schreibt *orthografisch* korrekt (Rechtschreibung, Zeichensetzung).*	6
	Teilsumme Inhalt:	**30**

Gesamtpunktzahl = Inhaltliche Leistung + Darstellungsleistung:	**100**

Vorschlag zur Benotung:

Note 1	Note 2	Note 3	Note 4	Note 5	Note 6
89 bis 100 P.	76 bis 88 P.	63 bis 75 P.	50 bis 62 P.	20 bis 49 P.	0 bis 19 P.

* Wenn der Schüler orthografische Regeln häufig nicht beachtet, wird die Note um eine Notenstufe abgesenkt. Drückt sich der Schüler sprachlich sehr sicher aus, wird die Note um eine Stufe angehoben. Für Schüler mit LRS sowie Deutsch als Zweitsprache gelten besondere Regelungen, die ggf. durch die Schulkonferenz festgelegt wurden.

Wissen, worauf es ankommt (1/3)

Aufgabe:

- Schätze deinen Leistungsstand zu den einzelnen Anforderungen ein. Kreuze an, wie gut du schon bist.

➡ Der Inhalt deiner linearen Erörterung

1. Stelle in der **Einleitung** die persönliche bzw. gesellschaftliche **Bedeutsamkeit des Themas** dar und formuliere anschließend eine **klare These**.
   ☐ *Kann ich schon gut.* ☐ *Klappt überwiegend.* ☐ *Sollte besser werden.*
2. Begründe deine Position im **Hauptteil** mit **schlüssigen und stichhaltigen Argumenten** und füge **passende Veranschaulichungen** hinzu.
   ☐ *Kann ich schon gut.* ☐ *Klappt überwiegend.* ☐ *Sollte besser werden.*
3. Verknüpfe deine Argumente im **Hauptteil** zu einer **Argumentationskette** mit erkennbarer **Rangfolge** nach dem Prinzip der wachsenden Stärke der Begründungen.
   ☐ *Kann ich schon gut.* ☐ *Klappt überwiegend.* ☐ *Sollte besser werden.*
4. Schreibe zum **Schluss** ein **Fazit** mit Bezug zur These.
   ☐ *Kann ich schon gut.* ☐ *Klappt überwiegend.* ☐ *Sollte besser werden.*

➡ Die Art, wie du deine lineare Erörterung schreibst (Darstellung)

1. Argumentiere **sachlich**.
   ☐ *Kann ich schon gut.* ☐ *Klappt überwiegend.* ☐ *Sollte besser werden.*
2. Schreibe **abwechslungsreich** ohne Wortwiederholungen.
   ☐ *Kann ich schon gut.* ☐ *Klappt überwiegend.* ☐ *Sollte besser werden.*
3. Verwende **passende Satzanfänge** und **sinnvolle Überleitungen**, um zusammenhängend zu argumentieren und die Rangfolge der Begründungen zu verdeutlichen.
   ☐ *Kann ich schon gut.* ☐ *Klappt überwiegend.* ☐ *Sollte besser werden.*
4. Achte auf die korrekte **Grammatik** (z. B. den richtigen Satzbau).
   ☐ *Kann ich schon gut.* ☐ *Klappt überwiegend.* ☐ *Sollte besser werden.*
5. Achte auf eine korrekte **Rechtschreibung** und **Zeichensetzung**.
   ☐ *Kann ich schon gut.* ☐ *Klappt überwiegend.* ☐ *Sollte besser werden.*

Schmuckelemente © Aquir – Fotolia.com

Wissen, worauf es ankommt (2/3)

Anregungen zur Vorbereitung und Nachbereitung

- Übe, die Haltungen zu einer Streitfrage abzuwägen und daraufhin einen Standpunkt festzulegen.
- Sammle schlüssige und stichhaltige Argumente mit Beispielen für deine Position und gewichte sie.
- Übe, einen strukturierten Text zu verfassen und dabei die Argumente im Hauptteil in einer sinnvollen Rangfolge anzuordnen.
- Schreibe sprachlich korrekt und angemessen.

Tipps zum Thema

Merkmale einer linearen Erörterung

- Eine lineare Erörterung bezieht sich auf eine **Streitfrage**, die sich mit Ja oder Nein beantworten lässt.
- Du musst dich für eine **klare Position** entscheiden – bist du dafür oder dagegen? Daraus entwickelst du deine **These**.
- In der linearen Erörterung nimmst du **schriftlich Stellung** und argumentierst für deinen **Standpunkt**.
- Eine lineare Erörterung beginnt mit dem schwächsten Argument und **steigert die Argumente**. Das stärkste Argument steht am Schluss.

Vor dem Schreiben

- Lies die **Informationen zum Thema** sorgfältig.
- Überlege gründlich, welche Position du vertreten willst, indem du ein **Brainstorming** durchführst, deine Einfälle in einer **Mindmap** oder **Tabelle** notierst und schließlich ihre Überzeugungskraft bewertest.
- Entscheide dich für einen **Standpunkt** – entweder **pro** (dafür) oder **kontra** (dagegen). Entwickle daraus deine **These**.
- Nummeriere die **Rangfolge der Argumente** zu deiner Position von der „schwächsten" zur „stärksten" Begründung.
- Notiere zu den Argumenten **veranschaulichende Beispiele** aus deinem Alltag oder aus den Medien.

Schmuckelemente © Aquir – Fotolia.com

Wissen, worauf es ankommt (3/3)

Tipps zum Thema

Achte auf einen gelungenen Aufbau

- Gliedere die lineare Erörterung in **drei Teile** – Einleitung, Hauptteil und Schluss – und strukturiere den Text durch **Absätze**.
- Stelle in der **Einleitung** die **Bedeutung der Streitfrage** für dich persönlich oder für die Gesellschaft dar, indem du auf eine eigene Erfahrung oder auf Presseartikel verweist. Formuliere anschließend deine **These**.
  - ➡ Z. B.: Wie aus Medienberichten hervorgeht, fordern viele Pädagogen aufgrund des schlechten Sozialverhaltens von Jugendlichen die Einführung von Benimmkursen an Schulen. Ich bin der Ansicht, dass wir Teenager die Teilnahme an solchen Kursen dringend nötig haben. An deutschen Schulen sollten Benimmkurse verpflichtend eingeführt werden …
- Begründe deine Position im **Hauptteil** mit **schlüssigen und stichhaltigen Argumenten** und veranschauliche diese mit **Beispielen**. Beachte dabei die zuvor von dir festgelegte **Rangfolge** der Argumentationsschritte und nenne die „stärkste" Begründung zuletzt.
- Verfasse deine **Schlussfolgerung**, in der du die These aus der Einleitung aufgreifst und betonst.
  - ➡ Z. B.: Aufgrund dieser Argumente bin ich der Überzeugung, dass Teenager dazu verpflichtet werden sollten, an Benimmkursen in ihren Schulen teilzunehmen. Nur so kann sichergestellt werden, dass sie die Verhaltensregeln lernen, die in der Gesellschaft von ihnen erwartet werden.

Achte auf passende Formulierungen

- Drücke dich **sachlich** aus.
- Formuliere **abwechslungsreich** und vermeide Wiederholungen – vor allem bei den Satzanfängen.
- Entwickle eine Argumentationskette mit **sinnvollen Ein- und Überleitungen**, welche die Rangfolge der Begründungen zum Ausdruck bringen.
  - ➡ Z. B.: Zunächst … / Zudem … / Außerdem … / Vor allem … / Besonders wichtig ist, dass …
- Verbinde die Veranschaulichungen durch **passende sprachliche Verknüpfungen** mit den jeweiligen Argumenten.
  - ➡ Z. B.: Dies zeigt sich beispielsweise bei einem Fall, der in der Zeitung … geschildert wird. / Das bestätigen Experten in der Zeitung … / Meine Erfahrung zeigt, dass … / Dies wird deutlich an …

Schmuckelemente © Aquir – Fotolia.com

Mögliches Ergebnis (1/2)

Das bedeuten die Hervorhebungen im Text:

Grün:	Schlüssige und stichhaltige Argumente in erkennbarer Rangfolge
Rot:	Formulierung einer These in der Einleitung sowie eines Fazits im Schlussteil
Blau:	Beispiele für die Einleitung und Verknüpfung von Argumenten und Veranschaulichungen
Ocker:	Veranschaulichungen

Lineare Erörterung: PRO verpflichtende Benimmkurse für Jugendliche an Schulen

Im Klassenzimmer, auf dem Weg zur Schule und in der Freizeit erlebe ich oft Beispiele für schlechtes Benehmen von Jugendlichen: Viele meiner Mitschüler grüßen gar nicht erst oder es fällt ihnen schwer, sich zu bedanken, höflich um etwas zu bitten oder andere ausreden zu lassen. Reinrufen in die Klasse oder Schmatzgeräusche beim Essen sind für viele schon normal. Ich fühle mich oft gestört durch das unhöfliche und rücksichtslose Benehmen einiger Jugendlicher. Aufgrund solcher Erfahrungen bin ich der Ansicht, dass an Schulen verpflichtende Benimmkurse für Jugendliche eingeführt werden sollten.

Als Argument ist zunächst erwähnenswert, dass 75 Prozent der Deutschen laut einer 2015 durchgeführten Umfrage des Meinungsforschungsinstituts YouGov ebenfalls von den Schulen fordern, Benimmregeln zu vermitteln. Dass so viele Menschen in Deutschland die Notwendigkeit zum Handeln sehen, zeigt, dass anscheinend viele ein Problem mit dem Verhalten einiger Jugendlicher haben. Auch meine persönlichen Erfahrungen bestärken diesen Eindruck. Als ich letzten Sonntag auf einer Familienfeier war, war das schlechte Verhalten von Jugendlichen das Thema einer hitzigen Diskussion. Meine älteren Verwandten beschwerten sich über das teilweise rüpelhafte Verhalten von Jugendlichen und beklagten sich darüber, dass die Politik nichts dagegen unternimmt.

Ein weiterer wichtiger Grund für die Einführung verpflichtender Benimmkurse ist der gesetzlich vorgeschriebene Erziehungsauftrag von Schulen. Lehrer sollen schließlich nicht nur ihr Fachwissen vermitteln, sondern die Jugendlichen dabei unterstützen, verantwortungsvolle Mitglieder der Gesellschaft zu werden. Gegenseitiger Respekt und höfliches Verhalten gehören dazu. Ich erinnere mich an meine Grundschullehrerin, die sich die Zeit nahm, mit unserer Klasse Verhaltensregeln zu besprechen und einzuüben. Dadurch verlief der Unterricht reibungsloser als in anderen Klassen.

Für noch bedeutsamer halte ich die Möglichkeit, durch schulische Benimmkurse die Versäumnisse vieler Elternhäuser auszugleichen. Wenn manche Erwachsene es nicht schaffen, zu Hause Regeln durchzusetzen und auf ein höfliches Benehmen zu achten, muss eben die Schule dies übernehmen. In vielen Zei-

Mögliches Ergebnis (2/2)

tungs- und Fernsehreportagen werden völlig überforderte Eltern gezeigt, deren Kinder fast ohne Regeln aufwachsen. Eine entsetzte Pädagogin verlangte neulich in einer Talkshow sogar die Einführung eines Elternführerscheins. Für Kinder und Jugendliche, die ohne Regeln aufwachsen, ist die Schule die letzte Chance, die Regeln des Zusammenlebens zu lernen.

Ganz besonders wichtig ist die einheitliche Vermittlung von Benimmregeln durch die Schulen, damit alle Schüler – unabhängig von ihrer Erziehung zu Hause – die gleichen Möglichkeiten haben, künftig in der Gesellschaft zu bestehen. Ob beim Date im Café oder beim Vorstellungsgespräch in einem Unternehmen: Ein gutes Benehmen wird überall erwartet und entscheidet oft darüber, ob jemand im Leben Erfolg hat oder nicht. So erhielt zum Beispiel in der Firma meiner Mutter eine Auszubildende eine Abmahnung wegen ihres patzigen und unhöflichen Verhaltens beim Anruf eines wichtigen Geschäftspartners.

Angesichts dieser Argumente bin ich der Überzeugung, dass Jugendliche dazu verpflichtet werden sollten, an Benimmkursen in ihren Schulen teilzunehmen. Nur diese Maßnahme garantiert, dass alle jungen Menschen die Verhaltensregeln lernen, die in der Gesellschaft von ihnen erwartet werden. Schließlich beruht das gesellschaftliche Zusammenleben auf gegenseitigem Respekt und höflichem Umgang der Menschen miteinander.

Klassenarbeit

Thema:

Dialektische Erörterung: Längere Weihnachtsferien auf Kosten der Sommerferien?

Aufgabe:

- Schreibe eine dialektische Erörterung zu folgender Fragestellung: Sollten die Weihnachtsferien auf Kosten der Sommerferien verlängert werden?

Beachte!

- Berücksichtige den Text „Schulferien in Deutschland".
- Denke an die sinnvolle Anordnung deiner Argumentationsschritte im Hauptteil.

Schulferien in Deutschland

Schulferien mögen alle Schüler. Sie bieten Zeit und Gelegenheit, endlich mal lange zu schlafen, zu verreisen, mehr Zeit für Hobbys und Freunde zu haben oder auch in Ruhe für die Schule zu lernen. Weniger einig sind sich die Schüler – ebenso wie die Erwachsenen – jedoch beim Thema Ferienlänge und -verteilung.

Die Ferienzeit pro Jahr ist begrenzt, ihre Einteilung ist die Angelegenheit der Bundesländer. Der größte Anteil fällt überall in Deutschland auf die Sommerferien, den Rest teilen sich die Herbstferien, Weihnachtsferien, Osterferien, die meist kurzen Pfingstferien und in einigen Bundesländern die Winterferien im Spätwinter. In den meisten Bundesländern gibt es zudem einzelne „bewegliche" Ferientage, deren Termine die Schulen selbst festlegen.

Der Erholungsbedarf von Schülern ist im Sommer und um Weihnachten herum besonders groß. Während die meisten Jugendlichen nach den Sommerferien mit frischen Kräften ins neue Schuljahr starten, haben viele Anfang Januar allerdings das Gefühl, sich in den erheblich kürzeren Weihnachtsferien nicht genügend erholt zu haben.

Viel Spaß und viel Erfolg!

Schmuckelemente © Aquir – Fotolia.com

Erwartungshorizont für die Lehrkraft

1) Inhaltliche Leistung

	Kompetenzerwartung: Der Schüler ...	**Punkte (max.)**
1.	stellt in der *Einleitung* die persönliche bzw. gesellschaftliche *Bedeutsamkeit der Streitfrage* dar und verdeutlicht sowohl die *These* als auch die *Gegenthese.*	10
2.	argumentiert im *Hauptteil* zunächst *mit abnehmender Überzeugungskraft* im Sinne der *Gegenthese* und danach *mit zunehmender Überzeugungskraft* für die *These.*	35
3.	stützt die im *Hauptteil* angeführten Argumente durch *Veranschaulichungen.*	10
4.	rundet den *Hauptteil* am Ende durch *Kompromissvorschläge* ab.	5
5.	schreibt im *Schlussteil* eine *persönliche Stellungnahme.*	10
	Teilsumme Inhalt:	**70**

2) Darstellungsleistung

	Kompetenzerwartung: Der Schüler ...	**Punkte (max.)**
1.	argumentiert *sachlich.*	6
2.	formuliert *abwechslungsreich.*	6
3.	verwendet *treffende Satzanfänge* und *sinnvolle Überleitungen* zur Hervorhebung der Argumentationsstruktur.	6
4.	schreibt *grammatisch* korrekt (u. a. Syntax).	6
5.	schreibt *orthografisch* korrekt (Rechtschreibung, Zeichensetzung).*	6
	Teilsumme Inhalt:	**30**

Gesamtpunktzahl = Inhaltliche Leistung + Darstellungsleistung:	**100**

Vorschlag zur Benotung:

Note 1	Note 2	Note 3	Note 4	Note 5	Note 6
89 bis 100 P.	76 bis 88 P.	63 bis 75 P.	50 bis 62 P.	20 bis 49 P.	0 bis 19 P.

* Wenn der Schüler orthografische Regeln häufig nicht beachtet, wird die Note um eine Notenstufe abgesenkt. Drückt sich der Schüler sprachlich sehr sicher aus, wird die Note um eine Stufe angehoben. Für Schüler mit LRS sowie Deutsch als Zweitsprache gelten besondere Regelungen, die ggf. durch die Schulkonferenz festgelegt wurden.

Wissen, worauf es ankommt (1/4)

Aufgabe:

Schätze deinen Leistungsstand zu den einzelnen Anforderungen ein. Kreuze an, wie gut du schon bist.

Der Inhalt deiner dialektischen Erörterung

1. Stelle in der **Einleitung** die persönliche bzw. gesellschaftliche **Bedeutsamkeit der Frage**, ob die Weihnachtsferien auf Kosten der Sommerferien verlängert werden sollten, dar und verdeutliche anschließend sowohl die **These** als auch die **Gegenthese**.

   ☐ *Kann ich schon gut.* ☐ *Klappt überwiegend.* ☐ *Sollte besser werden.*

2. Argumentiere im **Hauptteil** zunächst mit **abnehmender Überzeugungskraft** im Sinne der **Gegenthese** und anschließend mit **zunehmender Überzeugungskraft** für die **These**, die du selbst vertrittst.

   ☐ *Kann ich schon gut.* ☐ *Klappt überwiegend.* ☐ *Sollte besser werden.*

3. Stütze die im **Hauptteil** angeführten Argumente durch **Veranschaulichungen**.

   ☐ *Kann ich schon gut.* ☐ *Klappt überwiegend.* ☐ *Sollte besser werden.*

4. Runde den **Hauptteil** am Ende durch **Kompromissvorschläge** ab.

   ☐ *Kann ich schon gut.* ☐ *Klappt überwiegend.* ☐ *Sollte besser werden.*

5. Schreibe im **Schlussteil** eine **persönliche Stellungnahme** zum Thema.

   ☐ *Kann ich schon gut.* ☐ *Klappt überwiegend.* ☐ *Sollte besser werden.*

Schmuckelemente © Aquir – Fotolia.com

Wissen, worauf es ankommt (2/4)

Aufgabe:

- Schätze deinen Leistungsstand zu den einzelnen Anforderungen ein. Kreuze an, wie gut du schon bist.

➡ Die Art, wie du deine dialektische Erörterung schreibst (Darstellung)

1. Argumentiere **sachlich**.
   ◯ *Kann ich schon gut.* ◯ *Klappt überwiegend.* ◯ *Sollte besser werden.*

2. Schreibe **abwechslungsreich** und vermeide Wortwiederholungen.
   ◯ *Kann ich schon gut.* ◯ *Klappt überwiegend.* ◯ *Sollte besser werden.*

3. Formuliere **passende Satzanfänge** und **sinnvolle Überleitungen** zur Hervorhebung deiner Argumentationsstruktur.
   ◯ *Kann ich schon gut.* ◯ *Klappt überwiegend.* ◯ *Sollte besser werden.*

4. Achte auf die korrekte **Grammatik** (z. B. den richtigen Satzbau).
   ◯ *Kann ich schon gut.* ◯ *Klappt überwiegend.* ◯ *Sollte besser werden.*

5. Achte auf eine korrekte **Rechtschreibung** und **Zeichensetzung**.
   ◯ *Kann ich schon gut.* ◯ *Klappt überwiegend.* ◯ *Sollte besser werden.*

Anregungen zur Vorbereitung und Nachbereitung

- Übe, eine Streitfrage von zwei Seiten zu betrachten und sowohl zur These als auch zur Gegenthese Argumente mit Veranschaulichungen anzuführen.
- Gewichte die Argumente entsprechend ihrer Bedeutung für die These bzw. Gegenthese.
- Lege auf der Grundlage der Gewichtung jeweils eine klare Rangfolge fest, sodass zwei Argumentationsketten (zur These und zur Gegenthese) entstehen.
- Versuche, Kompromissmöglichkeiten zur Überbrückung beider Positionen aufzuzeigen.
- Stelle anschließend deine persönliche Meinung zum Thema dar.
- Übe, einen strukturierten Text mit sinnvoll gegliedertem Hauptteil und passenden sprachlichen Verknüpfungen zu verfassen.
- Schreibe sprachlich korrekt und angemessen.

Schmuckelemente © Aquir – Fotolia.com

Wissen, worauf es ankommt (3/4)

Tipps zum Thema

Merkmale einer dialektischen Erörterung

- Eine dialektische Erörterung bezieht sich auf eine **Streitfrage**, die sich mit Ja oder Nein beantworten lässt.
- Sie beruht auf der Formulierung einer **eigenen Position (These)** und einer **gegenteiligen Position (Gegenthese)**.
- Sie erfordert eine gründliche **Betrachtung der Problemstellung von beiden Seiten**.
- In einer dialektischen Erörterung werden die Argumente zu beiden Positionen ausführlich und strukturiert **gegenübergestellt** und mit einer abschließenden **Stellungnahme** versehen.
- Sie kann durch einen **Kompromiss** „abgerundet" werden.

Vor dem Schreiben

- Lies die **Informationen zum Thema** sorgfältig und notiere die **These** (eigene Position) sowie die **Gegenthese** in zwei Tabellenspalten. Trage darin jeweils passende **Argumente** ein. Ergänze dazu sinnvolle **Veranschaulichungen**.
- Bewerte die **Überzeugungskraft** der einzelnen Argumente und lege für beide Spalten der Tabelle eine **Rangfolge** von der „stärksten" bis zur „schwächsten" Begründung fest. Nummeriere dazu die Argumente in den beiden Spalten. Schreibe danach die Argumente noch einmal geordnet auf.
- Überlege dir auch **Kompromisse** zwischen deiner eigenen und der gegenteiligen Position und halte deine Ideen in Stichpunkten fest.

Achte auf passende Formulierungen

- Drücke dich **sachlich** aus.
- Formuliere **abwechslungsreich** und vermeide Wiederholungen.
- Verwende **sinnvolle Ein- und Überleitungen**, die in den **Argumentationsketten zur Gegenthese und zur These** die **Rangfolge** der Argumente aufzeigen.
  - ➡ Z. B. bei abnehmender Überzeugungskraft: Wichtig ist in erster Linie … ➡ Fast ebenso bedeutsam ist … ➡ Bedenkenswert erscheint mir auch … ➡ Außerdem sollte noch erwähnt werden …
  - ➡ Z. B. bei steigender Überzeugungskraft: Zunächst … ➡ Darüber hinaus … ➡ Noch gewichtiger ist … ➡ Besonders bedeutsam ist …
- Verbinde die **Veranschaulichungen** durch **passende sprachliche Verknüpfungen** mit den jeweiligen Argumenten.
  - ➡ Z. B.: Dies zeigt sich durch …/Das bestätigen Experten …/ Meine Erfahrung zeigt, dass …/Dies wird deutlich an …

Schmuckelemente © Aquir – Fotolia.com

Wissen, worauf es ankommt (4/4)

Tipps zum Thema

Achte auf einen gelungenen Aufbau

- Gliedere die dialektische Erörterung in **drei Teile** (Einleitung, Hauptteil und Schluss) und strukturiere den Text durch **Absätze**.
- Stelle in der **Einleitung** die **Bedeutung der Streitfrage** für dich persönlich oder für die Gesellschaft dar, indem du auf eine eigene Erfahrung, eine verbreitete Meinung oder Presseartikel verweist. Verdeutliche anschließend **These und Gegenthese**.
  - ➡ Z. B.: Oft ist der Advent nicht die besinnlichste, sondern die stressigste Zeit des Jahres. Man möchte alle Geschenke rechtzeitig besorgen, eine Weihnachtsfeier jagt die nächste und oft werden noch in den Hauptfächern Klassenarbeiten geschrieben. Dann folgen die Feiertage mit Verwandtenbesuchen, bevor Anfang Januar in der Schule die Hektik weitergeht, weil das Halbjahresende vor der Tür steht. Wenn man Weihnachten feiern, sich erholen, in den Urlaub fahren und noch für die Schule lernen möchte, sind zwei Wochen Weihnachtsferien eine sehr kurze Zeit. Deshalb ist es berechtigt, über eine Verlängerung der Weihnachtsferien auf Kosten der sehr langen Sommerferien nachzudenken. Trotzdem sprechen auch viele Gründe dafür, die Sommerferien unverändert zu lassen.
- Führe im **Hauptteil** erst die Argumente und Veranschaulichungen für die **Gegenthese** an. Bilde dabei eine Argumentationskette **von der „stärksten" zur „schwächsten" Begründung**. Das Prinzip der abnehmenden Überzeugungskraft verdeutlicht, dass du diese Position nicht vertrittst.
- Setze den **Hauptteil** anschließend **mit Argumenten und Veranschaulichungen für deine These** fort. Bilde dabei nun eine Argumentationskette **von der „schwächsten" zur „stärksten" Begründung**. Das Prinzip der zunehmenden Überzeugungskraft zeigt, dass du diese Position vertrittst.
- Runde den **Hauptteil** ab. Zeige **Kompromissmöglichkeiten** auf.
  - ➡ Z. B.: Eine Verlängerung der Weihnachtsferien muss nicht zwangsläufig auf Kosten der Sommerferien erfolgen. Möglich ist auch eine Verschiebung einiger Herbstferientage in die Monate Dezember oder Januar. Die damit verbundene Verkürzung der Herbstferien ist vertretbar, da der Herbst im Gegensatz zum Sommer und zum Winter keine Hauptreisezeit für Familien ist. Außerdem haben die meisten Schüler durch den kurzen Abstand zwischen den Sommer- und Herbstferien im September oder Oktober noch keinen so großen Bedarf an Erholung wie zum Jahreswechsel.
- Verfasse im **Schlussteil** eine **persönliche Stellungnahme**, welche an die Abwägung im Hauptteil anknüpft.

Schmuckelemente © Aquir – Fotolia.com

Mögliches Ergebnis (1/3)

Das bedeuten die Hervorhebungen im Text:

Rot:	Bedeutung des Themas und Verdeutlichung von These und Gegenthese in der Einleitung
Grün:	Argumente und Veranschaulichungen mit abnehmender bzw. zunehmender Überzeugungskraft im Hauptteil
Blau:	Beispiele für die Einleitung und Überleitung von Argumenten und Veranschaulichungen
Rosa:	Kompromissvorschlag
Ocker:	Persönliche Stellungnahme im Schlussteil

Dialektische Erörterung: KONTRA längere Weihnachtsferien auf Kosten der Sommerferien

Oft ist der Advent nicht die besinnlichste, sondern die stressigste Zeit des Jahres. Man möchte alle Geschenke rechtzeitig besorgen, eine Weihnachtsfeier jagt die nächste und oft werden noch in den Hauptfächern Klassenarbeiten geschrieben. Dann folgen die Feiertage mit Verwandtenbesuchen, bevor Anfang Januar in der Schule die Hektik weitergeht, weil das Halbjahresende vor der Tür steht. Wenn man Weihnachten feiern, sich erholen, in den Urlaub fahren und noch für die Schule lernen möchte, sind zwei Wochen Weihnachtsferien eine sehr kurze Zeit. Deshalb ist es berechtigt, über eine Verlängerung der Weihnachtsferien auf Kosten der sehr langen Sommerferien nachzudenken. *(Gegenthese)* Trotzdem sprechen auch viele Gründe dafür, die Sommerferien unverändert zu lassen. *(These)*

Der wichtigste Grund für längere Weihnachtsferien sind die vielen Vorhaben und Termine rund um den Jahreswechsel: Weihnachten und Silvester feiern, Verwandte und Freunde treffen, den vorweihnachtlichen Schulstress hinter sich lassen, verreisen und für die letzten Arbeiten des ersten Schulhalbjahres lernen. Diese Ziele sind in den rund zwei Wochen, die derzeit für die Weihnachtsferien zur Verfügung stehen, kaum komplett zu erfüllen. Meiner Erfahrung nach haben viele Jugendliche zu Beginn eines neuen Jahres das Gefühl, in den Weihnachtsferien jemanden oder etwas vernachlässigt zu haben – die Familie, die Clique, die Schule oder sich selbst. Dagegen kann es in den Sommerferien schon mal Tage geben, in denen Langeweile aufkommt. *(Argument für die Gegenthese mit der vergleichsweise größten Bedeutung und Veranschaulichung)*

Mögliches Ergebnis (2/3)

Bedenkenswert erscheint mir weiterhin der Vorteil, erholt in ein neues Jahr starten zu können, da sich die Möglichkeiten zur Erholung durch längere Weihnachtsferien verbessern würden. Dazu passend, vergleicht mein Vater die Weihnachtsferien gern mit der Halbzeitpause bei einem Fußballspiel, da sie in der Mitte zwischen zwei Sommerferien liegen. Während die Kicker meist mit neuer Energie auf den Platz zurückkehren, merke ich Anfang Januar in der Schule, dass die recht kurzen Weihnachtsferien meinen Erholungsbedarf kaum decken. *(Argument für die Gegenthese mit vergleichsweise weniger Bedeutung und Veranschaulichung)*
Außerdem sollte noch erwähnt werden, dass längere Weihnachtsferien mehr Möglichkeiten für Wintersport bieten könnten, da sich die oft lange Anreise in ein Skigebiet für die meisten Familien nur dann lohnt, wenn die Aufenthaltsdauer nicht zu kurz ist. Weite Reisen in die Wintersportgebiete kommen für meine Familie leider nicht in Frage. Wir feiern Weihnachten immer zu Hause oder bei Verwandten. Meine Eltern argumentieren, dass nach den Feiertagen nicht mehr genügend Zeit sei, um noch „in den Schnee" zu fahren. Das finden meine Schwester und ich sehr schade. *(Argument für die Gegenthese mit der vergleichsweise geringsten Bedeutung und Veranschaulichung)*
Gegen eine Verlängerung der Weihnachtsferien auf Kosten der Sommerferien spricht zunächst, dass der Tourismus gerade in der Sommersaison auf reisende Familien angewiesen ist. Kürzere Sommerferien würden den Zeitraum für Urlaubsreisen von Familien mit schulpflichtigen Kindern einengen, wodurch ein erheblicher finanzieller Schaden für Reiseveranstalter und Hotels in der Hauptsaison entstehen könnte. Beim Betrachten von Wirtschaftskarten im Erdkundeunterricht ist mir aufgefallen, dass abgelegene Gegenden an der Küste oder in den Bergen zu einem Großteil vom Tourismus leben. Einschnitte beim Sommergeschäft könnten dort im schlimmsten Fall Arbeitsplätze kosten. *(Argument für die These mit der vergleichsweise geringsten Bedeutung und Veranschaulichung)*
Noch entscheidender ist die Tatsache, dass sich für längere Familienreisen der Sommer besser als die Weihnachtszeit eignet, weil das gute Wetter mehr Möglichkeiten für Aktivitäten bietet. Bade- und Campingurlaube kann man zum Beispiel nur in der warmen Jahreszeit unternehmen. Da man für Reisen dieser Art relativ viel Zeit einplanen muss, wären verkürzte Sommerferien ungünstig. Ich denke dabei an unsere Fahrten mit dem Wohnmobil quer durch Europa. Letzten Sommer fuhren wir damit bis in den Süden Portugals, im Sommer davor über Schweden und Finnland zum Nordkap. Kürzere Schulferien hätten die Reiseplanung ziemlich erschwert, denn immerhin waren wir fast vier Wochen unterwegs. *(Argument für die These mit vergleichsweise mehr Bedeutung und Veranschaulichung)*

Mögliches Ergebnis (3/3)

In erster Linie zählt für mich, dass der Sommer für die Gesundheit und das Wohlbefinden die wertvollste Ferienzeit darstellt. Anders als im Winter bleibt es lange hell, sodass man viel Zeit draußen im Freien verbringen kann, um Sport zu treiben und die Sonne zu genießen. Eine Verkürzung der Sommerferien würde bedeuten, bei schönstem Sonnenschein in einem stickigen Klassenzimmer zu sitzen. Aus eigener Erfahrung weiß ich, dass Jugendliche im Sommer häufig Schwierigkeiten haben, sich auf die Schule zu konzentrieren. Wenn es heiß ist, die Sonne scheint und das Freibad lockt, ist die Bereitschaft, zu lernen, nicht gerade hoch. An solchen Tagen habe ich den Eindruck, dass auch unsere Lehrer lieber Sommerferien hätten. *(Argument für die These mit der vergleichsweise größten Bedeutung und Veranschaulichung)*

Grundsätzlich muss eine Verlängerung der Weihnachtsferien jedoch nicht zwangsläufig auf Kosten der Sommerferien erfolgen. Denkbar ist schließlich auch eine Verschiebung einiger Herbstferientage in die Monate Dezember oder Januar, um so die Weihnachtsferien auszudehnen. Die damit verbundene Verkürzung der Herbstferien wäre vertretbar, da der Herbst keine Hauptreisezeit für Familien ist. Außerdem haben die meisten Schüler durch den sehr kurzen Abstand zwischen den Sommer- und Herbstferien im September oder Oktober noch keinen so großen Bedarf an Erholung wie rund um den Jahreswechsel. *(Kompromissmöglichkeit)*

Ich persönlich möchte auf keinen Sommerferientag verzichten, da ich in den warmen und hellen Sommermonaten gern im Freien bin und mit meiner Familie längere Reisen unternehme. Die Argumente für eine Verlängerung der Weihnachtsferien halte ich zwar für überzeugend, vor allem in Anbetracht der vielen Vorhaben rund um Weihnachten, aber eine solche Maßnahme sollte nicht auf Kosten der Sommerferien umgesetzt werden. Meiner Ansicht nach wäre es wünschenswert, einige Ferientage im Herbst zu streichen und dadurch die Dauer der Weihnachtsferien zu erhöhen, denn verkürzte Herbstferien ließen sich noch am ehesten verkraften. So blieben die recht langen Sommerferien als wichtigste Ferienzeit erhalten, gleichzeitig würde der Erholungswert der Weihnachtszeit steigen. *(Persönliche Stellungnahme)*

Klassenarbeit (1/2)

Thema:

Textgebundene Erörterung zum Kommentar „Zukunftsfähige Jugend“

Aufgabe:

- Schreibe eine textgebundene Erörterung auf der Grundlage des Kommentars „Zukunftsfähige Jugend“.

Beachte!

- Eine textgebundene Erörterung erfordert eine sehr gründliche Vorarbeit.

Zukunftsfähige Jugend

Kommentar von Lisa Becker*, Frankfurter Allgemeine Zeitung (Online-Ausgabe), 15. November 2015

Egoistisch, internetsüchtig und politisch desinteressiert? Von wegen!
Die Wirtschaft kann sich auf die junge Generation freuen.

Egoisten, Performer, Zombies, Generation Porno – das sind einige der unschönen Begriffe, mit denen die „Jugend von heute“ bisweilen charakterisiert wird. Auch andere Kritik schallt den Jugendlichen entgegen: Sie könnten sich nicht konzentrieren, seien internetsüchtig, unhöflich, materialistisch und politisch desinteressiert. Schüler scherten sich mehr um Kleider als um den Schulstoff, Studenten wollten vor allem Spaß.

Oft schwingt mit, dass es früher besser war. Wer so über die Jugend herzieht, kann sich zum Beispiel im Internet großer Aufmerksamkeit und Zustimmung gewiss sein. Nur ist er weit von dem differenzierten und insgesamt positiven Bild entfernt, das Forscher von der Jugend zeichnen.

Es ist schwer zu erklären, warum manche die Jugend so attackieren und warum das bei anderen auf so fruchtbaren Boden fällt. Man sollte doch meinen, dass die älteren Generationen der jungen Generation grundsätzlich mit viel Wohlwollen begegnen. Ist es die Angst der Älteren, nicht mehr mitzukommen in einer Welt, die sich stark verändert; das Paradebeispiel ist die Digitalisierung? Ist es der Neid auf die, die das Leben noch vor sich haben?

---

* Lisa Becker ist Wirtschaftsredakteurin bei der Frankfurter Allgemeinen Zeitung.

Schmuckelemente © Aquir – Fotolia.com

Klassenarbeit (2/2)

Die Jugend heute tut, was die Jugend früher getan hat: Sie schaut sich an, was die Eltern tun, übernimmt, was sie gut findet, und sie distanziert sich zum Beispiel über den Gebrauch des Smartphones. Da kommen die Eltern nicht mit, da findet man sein Terrain, kann sich abgrenzen, Eigenes entwickeln. Doch sind die Jugendlichen, wie unlängst die Shell-Jugendstudie – eine repräsentative Befragung junger Menschen zwischen 12 und 25 Jahren – gezeigt hat, keineswegs völlig naiv in der Nutzung der neuen Medien. So schätzt der weitaus größte Teil den Umgang der Internetkonzerne mit den eigenen Daten kritisch ein.
Was sich in den vergangenen Jahrzehnten auffallend stark gewandelt hat, ist die Beziehung zu den Eltern. In der Shell-Studie beschreiben stattliche 92 Prozent das Verhältnis zu den Eltern als gut oder bestens. Für drei Viertel ist der elterliche Erziehungsstil vorbildlich. Die Eltern, die das als Kinder anders erlebt haben, können dies manchmal kaum glauben und misstrauen dem Ergebnis. Der Nachwuchs sei so brav, so angepasst, heißt es dann. (...)
Gerne wird auch der Vorwurf erhoben, es wachse eine bequeme Generation heran. Eine Generation, der es vor allem um Sicherheit am Arbeitsplatz gehe und die nichts mehr leisten wolle. Es stimmt, das zeigt auch die Shell-Studie: Die jungen Menschen wünschen sich einen sicheren Arbeitsplatz. Doch wen wundert das in einer Welt, in der viele Erwachsene sorgenvoll über ihren Arbeitsplatz sprechen? Den Jugendlichen ist es auch wichtig, später einmal Beruf und Familie vereinbaren zu können; auch bei diesem in der Gesellschaft seit Jahren heißdiskutierten Thema haben sie offensichtlich gut zugehört.
Auf Arbeitgeber wird noch einiges zukommen. Doch sie können dafür auch viel bekommen, denn die Jungen wollen sich einbringen und sich entfalten; sie suchen – wer könnte das falsch finden – nach einer erfüllenden Tätigkeit. Es wächst also keine faule, sondern eine anspruchsvolle Generation heran, die einiges fordern wird und viel zu bieten hat. Für die Unternehmen, die sich darauf einstellen, ist das eine große Chance; und sie werden im stärker werdenden Wettbewerb um Fachkräfte die Nase vorne haben. Die anderen sollten sich im eigenen Interesse wandeln, zumal eine Generation vor der Tür stehen wird, die mit Druck in der Schule umgehen lernen musste, die pragmatisch ist und die die Welt genau beobachtet und mitgestalten möchte. (...)

Textquelle: FAZ online (15.11.2015): Becker, Lisa: Zukunftsfähige Jugend,
Link: http://www.faz.net/aktuell/wirtschaft/wirtschaftspolitik/kommentar-zukunftsfaehige-jugend-13911215.html

Viel Spaß und viel Erfolg!

Schmuckelemente © Aquir – Fotolia.com

Erwartungshorizont für die Lehrkraft

1) Inhaltliche Leistung

	Kompetenzerwartung: Der Schüler …	**Punkte (max.)**
1.	verfasst eine vollständige und angemessene *Einleitung*: Thema (Merkmale der heutigen Jugend, ihre Zukunftsaussichten) und dessen Bedeutsamkeit, Publikationsdaten, Textsorte (Kommentar), zentrale Aussage der Autorin (optimistische Einschätzung der Zukunftschancen von Jugendlichen).	7
2.	analysiert im *Hauptteil* zunächst die *Argumentationsstruktur* des Kommentars. – Z. B.: Kernthese (Z. 1–2), Erfahrungsargument (Z. 6–8), Autoritätsargument (Z. 11–13), mehrere Faktenargumente (Z. 25–29, 30–33, 39–41).	16
3.	berücksichtigt bei der Analyse im *Hauptteil* auch *sprachliche Auffälligkeiten* und ihre *Wirkung*. – Z. B.: Metaphern, Aufzählungen, Anapher, rhetorische Fragen.	8
4.	*bewertet* im *Hauptteil* die *Stichhaltigkeit* des argumentativen Aufbaus.	16
5.	*bewertet* im *Hauptteil* ausführlich und kritisch die *Position* der Autorin.	16
6.	zieht im *Schlussteil* ein *Fazit* und legt die *persönliche Haltung* zum Thema dar.	7
	Teilsumme Inhalt:	**70**

2) Darstellungsleistung

	Kompetenzerwartung: Der Schüler …	**Punkte (max.)**
1.	formuliert *sachlich*.	5
2.	formuliert *zusammenhängend* durch treffende sprachliche *Verknüpfungen*.	5
3.	verwendet *fachsprachliche Begriffe* korrekt.	4
4.	fügt *Textbelege* und *Zitate* korrekt in die Ausführungen ein.	4
5.	schreibt *grammatisch* korrekt (u. a. Syntax).	6
6.	schreibt *orthografisch* korrekt (Rechtschreibung, Zeichensetzung).*	6
	Teilsumme Inhalt:	**30**

Gesamtpunktzahl = Inhaltliche Leistung + Darstellungsleistung:	**100**

Vorschlag zur Benotung:

Note 1	Note 2	Note 3	Note 4	Note 5	Note 6
89 bis 100 P.	76 bis 88 P.	63 bis 75 P.	50 bis 62 P.	20 bis 49 P.	0 bis 19 P.

* Wenn der Schüler orthografische Regeln häufig nicht beachtet, wird die Note um eine Notenstufe abgesenkt. Drückt sich der Schüler sprachlich sehr sicher aus, wird die Note um eine Stufe angehoben. Für Schüler mit LRS sowie Deutsch als Zweitsprache gelten besondere Regelungen, die ggf. durch die Schulkonferenz festgelegt wurden.

Wissen, worauf es ankommt (1/3)

Aufgabe:

Schätze deinen Leistungsstand zu den einzelnen Anforderungen ein. Kreuze an, wie gut du schon bist.

Der Inhalt deiner textgebundenen Erörterung

1. Schreibe eine **Einleitung**, in der du die **Merkmale der heutigen Jugendlichen und ihre Zukunftsaussichten** als Thema nennst und dessen **Bedeutsamkeit** skizzierst. Nenne außerdem die **Publikationsdaten** sowie die Textsorte **Kommentar**. Verdeutliche als zentrale Aussage der Autorin die **optimistische Einschätzung der Zukunftschancen** von Jugendlichen.
   ▢ *Kann ich schon gut.* ▢ *Klappt überwiegend.* ▢ *Sollte besser werden.*

2. Analysiere im **Hauptteil** zunächst die **Argumentationsstruktur** des Kommentars, z. B.: Kernthese (Z. 1–2), Erfahrungsargument (Z. 6–8), Autoritätsargument (Z. 11–13), mehrere Faktenargumente auf der Grundlage einer Studie (Z. 25–29, 30–33, 39–41).
   ▢ *Kann ich schon gut.* ▢ *Klappt überwiegend.* ▢ *Sollte besser werden.*

3. Berücksichtige bei der Analyse im **Hauptteil** auch **sprachliche Auffälligkeiten** und ihre **Wirkung** – z. B.: mehrere Metaphern, mehrere Aufzählungen, Anapher (Z. 17–20), rhetorische Fragen (Z. 41–42, 48).
   ▢ *Kann ich schon gut.* ▢ *Klappt überwiegend.* ▢ *Sollte besser werden.*

4. **Bewerte** im **Hauptteil** anschließend die **Stichhaltigkeit** des argumentativen Aufbaus.
   ▢ *Kann ich schon gut.* ▢ *Klappt überwiegend.* ▢ *Sollte besser werden.*

5. Setze dich daraufhin im **Hauptteil** ausführlich und kritisch mit der **Position** der Autorin Lisa Becker auseinander.
   ▢ *Kann ich schon gut.* ▢ *Klappt überwiegend.* ▢ *Sollte besser werden.*

6. Ziehe im **Schlussteil** ein **Fazit** und lege deine **persönliche Haltung** zum Thema (Jugend von heute und ihre Zukunftsaussichten) dar.
   ▢ *Kann ich schon gut.* ▢ *Klappt überwiegend.* ▢ *Sollte besser werden.*

Schmuckelemente © Aquir – Fotolia.com

Wissen, worauf es ankommt (2/3)

Aufgabe:

- Schätze deinen Leistungsstand zu den einzelnen Anforderungen ein.
  Kreuze an, wie gut du schon bist.

➡ Die Art, wie du deine textgebundene Erörterung schreibst (Darstellung)

1. Formuliere **sachlich**.
   ☐ *Kann ich schon gut.* ☐ *Klappt überwiegend.* ☐ *Sollte besser werden.*

2. Formuliere **zusammenhängend** durch passende sprachliche **Verknüpfungen**.
   ☐ *Kann ich schon gut.* ☐ *Klappt überwiegend.* ☐ *Sollte besser werden.*

3. Verwende **Fachbegriffe** korrekt.
   ☐ *Kann ich schon gut.* ☐ *Klappt überwiegend.* ☐ *Sollte besser werden.*

4. Füge **Textbelege und Zitate** korrekt in deine Ausführungen ein.
   ☐ *Kann ich schon gut.* ☐ *Klappt überwiegend.* ☐ *Sollte besser werden.*

5. Achte auf die korrekte **Grammatik** (z. B. den richtigen Satzbau).
   ☐ *Kann ich schon gut.* ☐ *Klappt überwiegend.* ☐ *Sollte besser werden.*

6. Achte auf eine korrekte **Rechtschreibung** und **Zeichensetzung**.
   ☐ *Kann ich schon gut.* ☐ *Klappt überwiegend.* ☐ *Sollte besser werden.*

Anregungen zur Vorbereitung und Nachbereitung

- Analysiere die Argumentationsstruktur des vorgegebenen Textes genau.
- Übe, sprachliche Auffälligkeiten zu erkennen und zu analysieren.
- Bewerte die Stichhaltigkeit der Argumentation und lerne, verschiedene Argumenttypen zu erkennen (z. B. Faktenargument, Autoritätsargument, indirektes Argument).
- Versuche, die im Text vorgegebene Position zu stärken oder zu entkräften.
- Verwende Fachbegriffe.
- Schreibe zusammenhängend, sprachlich korrekt und angemessen.

Schmuckelemente © Aquir – Fotolia.com

Wissen, worauf es ankommt (3/3)

Tipps zum Thema

Merkmale einer textgebundenen Erörterung

- Eine textgebundene Erörterung unterscheidet sich von den „freien" Formen der Erörterung und bezieht sich auf einen vorgegebenen **Sachtext** und dessen **Thematik**.
- Sie setzt eine präzise **Analyse der Argumentationsstruktur** des Textes voraus.
- Sie erfordert eine **Bewertung der Argumentation** sowie eine **Stellungnahme**.

Vor dem Schreiben

- **Lies** den vorliegenden Text sorgfältig. **Kläre unbekannte Begriffe**.
- **Markiere** dann die These(n), Argumenttypen, Beispiele und sprachlichen Auffälligkeiten. Nutze dafür verschiedene Farben und halte wichtige Erkenntnisse fest.
- **Überprüfe** die **Stichhaltigkeit der Argumentation** und notiere deine Ideen.

Achte auf einen gelungenen Aufbau

- Gliedere die textgebundene Erörterung in **drei Teile** (Einleitung, Hauptteil und Schluss) und strukturiere den Text durch **Absätze**.
- Einleitung: Benenne das **Thema** sowie dessen aktuelle/gesellschaftliche Bedeutung, die **Publikationsdaten**, die **Textsorte** und die **zentrale Aussage** (Kernthese).
- **Hauptteil – Textanalyse**: Stelle die **Argumentationsstruktur** (These, Argumenttypen, Beispiele) dar und analysiere **sprachliche Auffälligkeiten** (Metaphern, Ironie, Satzbau etc.) und ihre **Wirkung**.
- **Hauptteil – Stellungnahme**: Bewerte die **Stichhaltigkeit** der Argumentation. Setze dich mit der Position des Textes durch **Stärkung** oder **Entkräftung** auseinander. Im Fall einer Entkräftung solltest du **Gegenargumente** formulieren.
- **Schlussteil:** Ziehe ein **Fazit** und lege deine **persönliche Haltung** begründet dar.

Achte auf passende Formulierungen

- Drücke dich **sachlich** aus, formuliere **abwechslungsreich**, vermeide Wiederholungen.
- Formuliere einen zusammenhängenden Text durch sinnvolle **Ein- und Überleitungen**.
  - ➡ Z. B.: Die Autorin vertritt die Ansicht, dass .../Sie begründet ihre Meinung in Zeile .../Dieses Argument erscheint mir wenig überzeugend, denn .../ Insgesamt ist die Argumentation der Autorin sehr angreifbar, da ...
- Verwende **Fachbegriffe** korrekt (z. B. These/Autoritätsargument/Metapher).
- Gib die Meinung der Autorin durch **indirekte Rede** wieder.
- Füge **Textbelege und Zitate** korrekt in deine Ausführungen ein.
  - ➡ Z. B.: Die Autorin entkräftet das Vorurteil, junge Menschen seien „völlig naiv in der Nutzung der neuen Medien" (Z. 27–28).

Schmuckelemente © Aquir – Fotolia.com

Mögliches Ergebnis (1/5)

Das bedeuten die Hervorhebungen im Text:

Rot:	Aspekte der Einleitung
Grün:	Analyse der Argumentationsstruktur mit Bezeichnung der Argumentationsweise
Blau:	Analyse sprachlicher Auffälligkeiten und ihrer Wirkung
Ocker:	kritische Auseinandersetzung mit der Position und der Argumentation der Autorin
Rosa:	Fazit, eigene Stellungnahme und persönliche Haltung zum Thema im Schlussteil

Textgebundene Erörterung zum Kommentar „Zukunftsfähige Jugend"

Einleitung: Thema und Bedeutsamkeit, Textsortenbestimmung, Publikationsdaten und zentrale Textaussage

Über die heutige Jugend existieren etliche negative Vorurteile, die in der Gesellschaft weit verbreitet sind. Vor diesem Hintergrund stellt sich die Frage, was die junge Generation wirklich kennzeichnet. Interessant ist auch ein Blick auf die Zukunftsaussichten der heutigen Jugendlichen und ihre Eignung für das Berufsleben.

In dem Kommentar „Zukunftsfähige Jugend", der am 15. November 2015 in der Online-Ausgabe der „Frankfurter Allgemeinen Zeitung" veröffentlicht wurde, kritisiert die Autorin Lisa Becker die Vorurteile gegenüber heutigen Jugendlichen und schätzt deren Chancen in der Zukunft – vor allem in beruflicher Hinsicht – optimistisch ein.

Hauptteil I: Analyse der Argumentationsstruktur und sprachlicher Auffälligkeiten

In der Überschrift „Zukunftsfähige Jugend" kommen das Thema des Kommentars und die Haltung der Autorin zum Ausdruck. Der kurze Vorspann beginnt mit der elliptischen Frage, ob es berechtigt sei, die junge Generation abwertend als „egoistisch", „internetsüchtig" und „politisch desinteressiert" (Z. 1) zu charakterisieren. Dies verneint Lisa Becker mit einer knappen Ellipse (Z. 1) und positioniert sich somit als Gegnerin der gängigen Vorurteile. Dazu ergänzt sie am Ende des Vorspanns die These, dass sich die Wirtschaft auf die junge Generation freuen könne (Z. 2).

Die Autorin leitet den Haupttext ein, indem sie einige häufig gegenüber der Jugend geäußerte abwertende Begriffe aufzählt (Z. 3). Dabei greift sie die bereits im Vorspann genannten Punkte auf und fügt als weitere Vorurteile mangelnde Konzentration und fehlende Höflichkeit, Konsum- und Spaßorientierung hinzu. Die Verbreitung dieser negativen Sichtweisen belegt die Autorin durch ein Erfahrungsargument: Wer derartige Ansichten im Internet verbreite, könne sich breiter Zustimmung sicher sein (Z. 9–11). Der negativen Sicht auf die heutige Jugend stellt die Autorin eine positive Haltung gegenüber, die sie schon im Vorspann erwähnt.

Mögliches Ergebnis (2/5)

Zur Bestätigung dieser positiven Sicht führt sie ein Autoritätsargument an, das sie metaphorisch formuliert: Ein solches positives Bild werde von Forschern in differenzierter Form gezeichnet (Z. 12–13). Um welche Wissenschaftler und Studien es sich handelt, lässt Lisa Becker allerdings offen.
Im zweiten Absatz beschäftigt sie sich mit den möglichen Ursachen für die verbreiteten Vorurteile gegenüber Jugendlichen sowie mit der großen Akzeptanz dieser negativen Sichtweise, die – wie sie metaphorisch ausdrückt – „auf so fruchtbaren Boden“ fällt (Z. 15). Die Autorin findet keine eindeutige Erklärung für das von ihr festgestellte mangelnde Wohlwollen der älteren Generation gegenüber der jüngeren. Sie deutet jedoch in zwei Fragesätzen, die als Anapher formuliert sind, die Hypothese an, dass die mögliche Angst vor der modernen, digitalisierten Welt sowie Neid gegenüber Jüngeren die Gründe sein könnten (Z. 17–20).
Lisa Becker stellt im dritten Absatz eingangs die These auf, dass sich die heutige Jugend grundsätzlich so verhalte wie die Jugendlichen früher – einerseits durch Orientierung an den Eltern und andererseits durch Distanz zu ihnen (Z. 21–23). Sie veranschaulicht die Distanzierung am Beispiel der Smartphonenutzung und behauptet, die Jugendlichen seien dabei ungestört, zumal sie den Umgang mit dem modernen Medium besser beherrschten als die Elterngeneration (Z. 23–25). Anschließend entkräftet sie das Vorurteil, die jungen Menschen seien „völlig naiv in der Nutzung der neuen Medien“ (Z. 27–28), durch ein Faktenargument: Eine Shell-Jugendstudie bescheinige Jugendlichen mehrheitlich eine kritische Haltung gegenüber Internetkonzernen sowie Sensibilität für Daten (Z. 25–29).
Der nächste Textabschnitt beginnt mit der These, dass sich die Beziehung zwischen den Jugendlichen und ihren Eltern in den letzten Jahrzehnten deutlich gewandelt habe (Z. 30–31). Die Autorin begründet diese Feststellung mit Faktenargumenten auf der Grundlage der bereits erwähnten Shell-Studie: Demnach haben 92 Prozent der Jugendlichen nach eigenen Angaben ein überaus positives Verhältnis zu ihren Eltern, um die 75 Prozent betrachten den Erziehungsstil der Eltern als vorbildlich (Z. 31–33). Lisa Becker bemerkt Staunen und große Skepsis als Reaktion vieler Eltern angesichts oft negativer eigener Erfahrungen. Dieses Unverständnis führe zur Einschätzung, dass die heutige Jugend „brav“ und „angepasst“ sei (Z. 35–36).
Im folgenden Abschnitt greift die Autorin weitere gängige Vorurteile auf, von denen sie sich aber distanziert: Die jungen Leute seien bequem, in beruflicher Hinsicht lediglich um einen sicheren Arbeitsplatz bemüht und ansonsten nicht leistungsorientiert (Z. 37–39). Den hohen Stellenwert von beruflicher Sicherheit belegt sie anhand der Shell-Studie als Tatsache (Z. 39–41) und äußert in einer anschließenden rhetorischen Frage Verständnis für die sicherheitsorientierte Einstellung der Jugendlichen (Z. 41–42). Deren Sichtweise sei – so behauptet Lisa Becker – in diesem Fall ebenso von den Sorgen der Erwachsenen geprägt wie beim Thema Vereinbarkeit von Familie und Beruf (Z. 42–45).

Mögliches Ergebnis (3/5)

Die einleitende These im letzten Textabschnitt enthält ein Wortspiel: Auf die Arbeitgeber werde in Bezug auf die jungen Leute „noch einiges zukommen“, dafür könnten sie „viel bekommen“ (Z. 46–47). Die Autorin begründet ihre optimistische Sicht mit der Erfahrung, dass die Jugend „sich einbringen und sich entfalten“ wolle (Z. 47–48). Zum Aspekt der Suche nach einer erfüllenden Tätigkeit fragt sie rhetorisch, wer das falsch finden könne (Z. 48).
Daraufhin schlussfolgert sie, dass es sich nicht um eine „faule“, sondern vielmehr um eine „anspruchsvolle“ junge Generation handle, die zwar Forderungen stelle, aber auch „viel zu bieten“ habe (Z. 49–50). Lisa Becker stellt anschließend die These auf, dass die heutige Jugend für Unternehmen mit Offenheit für junge Menschen eine „große Chance“ bedeute (Z. 51–52). Solchen Firmen sagt sie metaphorisch voraus, „im stärker werdenden Wettbewerb um Fachkräfte die Nase vorne“ zu haben (Z. 52–53). Sie appelliert an alle anderen Unternehmen, sich „im eigenen Interesse“ zu wandeln (Z. 53–54), und begründet die Aufforderung metaphorisch mit den Stärken der Generation, die „vor der Tür stehen wird“ (Z. 54): Diese sei laut Erfahrung der Autorin durch Druck in der Schule belastbar und zeichne sich durch Pragmatismus, Weltoffenheit und Gestaltungswillen aus (Z. 54–56).
Die im Kommentar enthaltenen sprachlichen Mittel stärken dessen Aussagekraft. Lisa Becker verwendet an mehreren Stellen metaphorische Formulierungen, die einprägsam wirken und die Verständlichkeit erhöhen. Mit den rhetorischen Fragen (Z. 41–42, 48) lenkt sie geschickt die Haltung des Lesers. Auffällig sind in sprachlicher Hinsicht des Weiteren viele Konjunktive, da die Autorin häufig Meinungen über Jugendliche zitiert, die sie selbst nicht vertritt. Stellenweise listet sie die Merkmale, die junge Menschen charakterisieren, in kompakten und für den Leser griffigen Aufzählungen auf.

Hauptteil II: Bewertung der Stichhaltigkeit des argumentativen Aufbaus
Das Kernthema des Kommentars „Zukunftsfähige Jugend“ wird bereits in der Überschrift angedeutet, sodass der Leser auf Anhieb eine Vorstellung vom Inhalt und von der Position der Autorin erhält. Eine zentrale Aussage im Vorspann lautet, die Wirtschaft könne sich „auf die junge Generation freuen“ (Z. 2). An dieser Stelle und auch im letzten Abschnitt sind Unternehmer als vorrangige Adressaten des Textes klar erkennbar.
Die Autorin greift als Ausgangspunkt ihrer Argumentation mehrfach die in der Gesellschaft gängigen Vorurteile über Jugendliche auf (Z. 1, 3–8, 35–39), um sie anschließend zu entkräften. Ihre Position wirkt durch die so entstehenden Kontraste besonders klar. Als Leser vermisst man jedoch konkrete Angaben über die Verbreitung der dargestellten Vorurteile. Als vage Informationsquelle wird an einer Stelle lediglich das „Internet“ (Z. 10) erwähnt.
Zur Entkräftung der aufgezählten Vorurteile über Jugendliche setzt Lisa Becker zunächst ein Autoritätsargument ein, das ebenfalls vage wirkt: Sie beruft sich auf „Forscher“ und das von ihnen gezeichnete positive „Bild“ (Z. 11–13).

Mögliches Ergebnis (4/5)

Im weiteren Verlauf des Textes wird klar, dass sie wahrscheinlich eine nicht konkret datierte Shell-Jugendstudie meint, die sie für mehrere Faktenargumente nutzt (Z. 25–29, 30–33, 39–41). Dieser Argumenttyp wirkt grundsätzlich stichhaltig, jedoch wäre die Einbeziehung weiterer Studien wünschenswert, um die Argumentation auf einer breiteren Quellenbasis zu verankern.

Beckers Versuch, die Ursachen für die Vorurteile gegenüber Jugendlichen zu erklären, ist – erkennbar an den Fragesätzen (Z. 17–20) – bewusst vorsichtig formuliert. Dem Leser wird sofort klar, dass es sich um Vermutungen handelt, die als Denkanstöße dienen. Die genannten Erklärungen – Angst und Neid der Erwachsenen – wirken nachvollziehbar. Ein wenig übertrieben erscheint die Veranschaulichung der Distanzierung Jugendlicher gegenüber ihren Eltern am Beispiel der Smartphonenutzung (Z. 22–23). Dieses Gerät wird von älteren Generationen ebenfalls häufig verwendet und eignet sich daher kaum zur Hervorhebung von Unterschieden. Jugendliche nutzen ihr Smartphone als praktisches Kommunikationsmittel und sehen darin wohl eher selten ein Symbol der Abgrenzung.

Die zusammenfassende Betonung der Stärken der heutigen Jugend im letzten Absatz ist etwas pauschalisierend. Dennoch bildet sie eine sinnvolle argumentative Grundlage für den Appell an die Wirtschaft, das Potenzial der jungen Generation zu nutzen. Vor diesem Hintergrund wirkt auch die Wahl des Titels – „Zukunftsfähige Jugend“ – schlüssig.

Hauptteil III: Auseinandersetzung mit der Position der Autorin

Beckers Optimismus im Hinblick auf die berufliche „Zukunftsfähigkeit“ von Jugendlichen teile ich grundsätzlich. Dabei spielt die Schule eine entscheidende Rolle, indem sie durch ein breites Lernangebot, moderne Unterrichtsmethoden und individuelle Förderung sowohl fachliche als auch persönliche Kompetenzen stärkt. Praktika sowie Angebote der Studien- und Berufsberatung im schulischen Rahmen helfen zusätzlich bei der Zukunftsplanung. Wie die PISA-Studie zeigt, hängen die Erfolgsaussichten allerdings oft von der sozialen Herkunft ab. Dieser Aspekt wirkt sich meiner Meinung nach störend auf das positive Gesamtbild aus.

Die Autorin bemüht sich konsequent um eine Entkräftung von gängigen Vorurteilen über die heutige Jugend und würdigt stattdessen ihr Engagement und ihren Gestaltungswillen. Demnach wird der Leser mit zwei entgegengesetzten Sichtweisen konfrontiert, die sich auf „die“ Jugend beziehen. Obwohl Lisa Becker mehrfach die Shell-Jugendstudie zitiert, um ihre Haltung wissenschaftlich abzusichern, wirkt ihre Betrachtung sehr verallgemeinernd und einseitig. Zur jungen Generation gehören sicherlich auch egoistische, internetsüchtige und politisch desinteressierte Jugendliche, die eher den Vorurteilen entsprechen. Die pauschale Beurteilung dieser Altersgruppe ohne erkennbare Auseinandersetzung mit der Vielfalt der Jugendlichen halte ich für oberflächlich.

Mögliches Ergebnis (5/5)

Auch wenn die Autorin die junge Generation recht grob charakterisiert und zum Beispiel die Existenz vieler verschiedener Lebensstile und Subkulturen vernachlässigt, ist ihr Bild in Bezug auf den „Mainstream" der Jugendlichen nachvollziehbar. Dass dieser im Vergleich zur Jugend in früheren Zeiten nicht von Rebellion gegen die Elterngeneration geprägt ist und stattdessen ein großes Bedürfnis nach beruflicher Sicherheit hat, liegt am Wandel der Gesellschaft und des Arbeitsmarktes: Die Erziehungsstile sind heutzutage in der Regel freier als in der Vergangenheit und bieten wenig Anlass zur „Auflehnung". Gleichzeitig ist eine Vollbeschäftigung bis zur Rente heute nicht mehr selbstverständlich. Den abschließenden Appell der Autorin an die Wirtschaft, sich für die heutige Jugend zu öffnen und ihr Potenzial zu erkennen, unterstütze ich voll. Gerade in Zeiten der „digitalen Revolution" ist es für Unternehmen zum Teil überlebenswichtig, neue Entwicklungen zu erkennen und sich in vielfacher Hinsicht zu modernisieren. Junge Arbeitnehmer sind tendenziell am ehesten dafür offen, den nötigen Wandel in den Betrieben mitzugestalten.

Schlussteil: Fazit und persönliche Haltung zum Thema

Insgesamt teile ich Beckers Würdigung der Jugendlichen sowie die positive Einschätzung ihrer „Zukunftsfähigkeit" für den Arbeitsmarkt, obwohl ich die stark verallgemeinernde Argumentation stellenweise kritisiere. Junge Menschen haben heutzutage grundsätzlich gute Chancen, sich auf die berufliche Zukunft vorzubereiten: Die Schulen vermitteln eine breite Wissensgrundlage und fördern darüber hinaus soziale Kompetenzen, es gibt viele Angebote im Bereich der Studien- und Berufsberatung. Weiterhin sind die allermeisten Jugendlichen offen für technische Innovationen und moderne Medien, die auch im Berufsleben bedeutsam sind.

Allerdings erfordert der Arbeitsmarkt – unter anderem aufgrund der Globalisierung – ein immer höheres Maß an Bildung und Qualifikation. Vor einigen Jahrzehnten konnten junge Leute dagegen noch mit einem niedrigen Schulabschluss eine sichere Arbeit finden. Die tatsächliche Nutzung der Bildungschancen im Hinblick auf die berufliche Zukunft hängt, wie die PISA-Studie belegt, in Deutschland noch leider zu sehr von der sozialen Herkunft ab. Daher ist es eine Aufgabe der Politik, die „Zukunftsfähigkeit" von allen Jugendlichen zu fördern, indem Maßnahmen zur Chancengleichheit geschaffen werden.

Anmerkung:
Im Schlussteil kann auf die Aktualität der Thematik Bezug genommen werden und Wissen aus anderen Schulfächern (z. B. Politik) einfließen.

Kapitel 4: Texte untersuchen, analysieren und interpretieren

Klasse 5

Das Märchen „Rumpelstilzchen" untersuchen

Klasse 6

Einen Sachtext über Astronomie untersuchen

Klasse 7

Die Ballade „Der Knabe im Moor" untersuchen

Klasse 8

Den Kommentar „Schule ist kein Freibad" untersuchen

Klasse 9

Die Glosse „Sie nannten ihn *Smombie*" analysieren

Klasse 10

Die Kurzgeschichte „Der letzte Freundschaftsdienst" analysieren und interpretieren

Klassenarbeit (1/3)

Thema:

Das Märchen „Rumpelstilzchen" untersuchen

Aufgaben:

1. Schreibe die Anfangssituation im Märchen „Rumpelstilzchen" mit eigenen Worten auf.
2. Erläutere, worin die Abmachungen zwischen der Müllerstochter und Rumpelstilzchen bestehen.
3. Der Text enthält einige typische Märchenmerkmale. Schreibe sie stichpunktartig auf.
4. Hast du Mitleid mit Rumpelstilzchen? Begründe deine Meinung.

Beachte!

- Lies das Märchen und die Aufgaben gründlich.
- Schreibe zu den Aufgaben 1, 2 und 4 jeweils einen zusammenhängenden Text.

© namosh – Fotolia.com

Rumpelstilzchen

Brüder Grimm

Es war einmal ein Müller, der war arm, aber er hatte eine schöne Tochter. Nun traf es sich, dass er mit dem König zu sprechen kam, und um sich ein Ansehen zu geben, sagte er zu ihm: „Ich habe eine Tochter, die kann Stroh zu Gold spinnen." Der König sprach zum Müller: „Das ist eine Kunst, die mir wohl gefällt. Wenn deine Tochter so geschickt ist, wie du sagst, so bring sie morgen in mein Schloss, da will ich sie auf die Probe stellen."

Als nun das Mädchen zu ihm gebracht ward, führte er es in eine Kammer, die ganz voll Stroh lag, gab ihr Rad und Haspel und sprach: „Jetzt mache dich an die Arbeit und wenn du diese Nacht durch bis morgen früh dieses Stroh nicht zu Gold versponnen hast, so musst du sterben." Darauf schloss er die Kammer selbst zu und sie blieb allein darin.
Da saß nun die arme Müllerstochter und wusste um ihr Leben keinen Rat; sie verstand gar nichts davon, wie man Stroh zu Gold spinnen konnte, und ihre Angst ward immer größer, dass sie endlich zu weinen anfing. Da ging auf einmal die Türe auf und trat ein kleines Männchen herein und sprach: „Guten Abend, Jungfer Müllerin, warum weint sie so sehr?"

Schmuckelemente © Aquir – Fotolia.com

Klassenarbeit (2/3)

„Ach", antwortete das Mädchen, „ich soll Stroh zu Gold spinnen und verstehe das nicht." Sprach das Männchen: „Was gibst du mir, wenn ich dir's spinne?" „Mein Halsband", sagte das Mädchen. Das Männchen nahm das Halsband, setzte sich vor das Rädchen, und schnurr, schnurr, schnurr, dreimal gezogen, war die Spule voll. Dann steckte es eine andere auf, und schnurr, schnurr, schnurr, dreimal gezogen, war auch die zweite voll, und so ging's fort bis zum Morgen, da war alles Stroh versponnen und alle Spulen waren voll Gold.

Bei Sonnenaufgang kam schon der König und als er das Gold erblickte, erstaunte er und freute sich, aber sein Herz ward nur noch goldgieriger. Er ließ die Müllerstochter in eine andere Kammer voll Stroh bringen, die noch viel größer war, und befahl ihr, das auch in einer Nacht zu spinnen, wenn ihr das Leben lieb wäre. Das Mädchen wusste sich nicht zu helfen und weinte, da ging abermals die Türe auf und das kleine Männchen erschien und sprach: „Was gibst du mir, wenn ich dir das Stroh zu Gold spinne?" „Meinen Ring von dem Finger", antwortete das Mädchen. Das Männchen nahm den Ring, fing wieder an, zu schnurren mit dem Rade, und hatte bis zum Morgen alles Stroh zu glänzendem Gold gesponnen.

Der König freute sich über die Maßen bei dem Anblick, war aber noch immer nicht Goldes satt, sondern ließ die Müllerstochter in eine noch größere Kammer voll Stroh bringen und sprach: „Die musst du noch in dieser Nacht verspinnen: Gelingt dir's aber, so sollst du meine Gemahlin werden." „Wenn's auch eine Müllerstochter ist", dachte er, „eine reichere Frau finde ich in der ganzen Welt nicht." Als das Mädchen allein war, kam das Männlein zum dritten Mal wieder und sprach: „Was gibst du mir, wenn ich dir noch diesmal das Stroh spinne?" „Ich habe nichts mehr, das ich geben könnte", antwortete das Mädchen. „So versprich mir, wenn du Königin wirst, dein erstes Kind." „Wer weiß, wie das noch geht", dachte die Müllerstochter und wusste sich auch in der Not nicht anders zu helfen, sie versprach also dem Männchen, was es verlangte, und das Männchen spann dafür noch einmal das Stroh zu Gold. Und als am Morgen der König kam und alles fand, wie er gewünscht hatte, so hielt er Hochzeit mit ihr und die schöne Müllerstochter ward eine Königin.

Über ein Jahr brachte sie ein schönes Kind zur Welt und dachte gar nicht mehr an das Männchen. Da trat es plötzlich in ihre Kammer und sprach: „Nun gib mir, was du versprochen hast." Die Königin erschrak und bot dem Männchen alle Reichtümer des Königreichs an, wenn es ihr das Kind lassen wollte; aber das Männchen sprach: „Nein, etwas Lebendes ist mir lieber als alle Schätze der Welt." Da fing die Königin so an zu jammern und zu weinen, dass das Männchen Mitleiden mit ihr hatte. „Drei Tage will ich dir Zeit lassen", sprach er, „wenn du bis dahin meinen Namen weißt, so sollst du dein Kind behalten."

Schmuckelemente © Aquir – Fotolia.com

Klassenarbeit (3/3)

Nun besann sich die Königin die ganze Nacht über auf alle Namen, die sie jemals gehört hatte, und schickte einen Boten über Land, der sollte sich erkundigen weit und breit, was es sonst noch für Namen gäbe. Als am andern Tag das Männchen kam, fing sie an mit Kaspar, Melchior, Balzer und sagte alle Namen, die sie wusste, nach der Reihe her, aber bei jedem sprach das Männlein: „So heiß ich nicht." Den zweiten Tag ließ sie in der Nachbarschaft herumfragen, wie die Leute da genannt würden, und sagte dem Männlein die ungewöhnlichsten und seltsamsten Namen vor: „Heißt du vielleicht Rippenbiest oder Hammelswade oder Schnürbein?" Aber es antwortete immer: „So heiß ich nicht." Den dritten Tag kam der Bote wieder zurück und erzählte: „Neue Namen habe ich keinen einzigen finden können, aber wie ich an einen hohen Berg um die Waldecke kam, wo Fuchs und Has sich gute Nacht sagen, so sah ich ein kleines Haus und vor dem Haus brannte ein Feuer und um das Feuer sprang ein gar zu lächerliches Männchen, hüpfte auf einem Bein und schrie:

„Heute back ich, morgen brau ich,
Übermorgen hol' ich der Königin ihr Kind;
Ach, wie gut ist, dass niemand weiß,
Dass ich Rumpelstilzchen heiß!"

Da könnt ihr denken, wie die Königin froh war, als sie den Namen hörte, und als bald hernach das Männlein hereintrat und fragte: „Nun, Frau Königin, wie heiß ich?", fragte sie erst: „Heißest du Kunz?" „Nein." „Heißest du Heinz?" „Nein." „Heißest du etwa Rumpelstilzchen?" „Das hat dir der Teufel gesagt, das hat dir der Teufel gesagt", schrie das Männlein und stieß mit dem rechten Fuß vor Zorn so tief in die Erde, dass es bis an den Leib hineinfuhr, dann packte es in seiner Wut den linken Fuß mit beiden Händen und riss sich selbst mitten entzwei.

Textquelle: Grimm, Jacob und Wilhelm: Rumpelstilzchen,
in: Kinder- und Hausmärchen, gesammelt durch die Brüder Grimm, erster Teil,
Frankfurt a. M.: Insel-Verlag, 1974, S. 318–321

Viel Spaß und viel Erfolg!

Schmuckelemente © Aquir – Fotolia.com

Erwartungshorizont für die Lehrkraft

1) Inhaltliche Leistung

	Kompetenzerwartung: Der Schüler …	**Punkte (max.)**
zu 1.	stellt die *Anfangssituation* zusammenhängend dar: Prahlerei des Müllers, Probe des Königs für die Müllerstochter (Stroh zu Gold), Tod im Fall des Scheiterns.	15
zu 2.	erläutert den *Inhalt der Abmachungen* zwischen Rumpelstilzchen und der Tochter des Müllers, die später zur Königin wird: Stroh zu Gold ↔ Halsband; Stroh zu Gold ↔ Ring; Stroh zu Gold ↔ Abgabe des erstgeborenen Kindes nach dessen Geburt; drei Tage Aufschub und Verzicht auf das Kind ↔ Nennen des richtigen Namens.	20
zu 3.	nennt *typische Märchenmerkmale* im Text: Anfangssatz; Zeit und Ort: unbestimmt; Schloss; Figuren; Prüfung; Zauber; magische Zahl 3; glückliches Ende; Präteritum.	20
zu 4.	*beantwortet* die Frage (Mitleid?) *eindeutig* und mit Textinformationen *begründet*.	15
	Teilsumme Inhalt:	**70**

2) Darstellungsleistung (aufgabenübergreifend)

	Kompetenzerwartung: Der Schüler …	**Punkte (max.)**
1.	schreibt in der Zeitform *Präsens.*	2
2.	formuliert *treffend* und *nachvollziehbar.*	7
3.	formuliert *sachlich.*	7
4.	schreibt *grammatisch* korrekt (u. a. Syntax).	7
5.	schreibt *orthografisch* korrekt (Rechtschreibung, Zeichensetzung).*	7
	Teilsumme Inhalt:	**30**

Gesamtpunktzahl = Inhaltliche Leistung + Darstellungsleistung:	**100**

Vorschlag zur Benotung:

Note 1	Note 2	Note 3	Note 4	Note 5	Note 6
89 bis 100 P.	76 bis 88 P.	63 bis 75 P.	50 bis 62 P.	20 bis 49 P.	0 bis 19 P.

* Wenn der Schüler orthografische Regeln, die in Klasse 5 als bekannt vorausgesetzt werden, häufig nicht beachtet, wird die Note um eine Notenstufe abgesenkt. Drückt sich der Schüler sprachlich sehr sicher aus, wird die Note um eine Stufe angehoben. Für Schüler mit LRS sowie Deutsch als Zweitsprache gelten besondere Regelungen, die ggf. durch die Schulkonferenz festgelegt wurden.

Wissen, worauf es ankommt (1/3)

Aufgabe:

Schätze deinen Leistungsstand zu den einzelnen Anforderungen ein.
Kreuze an, wie gut du schon bist.

➡ Der Inhalt deiner Arbeitsergebnisse zu den Aufgaben

Aufgabe 1: Stelle die **Anfangssituation** zusammenhängend dar, indem du auf die **Prahlerei** des Müllers vor dem König eingehst sowie die daraus folgende **Probe** für die Müllerstochter. Erwähne auch die **Lebensgefahr**, in die sie dadurch gerät.

☐ *Kann ich schon gut.* ☐ *Klappt überwiegend.* ☐ *Sollte besser werden.*

Aufgabe 2: Zeige auf, was Rumpelstilzchen und die Müllerstochter bei ihren **Abmachungen** jeweils leisten müssen:

Rumpelstilzchen spinnt für die Müllerstochter **3-mal Stroh zu Gold**. Die Müllerstochter überlässt Rumpelstilzchen dafür erst ein **Halsband** und dann einen **Ring**; beim dritten Mal verspricht sie ihm ihr **Kind**.

Rumpelstilzchen gewährt der zur Königin gewordenen Müllerstochter **drei Tage Aufschub** für die Abgabe ihres Kindes. Es verspricht, auf seine Forderung ganz zu verzichten, wenn sie seinen **Namen herausfindet**. Die Königin **behält das Kind**, wenn sie seinen Namen herausgefunden hat.

☐ *Kann ich schon gut.* ☐ *Klappt überwiegend.* ☐ *Sollte besser werden.*

Aufgabe 3: Nenne folgende Merkmale, die **typisch für Märchen** sind: typischer Anfangssatz; Zeit und Ort sind unbestimmt; ein Schloss als Ort; Menschen (König, Müller, Müllerstochter) und ein Fantasiewesen als Figuren; Prüfung; Zauberhilfe; magische Zahl 3; glückliches Ende; Präteritum (Vergangenheit).

☐ *Kann ich schon gut.* ☐ *Klappt überwiegend.* ☐ *Sollte besser werden.*

Aufgabe 4: Beantworte die Frage (Mitleid mit Rumpelstilzchen) **eindeutig** und **begründe** deine Meinung anhand von **Textinformationen** über Rumpelstilzchens Verhalten.

☐ *Kann ich schon gut.* ☐ *Klappt überwiegend.* ☐ *Sollte besser werden.*

Schmuckelemente © Aquir – Fotolia.com

Wissen, worauf es ankommt (2/3)

Aufgabe:

- Schätze deinen Leistungsstand zu den einzelnen Anforderungen ein. Kreuze an, wie gut du schon bist.

➡ Die Art, wie du deine Arbeitsergebnisse formulierst (Darstellung)

1. Schreibe in der Zeitform **Präsens (Gegenwart)**.
   ☐ *Kann ich schon gut.* ☐ *Klappt überwiegend.* ☐ *Sollte besser werden.*
2. Formuliere **passend** und **nachvollziehbar**.
   ☐ *Kann ich schon gut.* ☐ *Klappt überwiegend.* ☐ *Sollte besser werden.*
3. Formuliere **sachlich**.
   ☐ *Kann ich schon gut.* ☐ *Klappt überwiegend.* ☐ *Sollte besser werden.*
4. Achte auf die korrekte **Grammatik** (z. B. den richtigen Satzbau).
   ☐ *Kann ich schon gut.* ☐ *Klappt überwiegend.* ☐ *Sollte besser werden.*
5. Achte auf eine korrekte **Rechtschreibung** und **Zeichensetzung**.
   ☐ *Kann ich schon gut.* ☐ *Klappt überwiegend.* ☐ *Sollte besser werden.*

Anregungen zur Vorbereitung und Nachbereitung

- Achte auf die typischen Märchenmerkmale.
- Übe, diese in einem Märchentext zu erkennen und nachzuweisen.
- Bearbeite die Aufgaben zur Untersuchung von Märchen sorgfältig.
- Schreibe sprachlich korrekt und angemessen.

Schmuckelemente © Aquir – Fotolia.com

Wissen, worauf es ankommt (3/3)

Tipps zum Thema

Die typischen Merkmale eines Märchens

- Ein Märchen ist eine **Erzählung**, die in einer unwirklichen oder wunderbaren Welt angesiedelt ist.
- In einem Märchen geht es um die **Bewältigung einer schwierigen Aufgabe**.
- Typische **Märchenfiguren** sind einerseits **Menschen** (häufig Prinzessinnen, Prinzen und Könige), andererseits **Fantasiewesen** (z. B. Hexen, Zwerge, Zauberer).
- Diese Figuren sind entweder **gut** oder **böse**; am Ende sind die Guten die **Sieger** und die Bösen die **Verlierer**.
- Märchen haben einen typischen **Erzählaufbau: Anfangssituation** (Ungerechtigkeit, Notlage, Problem) ➡ **Märchenhandlung** (Bestehen einer Prüfung, Lösung eines Rätsels mit Hindernissen) ➡ **Glückliches Ende** (Belohnung des Guten/Bestrafung des Bösen)
- Typische **Handlungsorte** sind z. B. ein Schloss oder ein Wald, allerdings gibt es **keine genauen Ortsangaben**. Ebenso gibt es **keine genauen Zeitangaben**.
- Es gibt **typische Formulierungen** am Anfang („Es war einmal …") und am Ende („Und wenn sie nicht gestorben sind, …").
- Die **magischen Zahlen** 3 und 7 sind oft von großer Bedeutung.
- Magie und Zauberei spielen eine große Rolle. Oft kommen **magische Gegenstände** oder **Zaubersprüche** vor.
- Märchen werden im **Präteritum (Vergangenheit)** erzählt.

Nimm dir Zeit, um das Märchen zu verstehen

- **Lies** das Märchen mehrmals sorgfältig. (Denn an die „altmodische" Märchensprache musst du dich zunächst gewöhnen.)
- **Kläre Begriffe**, die du noch nicht kennst.
- Schreibe die **Namen** der Märchenfiguren auf und ordne ihnen **Eigenschaften** zu.
  ➡ Z. B.: gut (oder böse), mutig (oder feige), fleißig (oder faul) …
- Beantworte stichpunktartig folgende **Fragen**: 1. Welches Problem besteht zu Beginn? – 2. Wodurch wird das Problem bewältigt? – 3. Was passiert am Ende mit den Figuren?
- Notiere **Besonderheiten**, wie magische Zahlen, Gegenstände oder wichtige Sprüche.

Achte auf passende Formulierungen

- Schreibe in der Zeitform **Präsens (Gegenwart)**.
- Benutze **passende Formulierungen** mit einem **klaren Bezug zur Aufgabenstellung**.
- Bleibe **sachlich**. Vermeide die Verwendung von Umgangssprache.
- Formuliere **kurze und klare Sätze**.

Schmuckelemente © Aquir – Fotolia.com

Mögliches Ergebnis (1/2)

Das bedeuten die Hervorhebungen im Text:

Rot:	Darstellung der Anfangssituation
Grün:	Auflistung der Abmachungen zwischen Müllerstochter und Rumpelstilzchen
Blau:	Nennung typischer Märchenmerkmale
Ocker:	Eindeutige Beantwortung der Frage und Begründung anhand von Textbelegen

1. Das Grimm-Märchen „Rumpelstilzchen" beginnt mit der Prahlerei eines Müllers. Dieser sagt zu einem König, seine Tochter könne Stroh zu Gold spinnen. Daraufhin stellt der König das Mädchen auf die Probe. Er lässt sie in sein Schloss bringen, wo sie im Laufe einer Nacht eine Kammer voll Stroh zu Gold spinnen muss. Der König droht, die Müllerstochter umzubringen, falls sie die Aufgabe nicht bewältigen sollte. Daher ist ihr Leben in Gefahr.

2. Rumpelstilzchen hilft der Müllerstochter dreimal in einer ausweglosen Situation, indem er ihre Aufgabe, für den König aus Stroh Gold zu spinnen, erledigt. Beim ersten Mal gibt die Müllerstochter ihm ihr Halsband als Gegenleistung, beim zweiten Mal ihren Ring. Da sie danach keine Sachen mehr zu verschenken hat, verlangt Rumpelstilzchen beim dritten Mal, dass sie ihm nach ihrer Ernennung zur Königin ihr erstgeborenes Kind überlässt. In ihrer Not verspricht die Müllerstochter dies. Als Rumpelstilzchen über ein Jahr später die Übergabe des Kindes fordert, handelt die ehemalige Müllerstochter drei Tage Aufschub aus. Unter der Bedingung, dass sie Rumpelstilzchens Namen errät, soll sie ihr Kind behalten dürfen.

3. Beginn: „Es war einmal ..." • Zeit und Ort: unbestimmt • Handlungsort: Schloss • Figuren: armer Müller, schöne Tochter, König, zwergenhaftes Männlein • Prüfung, die zu bestehen ist: Stroh zu Gold spinnen • Magischer Helfer: Rumpelstilzchen • Zauber: Stroh wird Gold • Magische Zahl 3: „3-mal gezogen", „kam das Männlein zum dritten Mal wieder", drei Tage Zeit zum Herausfinden des Namens, Nennung des Namens Rumpelstilzchen an dritter Stelle (nach Kunz und Heinz) • Glückliches Ende: Königin darf ihr Kind behalten, „Sieg" der (guten) Königin und Tod des (bösen) Rumpelstilzchens • Zeitform: Präteritum

© namosh – Fotolia.com

Mögliches Ergebnis (2/2)

4. Es ergeben sich Argumente für beide Antworten (Ja und Nein) auf die Frage:
Ja: Rumpelstilzchen erfüllt seine Vertragspflicht und rettet das Leben der Müllerstochter; nun fordert er lediglich die vereinbarte Gegenleistung ein. Außerdem ist er kein ganz übles Wesen, da er der Königin aus Mitleid (!) noch eine letzte Chance gewährt, ihr Kind zu behalten. Daher wirkt sein Ende unverhältnismäßig hart.
➡ Mitleid ist angebracht.

Nein: Ungeachtet der schlimmen Lage der Müllerstochter leistet Rumpelstilzchen nur für Gegenleistungen Hilfe und handelt daher habgierig. Dass er das Kind (!) der Königin als Belohnung fordert, erscheint dabei besonders herzlos. ➡ Deshalb ist Mitleid nicht angebracht.

Klassenarbeit (1/2)

Thema:

Einen Sachtext über Astronomie untersuchen

Aufgaben:

1. Woran erkennst du, dass hier ein Sachtext vorliegt? Schreibe die Begründung auf.
2. Stelle dir vor, du fliegst mit einer Spezialrakete von der Sonne bis in den äußeren Bereich unseres Sonnensystems. Schreibe die im Text genannten Himmelskörper, die du unterwegs sehen kannst, in der richtigen Reihenfolge auf.
3. „Die Planeten in unserem Sonnensystem lassen sich hinsichtlich der Entfernung zur Sonne sowie ihrer Größe und Beschaffenheit in Gruppen einteilen." – Überprüfe diese Aussage mithilfe des Textes und notiere deine Feststellungen.
4. Erläutere mit eigenen Worten, wie sich die wissenschaftliche Betrachtung des Pluto gewandelt hat.

Beachte!

- Lies den Text und die Aufgaben gründlich.
- Schreibe deine Ergebnisse zu den Aufgaben 1, 3 und 4 jeweils in ganzen Sätzen.

Das Sonnensystem und seine Planeten

Das Sonnensystem besteht aus der Sonne und allen kleineren Gestirnen, die sie umkreisen. Abgesehen von der Sonne, sind die acht größeren Planeten die größten Mitglieder des Sonnensystems.

Die nächsten Nachbarn der Sonne sind vier recht kleine Steinplaneten: Merkur, Venus, Erde und Mars.

Hinter dem Mars befindet sich der Asteroidengürtel – eine Region, die Millionen von Felskörpern beherbergt. Dabei handelt es sich um Gebilde, die bei der Entstehung der Planeten vor 4,5 Milliarden Jahren übrig geblieben sind.

Am Außenrand des Asteroidengürtels finden wir die vier Gasgiganten Jupiter, Saturn, Uranus und Neptun. Diese Planeten sind zwar wesentlich größer als die Erde, aber für ihre Größe sehr leicht. Sie bestehen größtenteils aus Wasserstoff und Helium.

Bis vor Kurzem war die Eiswelt namens Pluto der am weitesten entfernte, uns bekannte Planet. Doch Pluto ist ein Zwerg gegenüber dem Mond unserer Erde und einige Himmelsforscher sind der Meinung, er sei sogar zu klein, um als wirklicher Planet bezeichnet werden zu können.

Schmuckelemente © Aquir – Fotolia.com

Klassenarbeit (2/2)

2005 wurde in sehr großer Entfernung zur Sonne ein Objekt entdeckt, das mindestens so groß ist wie Pluto und den Namen Eris erhielt. In den letzten Jahren hat man mehr als 1000 Eiswelten wie Eris jenseits des Pluto entdeckt. Diese werden Kuipergürtelobjekte genannt. Die Internationale Astronomische Union entschied im Jahr 2006, dass Pluto und Eris als „Zwergplaneten" bezeichnet werden müssen.
Noch weiter entfernt finden wir die Kometen der Oortwolke. Ihre Entfernung macht sie sogar für die größten Teleskope unsichtbar. Hin und wieder wird einer dieser Kometen abgelenkt und stürzt auf die Sonne zu. Dadurch wird er im Nachthimmel sichtbar.

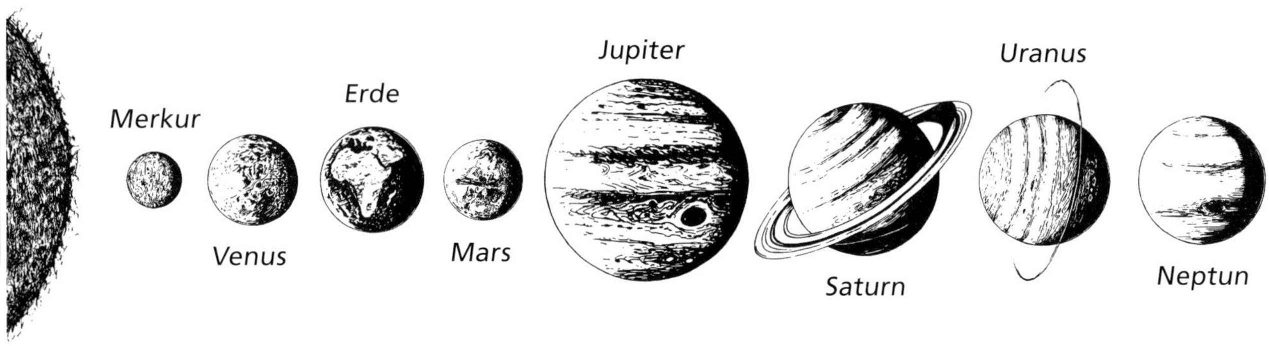

© vladayoung – Fotolia.com

Textquelle: ESA Kids (Kinderseite der European Space Agency):
Das Sonnensystem und seine Planeten,
Link: https://www.esa.int/esaKIDSde/SEMUX0NZCIE_OurUniverse_0.html

Wörterlexikon

Astronomie | wissenschaftliche Stern- und Himmelskunde
Zeile 6: **Asteroid** | kleiner Himmelskörper
Zeile 13: **Wasserstoff und Helium** | Gase
Zeile 24: **Komet** | Himmelskörper mit Schweif
Zeile 25: **Teleskop** | Fernrohr zur Betrachtung von Himmelskörpern

Viel Spaß und viel Erfolg!

Schmuckelemente © Aquir – Fotolia.com

Erwartungshorizont für die Lehrkraft

1) Inhaltliche Leistung

	Kompetenzerwartung: Der Schüler …	**Punkte (max.)**
zu 1.	nennt die erkennbaren *Merkmale eines Sachtextes*: Behandlung eines bestimmten Sachverhalts (Sonnensystem und Planeten); Information durch Fakten; sachliche Sprache und Verwendung von Fachbegriffen.	15
zu 2.	notiert die *Himmelskörper* in der *richtigen Reihenfolge*: Merkur, Venus, Erde, Mars, Asteroiden im Asteroidengürtel, Jupiter, Saturn, Uranus, Neptun, Pluto, Eris, Kuipergürtelobjekte, Kometen der Oortwolke.	15
zu 3.	stellt fest, dass die *Aussage zutrifft*, und belegt dies durch die im Text genannte *Planeteneinteilung*: Steinplaneten, Asteroiden, Gasplaneten, Zwergplaneten, Kuipergürtelobjekte, Oortwolke.	23
zu 4.	erläutert den *Wandel* bei der wissenschaftlichen Betrachtung des *Pluto*: Verlust der umstrittenen Stellung als Planet; Durchsetzung des Begriffs „Zwergplanet“.	17
	Teilsumme Inhalt:	**70**

2) Darstellungsleistung (aufgabenübergreifend)

	Kompetenzerwartung: Der Schüler …	**Punkte (max.)**
1.	formuliert *treffend* und *klar*.	8
2.	formuliert *sachlich*.	5
3.	verwendet *astronomische Fachbegriffe* im passenden Zusammenhang.	5
4.	schreibt *grammatisch* korrekt (u. a. Syntax).	6
5.	schreibt *orthografisch* korrekt (Rechtschreibung, Zeichensetzung).*	6
	Teilsumme Inhalt:	**30**

Gesamtpunktzahl = Inhaltliche Leistung + Darstellungsleistung:	**100**

Vorschlag zur Benotung:

Note 1	Note 2	Note 3	Note 4	Note 5	Note 6
89 bis 100 P.	76 bis 88 P.	63 bis 75 P.	50 bis 62 P.	20 bis 49 P.	0 bis 19 P.

* Wenn der Schüler orthografische Regeln, die in Klasse 6 als bekannt vorausgesetzt werden, häufig nicht beachtet, wird die Note um eine Notenstufe abgesenkt. Drückt sich der Schüler sprachlich sehr sicher aus, wird die Note um eine Stufe angehoben. Für Schüler mit LRS sowie Deutsch als Zweitsprache gelten besondere Regelungen, die ggf. durch die Schulkonferenz festgelegt wurden.

Wissen, worauf es ankommt (1/2)

Aufgabe:

Schätze deinen Leistungsstand zu den einzelnen Anforderungen ein.
Kreuze an, wie gut du schon bist.

➡ Der Inhalt deiner Arbeitsergebnisse zu den Aufgaben

Aufgabe 1: Belege das **Vorliegen eines Sachtextes**: Behandlung eines Sachverhalts; Information durch die Vermittlung von Fakten; sachliche Sprache; Fachbegriffe.

☐ *Kann ich schon gut.* ☐ *Klappt überwiegend.* ☐ *Sollte besser werden.*

Aufgabe 2: Notiere die **Himmelskörper in der richtigen Reihenfolge**: Merkur, Venus, Erde, Mars, Asteroiden, Jupiter, Saturn, Uranus, Neptun, Pluto, Eris, Kuipergürtel, Oortwolke.

☐ *Kann ich schon gut.* ☐ *Klappt überwiegend.* ☐ *Sollte besser werden.*

Aufgabe 3: Belege, dass die Aussage zutrifft, indem du die **Planetengruppen** nennst: Steinplaneten, Asteroiden, Gasplaneten, Zwergplaneten, Kuipergürtelobjekte, Oortwolke.

☐ *Kann ich schon gut.* ☐ *Klappt überwiegend.* ☐ *Sollte besser werden.*

Aufgabe 4: Erläutere den **Wandel** bei der wissenschaftlichen Betrachtung des **Pluto**: Verlust der umstrittenen Stellung als Planet; Durchsetzung der Bezeichnung „Zwergplanet".

☐ *Kann ich schon gut.* ☐ *Klappt überwiegend.* ☐ *Sollte besser werden.*

➡ Die Art, wie du die Arbeitsergebnisse formulierst (Darstellung)

1. Formuliere **treffend** und **klar**.
   ☐ *Kann ich schon gut.* ☐ *Klappt überwiegend.* ☐ *Sollte besser werden.*
2. Formuliere **sachlich**.
   ☐ *Kann ich schon gut.* ☐ *Klappt überwiegend.* ☐ *Sollte besser werden.*
3. Verwende **astronomische Fachbegriffe** im passenden Zusammenhang.
   ☐ *Kann ich schon gut.* ☐ *Klappt überwiegend.* ☐ *Sollte besser werden.*
4. Achte auf die korrekte **Grammatik** (z. B. den richtigen Satzbau).
   ☐ *Kann ich schon gut.* ☐ *Klappt überwiegend.* ☐ *Sollte besser werden.*
5. Achte auf eine korrekte **Rechtschreibung** und **Zeichensetzung**.
   ☐ *Kann ich schon gut.* ☐ *Klappt überwiegend.* ☐ *Sollte besser werden.*

Schmuckelemente © Aquir – Fotolia.com

Wissen, worauf es ankommt (2/2)

Anregungen zur Vorbereitung und Nachbereitung

- Übe, die Merkmale eines Sachtextes zu erkennen und nachzuweisen.
- Trainiere, einen Sachtext gründlich zu erschließen.
- Bearbeite die Aufgaben zur Untersuchung von Sachtexten sorgfältig.
- Schreibe sprachlich korrekt und angemessen.

Tipps zum Thema

Merkmale eines Sachtextes

- Ein Sachtext behandelt stets einen bestimmten **Sachverhalt**. Er ist z. B. in einem Zeitungsartikel oder in einem Fachbuch zu finden.
- Er soll nicht unterhalten, sondern in erster Linie **informieren**.
- Er vermittelt **Fakten** (nachweisbare Tatsachen) bzw. **Informationen** zum Thema.
- Ein Sachtext enthält häufig **Fachbegriffe**.

Nimm dir Zeit, um den vorliegenden Sachtext zu verstehen

- **Lies** den Sachtext mehrmals sorgfältig.
- **Kläre Begriffe**, die du noch nicht kennst.
- Markiere **Schlüsselwörter**, die für den Text oder einen bestimmten Abschnitt besonders bedeutsam sind.
  - ➡ Z. B.: Die nächsten Nachbarn der Sonne sind vier recht kleine **Steinplaneten**: Merkur, Venus, Erde und Mars.
- **Untersuche** den Sachtext **gezielt** im Hinblick auf die **Aufgabenstellung(en)** und halte die Ergebnisse z. B. in Form von **Randnotizen** fest.

Achte auf passende Formulierungen

- Benutze **treffende Formulierungen** mit einem **klaren Bezug zur Aufgabenstellung**. Vermeide unnötige Abschweifungen.
- Bleibe **sachlich** und vermeide die Verwendung von Umgangssprache.
- Verwende passende **Fachbegriffe** im korrekten **Zusammenhang**.
- Formuliere **kurze und klare Sätze**.

Schmuckelemente © Aquir – Fotolia.com

Mögliches Ergebnis

Das bedeuten die Hervorhebungen im Text:

Rot:	Belege für das Vorliegen eines Sachtextes
Grün:	Benennung der Himmelskörper in der richtigen Reihenfolge
Blau:	Nennung der Planeteneinteilung
Ocker:	Erläuterung des Wandels bei der Betrachtung des Pluto

1. Der vorliegende Text zählt zur Sorte der Sachtexte, weil er einen bestimmten Sachverhalt behandelt: Es geht thematisch um unser Sonnensystem und dessen Planeten, wie bereits der Titel zeigt. Der Text hat die Funktion, junge Leser auf der Internetseite ESA Kids über dieses astronomische Thema zu informieren. Er vermittelt viele Fakten, zum Beispiel über die Größe und das Material der Planeten sowie über den Stand der astronomischen Forschung im Hinblick auf sogenannte „Zwergplaneten". Die verwendete Sprache ist sachlich. Außerdem werden Fachbegriffe aus dem Bereich der Astronomie verwendet, wie z. B. „Steinplaneten" (Z. 4) und „Asteroidengürtel" (Z. 6).

2. (Sonne ➡) Merkur ➡ Venus ➡ Erde ➡ Mars ➡ Asteroidengürtel (Millionen Felskörper) ➡ Jupiter ➡ Saturn ➡ Uranus ➡ Neptun ➡ Pluto ➡ Eris ➡ Kuipergürtelobjekte (mehr als 1000 Eiswelten) ➡ Oortwolke (Kometen)

3. Die Aussage trifft zu. – Zur ersten Planetengruppe zählen Merkur, Venus, Erde und Mars: Diese nah an der Sonne gelegenen Himmelskörper sind recht klein und bestehen aus Stein, weshalb sie als Steinplaneten bezeichnet werden (Z. 4–5). In weiterer Entfernung folgen der aus Millionen von Felskörpern bestehende Asteroidengürtel (Z. 6–9) sowie die Gruppe der großen – aber leichten – Gasplaneten Jupiter, Saturn, Uranus und Neptun (Z. 10–13). Dahinter befinden sich die sehr kleinen Zwergplaneten Pluto und Eris, die ebenso wie die mehr als 1000 Kuipergürtelobjekte in noch größerer Entfernung als Eiswelten beschrieben werden (Z. 14–23). Die letzte Gruppe bilden die Kometen der Oortwolke mit dem größten Abstand zur Sonne (Z. 24–25).

4. Pluto galt bis vor Kurzem als letzter bekannter Planet am Außenrand des Sonnensystems (Z. 14–15). Aufgrund der geringen Größe ist seine Stellung als Planet jedoch bei den Himmelsforschern umstritten (Z. 15–17). Nach der Entdeckung der Eiswelt Eris führte die Internationale Astronomische Union im Jahr 2006 die Bezeichnung Zwergplanet für Pluto und Eris ein (Z. 21–23).

Klassenarbeit (1/3)

Thema:

Die Ballade „Der Knabe im Moor" untersuchen

Aufgaben:

1. Worum geht es in der Ballade? Fasse die Handlung kurz zusammen.
2. „Der Knabe im Moor" ist eine „naturmagische" Ballade. Erkläre diesen Satz.
3. Erarbeite den Zusammenhang zwischen den gespenstischen Figuren und den Eindrücken des Knaben von der Moorlandschaft.
4. Notiere drei sprachliche Auffälligkeiten (mit Angabe der Strophe und des Verses) und beschreibe jeweils ihre Wirkung.
5. Beschreibe den Aufbau der Ballade (Strophen, Verse, Reimschema, Versmaß).

Beachte!

- Lies die Ballade und die Aufgaben gründlich.
- Verwende beim Formulieren der Arbeitsergebnisse die Zeitform Präsens.

Der Knabe im Moor

Annette von Droste-Hülshoff (1797–1848)

O schaurig ist's übers Moor zu gehn,
Wenn es wimmelt vom Heiderauche,
Sich wie Phantome die Dünste drehn
Und die Ranke häkelt am Strauche,
Unter jedem Tritte ein Quellchen springt,
Wenn aus der Spalte es zischt und singt,
O schaurig ist's übers Moor zu gehn,
Wenn das Röhricht knistert im Hauche!

Fest hält die Fibel das zitternde Kind
Und rennt als ob man es jage;
Hohl über die Fläche sauset der Wind –
Was raschelt drüben am Hage?
Das ist der gespenstige Gräberknecht,
Der dem Meister die besten Torfe verzecht;
Hu, hu, es bricht wie ein irres Rind!
Hinducket das Knäblein zage.

Schmuckelemente © Aquir – Fotolia.com

Klassenarbeit (2/3)

Vom Ufer starret Gestumpf hervor,
Unheimlich nicket die Föhre,
Der Knabe rennt, gespannt das Ohr,
Durch Riesenhalme wie Speere;
Und wie es rieselt und knittert darin!
Das ist die unselige Spinnerin,
Das ist die gebannte Spinnlenor',
Die den Haspel dreht im Geröhre!

Voran, voran, nur immer im Lauf,
Voran als woll' es ihn holen;
Vor seinem Fuße brodelt es auf,
Es pfeift ihm unter den Sohlen
Wie eine gespenstige Melodei;
Das ist der Geigemann ungetreu
Das ist der diebische Fiedler Knauf,
Der den Hochzeitheller gestohlen!

Da birst das Moor, ein Seufzer geht
Hervor aus der klaffenden Höhle;
Weh, weh, da ruft die verdammte Margret:
„Ho, ho, meine arme Seele!"
Der Knabe springt wie ein wundes Reh,
Wär' nicht Schutzengel in seiner Näh',
Seine bleichenden Knöchelchen fände spät
Ein Gräber im Moorgeschwele.

Da mählich gründet der Boden sich,
Und drüben, neben der Weide,
Die Lampe flimmert so heimatlich,
Der Knabe steht an der Scheide.
Tief atmet er auf, zum Moor zurück
Noch immer wirft er den scheuen Blick:
Ja, im Geröhre war's fürchterlich,
O, schaurig war's in der Heide!

© gensou2 – Fotolia.com

Textquelle: Droste-Hülshoff, Annette von: Der Knabe im Moor, in: Sämtliche Werke, Bd. 1, Weydt, Günther; Woesler, Winfried (Hrsg.) München: Winkler, 1973, S. 60–61

Schmuckelemente © Aquir – Fotolia.com

Klassenarbeit (3/3)

Wörterlexikon

Überschrift: **Knabe** | Junge

1. Strophe:
Phantome | Trugbilder, Gespenster
häkelt | emporwindet
Röhricht | dichtes Schilf
im Hauche | im Wind

2. Strophe:
Hag(e) | Hecke
zage | angsterfüllt
Gräberknecht | Gehilfe, der die Gräber auf dem Friedhof aushebt
Torfe | dunkle Erde im Moor
die besten Torfe verzecht | den guten Torf verkauft und das Geld vertrunken
wie ein irres Rind | in Panik

3. Strophe:
Gestumpf | tote Baumstümpfe
Föhre | Kiefer (Baumart)
gebannte Spinnlenor´ | Spinnerin, die wegen einer Untat aus der Gesellschaft ausgeschlossen wurde
Haspel | Spule zum Aufwickeln von Fäden beim Spinnen
Geröhre | dichtes Schilf

4. Strophe:
Melodei | Melodie
Fiedler Knauf | Geigenspieler mit Namen Knauf
Hochzeitheller | Geldgeschenk bei einer Hochzeit

5. Strophe:
birst | bricht auseinander
Gräber | Torfstecher (Arbeiter im Moor)
Moorgeschwele | glühendes Moor

6. Strophe:
mählich | allmählich, langsam
gründet der Boden sich | der Boden wird fester
Scheide | Grenze (hier: des Moores)

Viel Spaß und viel Erfolg!

Schmuckelemente © Aquir – Fotolia.com

Erwartungshorizont für die Lehrkraft

1) Inhaltliche Leistung

	Kompetenzerwartung: Der Schüler …	**Punkte (max.)**
zu 1.	schreibt eine *kurze Zusammenfassung*: Junge unterwegs im Moor; bedrohliche Natur, die er mit Gespenstern in Verbindung bringt; schließlich sichere Heimkehr.	12
zu 2.	erklärt das *Vorliegen einer naturmagischen Ballade*: Balladenmerkmale (dramatische/epische/lyrische Elemente, Strophen, Reim, Handlung, wörtliche Rede); Wirken magischer Kräfte in der Moorlandschaft.	12
zu 3.	stellt den *Zusammenhang* zwischen *Natur und Gespenstererscheinungen* dar: Sausen, Rascheln ↔ Gräberknecht (Str. 2); Stümpfe, Bewegungen eines Baumes, Knistern im Schilf ↔ Spinnlenor' (Str. 3); Laute beim Gehen ↔ Geigenspieler Knauf (Str. 4); Seufzer aus Moorspalte ↔ Margret (Str. 5).	18
zu 4.	benennt drei *sprachliche Auffälligkeiten* und beschreibt jeweils ihre *Wirkung*.	15
zu 5.	beschreibt den *Aufbau*: 6 Strophen zu je 8 Versen; Kreuzreime: V. 1–4 und 7–8; Paarreim: V. 5–6; vier- (a, c) und dreihebige (b) Verse; Jambus und Anapäst.	13
	Teilsumme Inhalt:	**70**

2) Darstellungsleistung (aufgabenübergreifend)

	Kompetenzerwartung: Der Schüler …	**Punkte (max.)**
1.	formuliert *treffend* und *klar*.	6
2.	formuliert *sachlich*.	4
3.	verwendet *fachsprachliche Begriffe* korrekt.	6
4.	schreibt *grammatisch* korrekt (u. a. Syntax).	7
5.	schreibt *orthografisch* korrekt (Rechtschreibung, Zeichensetzung).*	7
	Teilsumme Inhalt:	**30**

Gesamtpunktzahl = Inhaltliche Leistung + Darstellungsleistung:	**100**

Vorschlag zur Benotung:

Note 1	Note 2	Note 3	Note 4	Note 5	Note 6
89 bis 100 P.	76 bis 88 P.	63 bis 75 P.	50 bis 62 P.	20 bis 49 P.	0 bis 19 P.

* Wenn der Schüler orthografische Regeln häufig nicht beachtet, wird die Note um eine Notenstufe abgesenkt. Drückt sich der Schüler sprachlich sehr sicher aus, wird die Note um eine Stufe angehoben. Für Schüler mit LRS sowie Deutsch als Zweitsprache gelten besondere Regelungen, die ggf. durch die Schulkonferenz festgelegt wurden.

Wissen, worauf es ankommt (1/3)

Aufgabe:

Schätze deinen Leistungsstand zu den einzelnen Anforderungen ein.
Kreuze an, wie gut du schon bist.

➡ Der Inhalt deiner Arbeitsergebnisse zu den Aufgaben

Aufgabe 1: Schreibe eine **kurze Zusammenfassung** der wesentlichen Handlungsaspekte: Ein Junge geht allein durchs Moor; er nimmt die Natur als bedrohlich wahr und bringt sie mit Geistern in Verbindung; ein Schutzengel leitet ihn sicher durch das Moor, am Ende kommt er erleichtert zu Hause an.

☐ *Kann ich schon gut.* ☐ *Klappt überwiegend.* ☐ *Sollte besser werden.*

Aufgabe 2: Erkläre das **Vorliegen einer naturmagischen Ballade** mit allgemeinen **Balladenmerkmalen** (Merkmale von Erzählung/Gedicht/Theaterstück, Strophengliederung, Reim, Handlung, wörtliche Rede) sowie mit dem **Wirken magischer Kräfte** in der geschilderten Moorlandschaft.

☐ *Kann ich schon gut.* ☐ *Klappt überwiegend.* ☐ *Sollte besser werden.*

Aufgabe 3: Stelle jeweils den **Zusammenhang** zwischen der **Natur** und den **Gespenstererscheinungen** dar: Sausen des Windes, Rascheln in einer Hecke ↔ Gräberknecht (Str. 2); Stümpfe, Bewegungen eines Baumes, Knistern speerartiger Schilfhalme ↔ Spinnlenor' (Str. 3); Laute beim Gehen auf feuchtem Boden ↔ Geigenspieler Knauf (Str. 4); seufzerartiges Geräusch aus einer Moorspalte ↔ Margret (Str. 5).

☐ *Kann ich schon gut.* ☐ *Klappt überwiegend.* ☐ *Sollte besser werden.*

Aufgabe 4: Benenne **drei sprachliche Auffälligkeiten** deiner Wahl – z. B. Vergleich, Anapher, Lautmalerei, Ausruf – und beschreibe ihre **Wirkung**.

☐ *Kann ich schon gut.* ☐ *Klappt überwiegend.* ☐ *Sollte besser werden.*

Aufgabe 5: Notiere folgende **Merkmale zum Aufbau** der Ballade: 6 Strophen, jeweils 8 Verse; jeweils Kreuzreime in V. 1–4 und 7–8, Paarreim in V. 5–6; vierhebige Verse mit a- und c-Reimen, dreihebige Verse mit b-Reimen; Jambus und Anapäst als Versmaß.

☐ *Kann ich schon gut.* ☐ *Klappt überwiegend.* ☐ *Sollte besser werden.*

Schmuckelemente © Aquir – Fotolia.com

Wissen, worauf es ankommt (2/3)

Aufgabe:

- Schätze deinen Leistungsstand zu den einzelnen Anforderungen ein. Kreuze an, wie gut du schon bist.

➡ Die Art, wie du die Arbeitsergebnisse formulierst (Darstellung)

1. Formuliere **treffend** und **klar**.
   ☐ *Kann ich schon gut.* ☐ *Klappt überwiegend.* ☐ *Sollte besser werden.*
2. Formuliere **sachlich**.
   ☐ *Kann ich schon gut.* ☐ *Klappt überwiegend.* ☐ *Sollte besser werden.*
3. Verwende **Fachbegriffe** korrekt.
   ☐ *Kann ich schon gut.* ☐ *Klappt überwiegend.* ☐ *Sollte besser werden.*
4. Achte auf die korrekte **Grammatik** (z. B. den richtigen Satzbau).
   ☐ *Kann ich schon gut.* ☐ *Klappt überwiegend.* ☐ *Sollte besser werden.*
5. Achte auf eine korrekte **Rechtschreibung** und **Zeichensetzung**.
   ☐ *Kann ich schon gut.* ☐ *Klappt überwiegend.* ☐ *Sollte besser werden.*

Anregungen zur Vorbereitung und Nachbereitung

- Lies die Ballade gründlich und kläre eigenständig unbekannte Wörter.
- Lerne, die Merkmale einer Ballade – insbesondere einer naturmagischen Ballade – zu erkennen und nachzuweisen.
- Interpretiere den Inhalt und die Wirkungsabsicht einer Ballade.
- Beschreibe auffällige sprachliche Gestaltungsmerkmale und ihre Wirkung.
- Stelle den Aufbau einer Ballade fachsprachlich korrekt dar.
- Bearbeite die Aufgaben zur Untersuchung von Balladen sorgfältig.
- Schreibe sprachlich korrekt und angemessen.

Schmuckelemente © Aquir – Fotolia.com

Wissen, worauf es ankommt (3/3)

Tipps zum Thema

Die typischen Merkmale einer Ballade

- Eine Ballade ist ein **längeres Gedicht** mit erzählender, oft spannender Darstellung eines **Ereignisses**.
- Diese Gedichtart enthält neben den typischen Merkmalen eines **Gedichts** (wie z. B. Strophengliederung, Reim) auch Elemente einer **Erzählung** (Handlung in der Art einer Geschichte) und eines **Schauspiels** (wörtliche Rede).
- In Balladen beschreibt der Dichter häufig **starke Gefühle**, wie Angst, Verzweiflung oder Hoffnung, und verwendet dazu passende **sprachliche Bilder**.
- Eine Ballade kann auf **unterschiedliche Wirkungen** abzielen, z. B. Unterhaltung, Belehrung oder Gesellschaftskritik.
- Sie lässt sich aufgrund ihrer **Thematik** einer bestimmten **Untergruppe** zuordnen; so zählt z. B. „Der Knabe im Moor" (Droste-Hülshoff) zur Gruppe der naturmagischen Balladen, da in der Natur magische Kräfte zu wirken scheinen.

Nimm dir Zeit, um die vorliegende Ballade zu verstehen

- **Lies** die Ballade mehrmals sorgfältig.
- **Kläre Begriffe**, die du noch nicht kennst.
- Kennzeichne den **Inhalt jeder Strophe** durch aussagekräftige Stichpunkte am Rand.
  ➡ Z. B.: Moorlandschaft ➡ gespenstische Stimmung (Str. 1)
- Markiere **sprachliche Auffälligkeiten** (z. B. Metaphern, Vergleiche, Anaphern, Adjektive, Ausrufe, lautmalerische Verben, Fragezeichen, Ausrufezeichen) mit verschiedenen Farben.
- Untersuche den **Aufbau** der Ballade (Strophen, Verse, Reimschema, Versmaß) und notiere deine Ergebnisse.
- Untersuche die Ballade **gezielt** im Hinblick auf die **Aufgabenstellung(en)** und halte die Ergebnisse in Form von Notizen fest.

Achte auf passende Formulierungen

- Benutze **treffende Formulierungen** mit einem **klaren Bezug zur Aufgabenstellung** und vermeide unnötige Abschweifungen.
- Bleibe **sachlich**. Vermeide die Verwendung von Umgangssprache.
- Verwende passende **Fachbegriffe** zur Beschreibung der formalen und sprachlichen Gestaltung im korrekten **Zusammenhang**.
- Formuliere **kurze und klare Sätze**.

Schmuckelemente © Aquir – Fotolia.com

Mögliches Ergebnis

Das bedeuten die Hervorhebungen im Text:

Rot:	Zusammenfassung der wesentlichen Handlungsaspekte
Grün:	Erläuterung „naturmagische Ballade“ und Nennung von Balladenmerkmalen
Blau:	Zusammenhang zwischen den Gespensterfiguren und den Eindrücken des Knaben
Ocker:	Beschreibung sprachlicher Auffälligkeiten und ihrer Wirkung
Rosa:	Beschreibung des Aufbaus der Ballade (Strophen, Verse, Reimschema, Versmaß)

1. Die naturmagische Ballade „Der Knabe im Moor“ von Annette von Droste-Hülshoff handelt von einem Jungen, der allein ein Moor durchquert. Die Eindrücke und Geräusche im Moor wirken auf ihn gespenstisch und bedrohlich. Er bringt sie mit vier Geistern in Verbindung, die angeblich im Moor spuken. Schließlich leitet ein Schutzengel den Jungen unbeschadet durch das Moor. Er sieht das Licht des Hauses und ist erleichtert.

2. „Der Knabe im Moor“ weist typische Merkmale einer Ballade auf: Strophengliederung und Reim sind mit einer spannenden Handlung und mit wörtlicher Rede verbunden. Das Moor ist als Ort von entscheidender Bedeutung. Es wirkt magisch, da es scheinbar von unheimlichen Gespensterwesen bewohnt wird. Die Natur wird furchterregend und unheimlich dargestellt.

3. In der zweiten Strophe hört der Knabe das Sausen des Windes und ein Rascheln in einer Hecke. Diese Geräusche bringt er mit einem gespenstischen Gräberknecht in Verbindung. Zu Beginn der dritten Strophe sieht der Junge Stümpfe, die vom Ufer scheinbar hervorstarren; zudem wirken die Bewegungen einer Kiefer (Föhre) unheimlich. Bedrohlich erscheinen auch die speerartigen Schilfhalme. Das Knistern darin erinnert an das Geräusch des Spinnrads der gebannten Spinnenlenor'. In der vierten Strophe lösen die Schritte des Knaben auf dem feuchten Boden brodelnde, pfeifende Laute aus, die er als Melodie des gespenstischen Geigers Knauf deutet. Ein besonders gruseliges Geräusch aus einer Moorspalte klingt in der fünften Strophe wie ein Seufzen, das den Jungen an die Wehklage einer verdammten Toten namens Margret erinnert.

4. Str. 1, V. 3: Sich wie Phantome die Dünste drehn ➡ Vergleich: Der Nebel im Moor wirkt gespenstisch. • Str. 4, V. 1 und 2: Voran … Voran … ➡ Anapher: Dadurch kommt das fluchtartige Laufen des Knaben zum Ausdruck. • Str. 5, V. 4: Ho, ho ➡ wiederholter Ausruf mit dunklem Vokal: Das scheinbare Seufzen der verdammten Toten wirkt gruselig.

5. Die Ballade besteht aus sechs Strophen mit jeweils acht Versen. Das Reimschema ist in jeder Strophe gleich: Kreuzreime in den Versen 1 bis 4 sowie 7 und 8; in den Versen 5 und 6 liegt ein Paarreim vor (ababccab). Die Verse mit a- und c-Reimen sind vierhebig, die Verse mit b-Reimen dreihebig. Das Versmaß ist teils Jambus, teils Anapäst.

Klassenarbeit (1/2)

Thema:

Den Kommentar „Schule ist kein Freibad“ untersuchen

Aufgaben:

1. Benenne das Thema und den Anlass des Kommentars sowie die Position des Autors mit eigenen Worten.
2. Arbeite den Inhalt und die argumentative Funktion der einzelnen Textabschnitte heraus.
3. Beschreibe die sprachliche Gestaltung und ihre Wirkung.
4. Ist der Kommentar überzeugend verfasst? – Begründe deine Meinung.

Beachte!

- Lies den Zeitungskommentar und die Aufgaben gründlich.
- Belege deine Ausführungen durch Zeilenangaben an geeigneten Stellen.

Schule ist kein Freibad

Kommentar von Matthias Trautsch, Frankfurter Allgemeine Zeitung (Online-Ausgabe), 27. August 2012

Kleidung in der Schule ist keine reine Privatsache. Das gilt übrigens auch für Lehrer.

Der Fall einer Wiesbadener Realschullehrerin, die eine Schülerin mittels eines Bleistifts auf ein zu weit ausgeschnittenes Oberteil aufmerksam machen wollte, hat für Wirbel gesorgt. Die Pädagogin muss mit den Folgen leben. Zur öffentlichen Aufmerksamkeit und Geldbuße kommen womöglich noch dienstrechtliche Konsequenzen.

Auch ohne dies dürfte jedem klar sein, dass keine Provokation es rechtfertigt, einer Fünfzehnjährigen einen Stift zwischen die Brüste zu stecken. Dem Vernehmen nach kann es sich die zuvor unbescholtene und allseits geschätzte Lehrerin selbst nicht erklären, warum sie sich zu ihrem Verhalten hinreißen ließ.

Schmuckelemente © Aquir – Fotolia.com

Klassenarbeit (2/2)

Fragen wirft aber auch die Vorgeschichte des Übergriffs auf. Nach Angaben der Schule war die Achtklässlerin mehrfach und über einen längeren Zeitraum gebeten worden, sich in der Schule dezenter zu kleiden. Das extrem offenherzige Auftreten soll zu Störungen des Unterrichts und der Klassengemeinschaft geführt haben. Auch ein Elterngespräch habe nichts bewirkt. Dass die Schülerin ihrer Lehrerin im Nachhinein noch drohte, sie „fertigzumachen", deutet ebenfalls nicht auf Einsicht der Familie hin.

Man sieht, dass die Schule an Grenzen stößt, wenn die Erziehungsberechtigten sie nicht unterstützen. Dabei wäre es eigentlich an den Eltern, ihren Kindern grundlegende Verhaltensregeln auf den Weg zu geben. Und dazu gehört eben auch, sich dem jeweiligen Anlass gemäß zu kleiden.

Die Schule sei kein Freibad, sagt ein erfahrener Pädagoge. Trotzdem gibt es Schüler und übrigens auch Lehrer, die sich so kleiden, als gingen sie zum Strand oder zum Fußballtraining. Sie unterliegen einem Missverständnis.

Der Unterricht ist nicht Teil der Freizeit, er ist für alle Beteiligten verbindlich und hat ein klar definiertes Ziel: das Lernen. Dementsprechend zählen nicht nur die eigenen, sondern auch die Belange der anderen und die Frage, wie sie mit dem Lernziel zu vereinbaren sind.

Mit Blick auf das spätere Berufsleben ist es geradezu die Pflicht der Pädagogen, auf die Bedeutung vermeintlicher Äußerlichkeiten hinzuweisen. Wenn ein Jugendlicher mit Jogginghose zu Vorstellungsgesprächen geht, ist es jedenfalls zu spät. Und selbst in der Freizeit ist es nicht bei allen Gelegenheiten angebracht, im Unterhemd zu erscheinen.

Textquelle: FAZ online (27.08.2012): Trautsch, Matthias: Schule ist kein Freibad, Link: http://www.faz.net/aktuell/rhein-main/kommentar-zu-schulbekleidung-schule-ist-kein-freibad-11870267.html

Wörterlexikon

Zeile 8: **dienstrechtliche Konsequenzen** | Folgen für Beamte bei Fehlverhalten im Dienst
Zeile 17: **dezent(er)** | zurückhaltend(er), taktvoll(er), unaufdringlich(er)

Viel Spaß und viel Erfolg!

Schmuckelemente © Aquir – Fotolia.com

Erwartungshorizont für die Lehrkraft

1) Inhaltliche Leistung

	Kompetenzerwartung: Der Schüler …	**Punkte (max.)**
zu 1.	benennt das *Thema* (Bekleidung in der Schule), den *Anlass* (Skandal an einer Schule) und die *Position des Autors* (Ablehnung freizügiger Kleidung in der Schule).	8
zu 2.	arbeitet den *Inhalt* und die *argumentative Funktion der einzelnen Textabschnitte* heraus (z. B. These, Argument, Beispiel zur Veranschaulichung, Aufforderung, Schlussfolgerung).	35
zu 3.	beschreibt wesentliche *sprachliche Gestaltungsmerkmale* und ihre *Wirkung* (z. B. Standardsprache, wenige sprachliche Mittel, wie Metapher und Kontrast, sachlicher Stil, Überzeugung mit Argumenten statt mit einer „kämpferischen" Wortwahl).	15
zu 4.	verfasst eine *begründete Beurteilung der Überzeugungskraft* des Kommentars.	12
	Teilsumme Inhalt:	**70**

2) Darstellungsleistung (aufgabenübergreifend)

	Kompetenzerwartung: Der Schüler …	**Punkte (max.)**
1.	formuliert *treffend* und *klar.*	7
2.	formuliert *sachlich.*	5
3.	verwendet *fachsprachliche Begriffe* korrekt.	4
4.	schreibt *grammatisch* korrekt (u. a. Syntax).	7
5.	schreibt *orthografisch* korrekt (Rechtschreibung, Zeichensetzung).*	7
	Teilsumme Inhalt:	**30**

Gesamtpunktzahl = Inhaltliche Leistung + Darstellungsleistung:	**100**

Vorschlag zur Benotung:

Note 1	Note 2	Note 3	Note 4	Note 5	Note 6
89 bis 100 P.	76 bis 88 P.	63 bis 75 P.	50 bis 62 P.	20 bis 49 P.	0 bis 19 P.

* Wenn der Schüler orthografische Regeln häufig nicht beachtet, wird die Note um eine Notenstufe abgesenkt. Drückt sich der Schüler sprachlich sehr sicher aus, wird die Note um eine Stufe angehoben. Für Schüler mit LRS sowie Deutsch als Zweitsprache gelten besondere Regelungen, die ggf. durch die Schulkonferenz festgelegt wurden.

Wissen, worauf es ankommt (1/3)

Aufgabe:

Schätze deinen Leistungsstand zu den einzelnen Anforderungen ein.
Kreuze an, wie gut du schon bist.

Der Inhalt deiner Arbeitsergebnisse zu den Aufgaben

Aufgabe 1: Benenne das **Thema** (Bekleidung in der Schule), den **Anlass** (Skandal an einer Schule) und die **Position des Autors** (Ablehnung freizügiger Kleidung in der Schule).

☐ *Kann ich schon gut.* ☐ *Klappt überwiegend.* ☐ *Sollte besser werden.*

Aufgabe 2: Arbeite den **Inhalt** und die **argumentative Funktion** der **Textabschnitte** heraus.

Überschrift: Grundeinstellung des Autors; Vorspann: Kernthese (Rücksichtnahme); 1.–3. Absatz: Auseinandersetzung mit dem Skandal an einer Schule; 4. Absatz: Zwischenfazit (Wichtigkeit von Werteerziehung); 5. Absatz: These (Ablehnung von Freizügigkeit in der Schule), Berufung auf einen Pädagogen, Erfahrungsargument (unangebrachte Kleidung), Kritik; 6. Absatz: These (Trennung von Schule und Freizeit), Schlussfolgerung (Respekt); 7. Absatz: Fazit, Aufforderung an Pädagogen und negative Beispiele für unangemessene Kleidung

☐ *Kann ich schon gut.* ☐ *Klappt überwiegend.* ☐ *Sollte besser werden.*

Aufgabe 3: Beschreibe wesentliche **sprachliche Gestaltungsmerkmale** und ihre **Wirkung**

Standardsprache; nur wenige sprachliche Mittel (z. B. Metapher, Kontrast); sachlicher Stil; Überzeugung mit Argumenten statt mit einer „kämpferischen" Wortwahl

☐ *Kann ich schon gut.* ☐ *Klappt überwiegend.* ☐ *Sollte besser werden.*

Aufgabe 4: Verfasse eine **begründete Beurteilung der Überzeugungskraft** des Kommentars. Berücksichtige dabei z. B. die Position des Autors, seine Argumente und die sprachliche Gestaltung.

☐ *Kann ich schon gut.* ☐ *Klappt überwiegend.* ☐ *Sollte besser werden.*

Schmuckelemente © Aquir – Fotolia.com

Wissen, worauf es ankommt (2/3)

Aufgabe:

- Schätze deinen Leistungsstand zu den einzelnen Anforderungen ein. Kreuze an, wie gut du schon bist.

➡ Die Art, wie du die Arbeitsergebnisse formulierst (Darstellung)

1. Formuliere **treffend** und **klar**.
   ☐ *Kann ich schon gut.* ☐ *Klappt überwiegend.* ☐ *Sollte besser werden.*
2. Formuliere **sachlich**.
   ☐ *Kann ich schon gut.* ☐ *Klappt überwiegend.* ☐ *Sollte besser werden.*
3. Verwende **Fachbegriffe** korrekt.
   ☐ *Kann ich schon gut.* ☐ *Klappt überwiegend.* ☐ *Sollte besser werden.*
4. Achte auf die korrekte **Grammatik** (z. B. den richtigen Satzbau).
   ☐ *Kann ich schon gut.* ☐ *Klappt überwiegend.* ☐ *Sollte besser werden.*
5. Achte auf eine korrekte **Rechtschreibung** und **Zeichensetzung**.
   ☐ *Kann ich schon gut.* ☐ *Klappt überwiegend.* ☐ *Sollte besser werden.*

Anregungen zur Vorbereitung und Nachbereitung

- Benenne das Thema und den Anlass eines Zeitungskommentars.
- Übe, die Autorenposition mit eigenen Worten zu formulieren und die „Bausteine“ der Argumentation (Thesen, Argumente, Beispiele, Forderungen) zu bestimmen.
- Beschreibe die sprachlich-stilistischen Textmerkmale und ihre Wirkung.
- Lerne, die Überzeugungskraft eines Zeitungskommentars zu bewerten.
- Bearbeite die Aufgaben zur Textuntersuchung sorgfältig.
- Schreibe sprachlich korrekt und angemessen.

Schmuckelemente © Aquir – Fotolia.com

Wissen, worauf es ankommt (3/3)

Tipps zum Thema

Die typischen Merkmale eines Zeitungskommentars

- Ein Zeitungskommentar ist ein **meinungsbildender Text** aus der **Perspektive eines Kommentators**, dessen Name genannt wird.
- Er enthält eine **persönliche Meinung** und oft auch damit verbundene **Forderungen**.
- Er bezieht sich auf ein **aktuelles Thema** – vor allem aus den Bereichen Politik, Kultur, Wirtschaft, Gesellschaft oder Sport.
- Er steht meist **im Zusammenhang mit einer Nachricht**, die sachlich über das Thema informiert. Er möchte **überzeugen** oder **zum Nachdenken anregen**.
- Er beginnt mit einer **plakativen Überschrift**, die Neugier weckt.
- Ein Zeitungskommentar ist **argumentierend** geschrieben, liefert aber auch **Sachinformationen**.
- Er weist einen **bestimmten Sprachstil** auf – z. B. sachlich, abwägend, erläuternd, ironisch, humorvoll oder kämpferisch.
- Er kann durch sprachliche Mittel **unterhaltsam wirken**.

Nimm dir Zeit, um den vorliegenden Zeitungskommentar zu verstehen

- **Lies** den Zeitungskommentar mehrmals sorgfältig und **kläre Begriffe**, die du noch nicht kennst.
- Notiere **Thema** und **Anlass** des Zeitungskommentars sowie die **Position** des Autors.
  - ➡ Z. B.: Kleidung in der Schule (Thema) – Skandal in Wiesbadener Realschule: unangemessene Reaktion einer Lehrerin auf freizügige Kleidung einer Achtklässlerin (Anlass) – Ablehnung freizügiger Kleidung im Schulunterricht (Position des Autors)
- Untersuche die **Gliederung** des Textes und halte durch Randnotizen die **Funktion der einzelnen Abschnitte** fest. (Z. B.: Anlass; These; Argument; Beispiel; Forderung)
- Markiere **sprachliche Auffälligkeiten** mit verschiedenen Farben. (Z. B.: Metapher; Vergleich; Wiederholung)
- Beschreibe den **Sprachstil**. (Z. B.: sachlicher Stil)
- Notiere deine **Einschätzung der Überzeugungskraft** des Textes.
- Untersuche den Zeitungskommentar **gezielt** im Hinblick auf die **Aufgabenstellungen**.

Achte auf passende Formulierungen

- Benutze **treffende Formulierungen** mit einem **klaren Bezug zur Aufgabenstellung** und vermeide unnötige Abschweifungen.
- Bleibe **sachlich**. Vermeide die Verwendung von Umgangssprache.
- Verwende passende **Fachbegriffe** zur Beschreibung inhaltlicher und sprachlicher Aspekte im korrekten **Zusammenhang**.
- Formuliere **kurze und klare Sätze**.

Schmuckelemente © Aquir – Fotolia.com

Mögliches Ergebnis (1/2)

Das bedeuten die Hervorhebungen im Text:

Rot:	Thema, Anlass und Position des Autors
Grün:	Inhalt und argumentative Funktion der einzelnen Textabschnitte
Blau:	Beschreibung der sprachlichen Gestaltung und ihrer Wirkung
Ocker:	Persönliche Stellungnahme zur Überzeugungskraft des Kommentars

1. Der Kommentar „Schule ist kein Freibad" von Matthias Trautsch, veröffentlicht am 27. August 2012 in der Online-Ausgabe der „Frankfurter Allgemeinen Zeitung", thematisiert die Kleidung in der Schule. Der Anlass ist ein Skandal in einer Wiesbadener Realschule. Eine Lehrerin steckte einer Achtklässlerin einen Bleistift in den Ausschnitt, um ihren freizügigen Kleidungsstil zu kritisieren. Der Autor zeigt Unverständnis gegenüber der Reaktion der Lehrerin. Er bringt allerdings auch seine Ablehnung freizügiger Kleidung im Schulunterricht deutlich zum Ausdruck.

2. Mit der starken Überschrift deutet der Autor seine Grundeinstellung an: In der Schule habe man sich anders zu verhalten als in der Freizeit. Im fett gedruckten Vorspann (Z. 1–2) stellt er die Kernthese auf, dass bei der Wahl der Kleidung in der Schule Rücksicht auf andere zu nehmen sei. Im ersten Absatz (Z. 4–8) schildert Trautsch den Skandal an einer Wiesbadener Schule als Anlass des Kommentars. Er drückt im zweiten Absatz (Z. 10–14) sein Unverständnis über die Reaktion der Lehrerin aus. Es folgt im dritten Absatz (Z. 15–21) eine Darstellung der Vorgeschichte des Skandals, die er mit einer Kritik am Verhalten der Achtklässlerin verbindet. Der Autor zieht im vierten Absatz (Z. 23–26) das Zwischenfazit, dass Erziehung in der Schule nur mit Unterstützung der Eltern funktionieren könne. Im fünften Absatz (Z. 28–30) nennt er unter Berufung auf einen erfahrenen Pädagogen nochmals die These, dass eine Schule kein Freibad sei. Daran knüpft er ein Erfahrungsargument: Schüler und Lehrer seien in der Schule zum Teil trotzdem unpassend gekleidet. Dies wertet er als „Missverständnis" (Z. 30). Den sechsten Absatz (Z. 32–35) leitet Trautsch mit der These ein, dass Unterricht im Gegensatz zur Freizeit eine Pflichtveranstaltung mit klarem Ziel sei. Er zieht daher die Schlussfolgerung, dass jeder in der Schule gegenüber anderen Respekt zu zeigen habe. Im letzten Absatz (Z. 37–41) folgt das Fazit. Er beginnt mit einer Aufforderung an die Pädagogen, auf die Bedeutung angemessener Kleidung im Berufsleben hinzuweisen. Darauf folgt ein Beispiel für unangebrachte Kleidung eines Jugendlichen bei einem Vorstellungsgespräch. Abschließend zeigt Trautsch durch ein zweites negatives Beispiel, dass der Kleidungsstil auch in der Freizeit nicht beliebig gewählt werden sollte.

Mögliches Ergebnis (2/2)

3. Der Kommentar ist größtenteils in Standardsprache verfasst und enthält nur wenige sprachliche Mittel. In der Überschrift sowie in Zeile 28 stellen die Nomen „Schule" und „Freibad" einen Kontrast dar: Die zwei Orte stellen sehr unterschiedliche Anforderungen an Kleidung. In Zeile 6 verwendet der Autor eine umgangssprachliche Formulierung, indem er schreibt, der Fall an einer Wiesbadener Schule habe „für Wirbel gesorgt". Diese Wortwahl bringt die Folgen des Vorfalls kurz und treffend zum Ausdruck. Die bildliche Formulierung, dass die Schule „an Grenzen stößt" (Z. 23), wirkt auf den Leser anschaulich. Das gilt auch für die Metapher im nächsten Satz: Trautsch erwartet von den Eltern, ihren Kindern Verhaltensregeln „auf den Weg zu geben" (Z. 25). Einen klaren Kontrast enthält die Feststellung, dass der Unterricht „nicht Teil der Freizeit", sondern „verbindlich" sei (Z. 32–33). Die Gegenüberstellung wird durch die Wiederholung des Prädikats „ist" wirksam hervorgehoben. Der Sprachstil wirkt insgesamt nüchtern und sachlich. Dem Autor kommt es eher darauf an, mit seinen Argumenten zu überzeugen als mit einer plakativen Wortwahl.

4. Der Kommentar „Schule ist kein Freibad" wirkt auf den Leser insgesamt überzeugend. Der Autor vertritt eine klare und nachvollziehbare Haltung gegenüber freizügiger Kleidung in der Schule. Ein Argumentationsschwerpunkt ist die Rücksichtnahme gegenüber anderen, die man durch angemessene Kleidung zeigt. Durch die Betonung der Wichtigkeit des gegenseitigen Respekts wirkt dieses Argument einleuchtend. Als Gegenargumente ließen sich allerdings das Recht auf persönliche Freiheit und die Toleranz gegenüber dem Geschmack anderer Menschen anführen. Die Aufforderung des Autors an Eltern und Pädagogen, den Jugendlichen grundlegende Verhaltensregeln auf den Weg zu geben, ergibt sich logisch aus seiner Argumentationsweise. Das negative Beispiel im letzten Absatz, in dem ein Jugendlicher mit Jogginghose beim Vorstellungsgespräch beschrieben wird, wirkt auf den Leser jedoch übertrieben. Solche Fälle sind seltene Ausnahmen. Eine häufigere Verwendung sprachlicher Mittel innerhalb des Kommentars hätte möglicherweise noch zur Steigerung der Überzeugungskraft geführt.

Klassenarbeit (1/2)

Thema:

Die Glosse„Sie nannten ihn *Smombie*“ analysieren

Aufgabe:

- Schreibe zu der vorliegenden Glosse eine vollständige Analyse.

Beachte!

- Lies den Text gründlich.
- Berücksichtige die erforderlichen Analyseschritte.
- Achte auf korrektes Zitieren und Zeilenangaben an geeigneten Stellen.

Sie nannten ihn „Smombie“

Glosse von Kathleen Hildebrand, Süddeutsche Zeitung (Online-Ausgabe), 13. November 2015

Keine uncharmante Wahl zum Jugendwort des Jahres – aber spricht wirklich irgendjemand so? Und ist der Sieg gleichsam der Tod des „Smombies“?

Man kennt das. Morgens sitzt man in der S-Bahn oder im Bus, liest E-Mails auf dem Smartphone, wischt über die Überschriften von SZ.de oder candycrusht ein bisschen vor sich hin – und plötzlich haut einem ein Kollege auf die Schulter. Er sagt mit für die Uhrzeit viel zu munterer Stimme: „Guten Morgen, du Smombie!“

Nein? Sagt er nicht? Dann liegt das entweder daran, dass kaum jemand 14-jährige Kollegen hat – denn „Smombie“ ist das frisch gekürte Jugendwort des Jahres, eine Wortkomposition aus Smartphone und Zombie. „Es beschreibt punktgenau die heutige Selbstverständlichkeit vieler Menschen im Umgang mit dem Smartphone“, begründete die Jurorin Ilknur Braun die Wahl der Jury.

Es kann natürlich auch sein, dass auch 14-, 15- oder 16-Jährige niemals im Leben „Smombie“ sagen oder höchstens einmal im Monat, wenn sie besonders witzig sein wollen. Oder sie sagen es erst von jetzt an, dem Tag der Jugendwortwahl. Wer weiß das schon? Wahrscheinlich nur 14-, 15- oder 16-Jährige.

Schmuckelemente © Aquir – Fotolia.com

Klassenarbeit (2/2)

Schon bei den Jugendwörtern der vergangenen Jahre mochte man sich ja oft nicht so recht vorstellen, dass wirklich irgendjemand so spricht. Dass jemand zur Ü30-Tanzveranstaltung „Gammelfleischparty" sagt oder „Niveaulimbo", wenn der Anspruch der Konversation kurz mal unter Gelehrtenniveau rutscht. Denn welcher Jugendliche macht sich überhaupt auch nur einen einzigen Gedanken über Ü30-Partys? Und ist man nicht eher ein super uncooler Streber, wenn man etwas wie Niveau einfordert? War das nicht so in der Mittelstufe?

Muttis Frage ist das Ende

Aber gut. Smombie ist durchaus kein uncharmantes Wort. Schade eigentlich, dass es gewählt wurde. Denn was könnte einem Jugendwort bei der Jugend so zuverlässig den Garaus machen als seine Wahl zum Jugendwort des Jahres? Und Muttis Frage tags darauf am Frühstückstisch: „Sagt ihr das wirklich zueinander?"

Textquelle: Süddeutsche online (13.11.2015):
Hildebrand, Kathleen: Sie nannten ihn „Smombie",
Link: http://www.sueddeutsche.de/kultur/wort-wahl-sie-nannten-ihn-smombie-1.2735892

Wörterlexikon

Zeile 1: **uncharmant** | unfreundlich, nicht ansprechend
Zeile 1: **Jugendwort des Jahres** | jugendsprachliches Wort, das eine Jury jährlich auswählt
Zeile 7: **candycrusht** | Beschäftigung mit dem Online-Spiel „Candy Crush Saga"
Zeile 13: **Wortkomposition** | Bildung eines Begriffes aus mehreren Wörtern
Zeile 14: **Zombie** | Untoter, durch Zauberei zum Leben erweckter Toter
Zeile 16: **Jurorin** | Mitglied einer Jury
Zeile 26: **Limbo** | akrobatischer Tanz unter einer Querstange hindurch
Zeile 26: **Konversation** | Gespräch, Unterhaltung
Zeile 35: **den Garaus machen** | jemanden töten, etwas vernichten

Viel Spaß und viel Erfolg!

Schmuckelemente © Aquir – Fotolia.com

Erwartungshorizont für die Lehrkraft

1) Inhaltliche Leistung

	Kompetenzerwartung: Der Schüler …	**Punkte (max.)**
1.	nennt in der *Einleitung* die *Publikationsdaten* („Sie nannten ihn *Smombie*" von Kathleen Hildebrand, am 13. Nov. 2015 in der Online-Ausgabe der SZ publiziert), die *Textart* (Glosse) und das *Thema* („Smombie" als Jugendwort des Jahres).	7
2.	gibt im *Hauptteil* zunächst den *wesentlichen Inhalt* der einzelnen *Textabschnitte* wieder und beschreibt ihre *Funktion*.	28
3.	benennt im *Hauptteil* anschließend wesentliche *sprachlich-stilistische Merkmale* und beschreibt ihre *Wirkung*.	28
4.	verfasst im *Schlussteil* eine *Stellungnahme zur Wirkungskraft* der Glosse.	7
	Teilsumme Inhalt:	**70**

2) Darstellungsleistung

	Kompetenzerwartung: Der Schüler …	**Punkte (max.)**
1.	formuliert *treffend* und *klar*.	5
2.	formuliert *sachlich*.	5
3.	verwendet *fachsprachliche Begriffe* korrekt.	4
4.	fügt *Textbelege* und *Zitate* korrekt in die Ausführungen ein.	4
5.	schreibt *grammatisch* korrekt (u. a. Syntax).	6
6.	schreibt *orthografisch* korrekt (Rechtschreibung, Zeichensetzung).*	6
	Teilsumme Inhalt:	**30**

Gesamtpunktzahl = Inhaltliche Leistung + Darstellungsleistung:	**100**

Vorschlag zur Benotung:

Note 1	Note 2	Note 3	Note 4	Note 5	Note 6
89 bis 100 P.	76 bis 88 P.	63 bis 75 P.	50 bis 62 P.	20 bis 49 P.	0 bis 19 P.

* Wenn der Schüler orthografische Regeln häufig nicht beachtet, wird die Note um eine Notenstufe abgesenkt. Drückt sich der Schüler sprachlich sehr sicher aus, wird die Note um eine Stufe angehoben. Für Schüler mit LRS sowie Deutsch als Zweitsprache gelten besondere Regelungen, die ggf. durch die Schulkonferenz festgelegt wurden.

Wissen, worauf es ankommt (1/3)

Aufgabe:

Schätze deinen Leistungsstand zu den einzelnen Anforderungen ein.
Kreuze an, wie gut du schon bist.

Der Inhalt deiner Textanalyse

1. Schreibe eine **Einleitung**, in der du **Publikationsdaten**, **Textart** und **Thema** nennst.
   ☐ *Kann ich schon gut.* ☐ *Klappt überwiegend.* ☐ *Sollte besser werden.*

2. Gib im **Hauptteil** zunächst den **wesentlichen Inhalt** der einzelnen **Textabschnitte** wieder und beschreibe ihre **Funktion** (z. B. These, Argument, Beispiel, Sachinformation).
   ☐ *Kann ich schon gut.* ☐ *Klappt überwiegend.* ☐ *Sollte besser werden.*

3. Benenne im **Hauptteil** die wesentlichen **sprachlich-stilistischen Merkmale** (u. a. Wortneuschöpfung, Litotes, rhetorische Frage, Metapher, jugendsprachliche und umgangssprachliche Ausdrucksweise, Ironie) und beschreibe ihre **Wirkung**.
   ☐ *Kann ich schon gut.* ☐ *Klappt überwiegend.* ☐ *Sollte besser werden.*

4. Verfasse im **Schlussteil** eine **Stellungnahme zur Wirkungskraft** der Glosse.
   ☐ *Kann ich schon gut.* ☐ *Klappt überwiegend.* ☐ *Sollte besser werden.*

Die Art, wie du deine Textanalyse schreibst (Darstellung)

1. Formuliere **treffend** und **klar**.
   ☐ *Kann ich schon gut.* ☐ *Klappt überwiegend.* ☐ *Sollte besser werden.*

2. Formuliere **sachlich**.
   ☐ *Kann ich schon gut.* ☐ *Klappt überwiegend.* ☐ *Sollte besser werden.*

3. Verwende **fachsprachliche Begriffe** korrekt.
   ☐ *Kann ich schon gut.* ☐ *Klappt überwiegend.* ☐ *Sollte besser werden.*

4. Füge **Textbelege und Zitate** korrekt in deine Ausführungen ein.
   ☐ *Kann ich schon gut.* ☐ *Klappt überwiegend.* ☐ *Sollte besser werden.*

5. Achte auf die korrekte **Grammatik** (z. B. den richtigen Satzbau).
   ☐ *Kann ich schon gut.* ☐ *Klappt überwiegend.* ☐ *Sollte besser werden.*

6. Achte auf eine korrekte **Rechtschreibung** und **Zeichensetzung**.
   ☐ *Kann ich schon gut.* ☐ *Klappt überwiegend.* ☐ *Sollte besser werden.*

Schmuckelemente © Aquir – Fotolia.com

Wissen, worauf es ankommt (2/3)

Anregungen zur Vorbereitung und Nachbereitung

- Übe, den inhaltlichen Aufbau sowie die Funktion der einzelnen Abschnitte einer Glosse genau zu beschreiben.
- Benenne die sprachlich-stilistischen Textmerkmale und beschreibe ihre Wirkung.
- Lerne, die inhaltliche und sprachliche Gestaltung zu bewerten.
- Verwende passende Fachbegriffe.
- Schreibe zusammenhängend, sprachlich korrekt und angemessen.

Tipps zum Thema

Merkmale einer Glosse

- Eine Glosse zählt zur Sorte der **kommentierenden Sachtexte**.
- Sie ist ein **knapper Meinungsbeitrag** in einer Zeitung oder im Internet, bei dem stets der **Autorenname angegeben** wird.
- Sie behandelt **aktuelle Themen** oder **alltägliche Themen**, die vordergründig belanglos erscheinen.
- Eine Glosse ist **ironisch** und **satirisch** geschrieben. (Ironie: feiner Spott; Satire: Lästern über die Schwächen oder Verfehlungen anderer in künstlerischer Form)
- Durch **Überspitzung** und **Übertreibung** wirken Glossen auf den Leser **unterhaltsam**, sollen aber auch zur **Meinungsbildung** anregen.

Schmuckelemente © Aquir – Fotolia.com

Wissen, worauf es ankommt (3/3)

Tipps zum Thema

Vor dem Schreiben

- **Lies** die Glosse sorgfältig und **kläre Begriffe**, die du noch nicht kennst.
- Markiere **Schlüsselwörter** und wichtige **Textstellen**. (Unterstreiche aber nicht zu viel!)
- Notiere das **Thema** der Glosse sowie die **Haltung der Autorin**.
  - ➡ Z. B.: „Smombie" als Jugendwort des Jahres (Thema) – Würdigung der Aussagekraft des Jugendworts, aber ironisch zum Ausdruck gebrachte Zweifel an der Verankerung in der Jugendsprache (Haltung der Autorin)
- Untersuche die **Gliederung** und notiere die **Funktion der einzelnen Abschnitte**.
  - ➡ Z. B.: Sachinformation; These; Argument; Beispiel zur Veranschaulichung; Schlussfolgerung; Forderung
- Markiere **sprachliche Auffälligkeiten**.
  - ➡ Z. B.: Metapher; Vergleich; Personifikation; rhetorische Frage; Anglizismus; Wortneuschöpfung; Übertreibung; Aufzählung; Ellipse; besondere Satzzeichen
- Beschreibe stichpunktartig den **Sprachstil** (z. B: Umgangs-/Jugendsprache).
- Notiere deine **Einschätzung der Wirkungskraft** der Glosse.

Achte auf einen gelungenen Aufbau

- Gliedere deine Textanalyse in **drei Teile** – Einleitung, Hauptteil und Schluss – und strukturiere den Text durch **Absätze**.
- **Einleitung**: Bestimme die **Textart** (Glosse) und nenne den **Titel**, den **Namen des Autors**, die **Quelle** (Zeitung/Internetseite), das **Erscheinungsdatum**, das **Thema**.
- **Hauptteil** – Untersuchung des **Inhalts**: Bilde die **wesentlichen Inhalte** der Textabschnitte ab und beschreibe jeweils deren **Funktion im Argumentationsverlauf**.
- **Hauptteil** – Untersuchung der **sprachlichen Gestaltung**: Beschreibe die wesentlichen **sprachlich-stilistischen Merkmale** und ihre **Wirkung**.
- **Schlussteil:** Schreibe eine kurze **persönliche Stellungnahme** zur **Wirkungskraft** der Glosse. Beurteile dabei die inhaltliche sowie die sprachliche Gestaltung.

Achte auf passende Formulierungen

- Schreibe in der Zeitform **Präsens (Gegenwart)**.
- Formuliere **eigenständig**, **treffend** und **aussagekräftig** ohne Abschweifungen.
- **Zitiere passend** und zurückhaltend ohne Abschrift ganzer Sätze aus dem Originaltext.
- Bleibe **sachlich**. Vermeide die Verwendung von Umgangssprache.
- Verwende passende **Fachbegriffe** zur Beschreibung inhaltlicher und sprachlicher Aspekte im korrekten Zusammenhang.
- Formuliere **kurze und klare Sätze**.

Schmuckelemente © Aquir – Fotolia.com

Mögliches Ergebnis (1/3)

Das bedeuten die Hervorhebungen im Text:

Rot:	Struktur der Textanalyse
Grün:	Beschreibung des Inhalts der einzelnen Textabschnitte und ihrer Funktion
Blau:	Benennung sprachlich-stilistischer Merkmale und ihrer Wirkung
Ocker:	Stellungnahme zur Wirkungskraft der Glosse im Schlussteil

Textanalyse „Sie nannten ihn *Smombie*“

Einleitung:
Textart, Titel, Erscheinungsdatum, Medium, Autorin, Thema

In der vorliegenden Glosse „Sie nannten ihn *Smombie*“, die am 13. November 2015 in der Online-Ausgabe der „Süddeutschen Zeitung“ veröffentlicht wurde, thematisiert die Autorin Kathleen Hildebrand die Wahl des Begriffs „Smombie“ als Jugendwort des Jahres. Sie lobt zwar die Aussagekraft des aus „Smartphone“ und „Zombie“ zusammengesetzten Wortes, bezweifelt aber vor allem in ironischer Weise, dass dieser Begriff tatsächlich von den Jugendlichen häufig gebraucht wird.

Hauptteil I: Untersuchung des Inhalts

Die in Form eines Satzes formulierte Überschrift weckt die Neugier des Lesers, der wissen möchte, was mit dem ungewöhnlichen Begriff „Smombie“ gemeint ist und wer damit bezeichnet wird.
Der fett gedruckte Vorspann (Z. 1–3) verdeutlicht den Bezug zum Jugendwort des Jahres und bringt zugleich die Haltung der Autorin zum Ausdruck: Kathleen Hildebrand gefällt das Wort „Smombie“ an sich, allerdings lassen ihre beiden Leitfragen Zweifel daran erkennen, dass das Jugendwortes tatsächlich in der Lebenswelt der Jugendlichen Verwendung findet.

Mögliches Ergebnis (2/3)

Im ersten Absatz (Z. 5–9) schildert die Autorin eine Situation, in welcher ein Smartphone-Nutzer in der Öffentlichkeit mit „Smombie" angesprochen wird. Dieses Alltagsbeispiel soll den Leser zum Nachdenken anregen: Er muss beurteilen, ob sich der beschriebene Fall mit seinen eigenen Erfahrungen deckt. Die Vorgabe der Antwort „Nein" zu Beginn des zweiten Textabschnitts (Z. 11) leitet eine ironische Distanzierung Hildebrands vom zuvor genannten Beispiel ein. Es wird klar, dass sie dieses nur anführt, um die fehlende Bekanntheit des Begriffs „Smombie" zu zeigen. Direkt im Anschluss folgt die Sachinformation, dass es sich um das Jugendwort des Jahres handelt (Z. 12–14). Ein zitiertes Argument der Jurorin Ilknur Braun verdeutlicht den Grund für die Wahl dieses Jugendwortes: Es beschreibe die Selbstverständlichkeit von Smartphones heutzutage (Z. 14–16). Im dritten Absatz (Z. 18–22) formuliert die Autorin Vermutungen über den Gebrauch des Wortes „Smombie" bei Jugendlichen: Sie lässt offen, ob die Altersgruppe der 14- bis 16-Jährigen den Begriff nie, selten oder erst ab der Wahl zum Jugendwort verwendet.

Am Anfang des vierten Abschnitts (Z. 23–30) steht die These, dass Jugendwörter häufig realitätsfern seien. Als Erfahrungsargumente führt Hildebrand „Gammelfleischparty" sowie „Niveaulimbo" an und hinterfragt die Bedeutung dieser Begriffe für die Lebenswelt von Jugendlichen. Die Autorin würdigt im letzten Absatz (Z. 32–37) die Aussagekraft des Wortes „Smombie" und bedauert dessen Wahl zum Jugendwort aufgrund der Befürchtung, dass dadurch eine Nutzung des Begriffs unter Jugendlichen unattraktiv werden könnte.

Mögliches Ergebnis (3/3)

Hauptteil II: Untersuchung der sprachlichen Gestaltung

Das Schlüsselwort „Smombie“ ist eine kreative Wortneuschöpfung, gebildet aus „Smartphone“ und „Zombie“. Obwohl die Autorin die Verbreitung in der jungen Generation anzweifelt, klingt der Begriff jugendsprachlich. Im Vorspann würdigt sie das Jugendwort, das sie mit einer Litotes als „keine uncharmante Wahl“ bezeichnet (Z. 1). Die Zustimmung wird durch die doppelte Verneinung verstärkt. Zwei Leitfragen im Vorspann (Z. 1–3) erzeugen beim Leser Neugier. In der zweiten Frage bilden die Nomen „Sieg“ und „Tod“ eine Antithese. Dass „der Sieg gleichsam der Tod“ des Jugendwortes sein könnte, ist symbolisch gemeint und stellt ein Paradoxon dar.

Das Alltagsbeispiel, in dem Hildebrand die Begegnung mit einem „Kollegen“ schildert, ist bewusst umgangssprachlich-lässig formuliert (Z. 5–9). Sie beschreibt metaphorisch das „Wischen“ über die Überschriften von SZ.de und kreiert das Verb „candycrushen“ – eine Wortneuschöpfung, um das Spiel „Candy Crush Saga“ zu bezeichnen. Der Gruß des Kollegen („Guten Morgen, du Smombie!“) ist eine prägnante Ellipse (Z. 9).

Mit zwei Scheinfragen richtet sich die Autorin am Anfang des nächsten Abschnitts direkt an den Leser (Z. 11). Sie gibt darin vor, dass ihr eingangs genanntes Alltagsbeispiel nicht realistisch ist. Beide Fragen sind kurz, die erste („Nein?“) sogar elliptisch. Im weiteren Textverlauf nennt Hildebrand zwei Jugendwörter aus vergangenen Jahren: „Gammelfleischparty“ (Z. 25) ist eine metaphorische Wortneuschöpfung aus dem Bereich der Jugendsprache, die sarkastisch wirkt. Auch beim Wort „Niveaulimbo“ (Z. 26) handelt es sich um eine anschauliche metaphorische Wortneuschöpfung. Mit drei rhetorischen Fragen zweifelt die Autorin die Verankerung der Jugendwörter in der Lebenswelt der Jugendlichen an (Z. 27–30). Sie selbst drückt sich stellenweise jugendsprachlich aus („super uncooler Streber“ – Z. 29), wodurch sie den Eindruck vermittelt, die junge Generation gut zu kennen. Die Ellipse „Aber gut.“ (Z. 33) dient als Überleitung zum letzten Absatz. Wie im Vorspann würdigt Hildebrand hier mit einer Litotes („kein uncharmantes Wort“ – Z. 33) den Begriff „Smombie“. Um den Leser davon zu überzeugen, dass offizielle Jugendwörter auf junge Leute abstoßend wirken, verwendet sie wieder eine rhetorische Frage (Z. 34–36). Insgesamt ist der Sprachstil – wie bei einer Glosse üblich – heiter-ironisch.

Schlussteil: kurze persönliche Stellungnahme zur Wirkungskraft

Hildebrand entlarvt treffend den verkrampften Versuch der Jury, auf der Suche nach „dem“ Jugendwort das Sprechen und Denken junger Menschen zu verstehen. Etwas unklar ist für den Leser, warum sie im Begriff Smombie „kein uncharmantes Wort“ sieht. Angesichts vieler sprachlicher Mittel wirkt die Glosse insgesamt auf den Leser unterhaltsam, sie regt aber auch zum Nachdenken über Jugendsprache und Sprache im Allgemeinen an.

Klassenarbeit (1/3)

Thema:

Die Kurzgeschichte „Der letzte Freundschaftsdienst“ analysieren und interpretieren

Aufgabe:

- Analysiere und interpretiere die Kurzgeschichte.

Beachte!

- Arbeite gründlich vor.
- Halte die erforderlichen Arbeitsschritte ein.
- Denke an Begründungen und Textbelege.

Der letzte Freundschaftsdienst

Lars Fedeler (2015)

Bestimmt wird Herr Winter gleich die Sophie drannehmen.

Sophie sitzt in der ersten Reihe. Sie meldet sich (wie immer) mit einem lauten Schnipsen. Dabei schaut sie Herrn Winter mit großen Kulleraugen an; die Nummer mit dem Hundeblick zieht immer. Sie macht mit ihrer hellen Stimme ein stöhnendes Geräusch und streckt ihren kurvigen Brustkorb vor.

Jetzt kann Herr Winter nicht anders: „Wir hören uns zuerst Sophies Hausaufgabe an. Wie ich sehe, hat sie viel geschrieben. – Bitte, Sophie!“

Alle Lehrer lieben Sophie. Die guten Noten fürs Mündliche fliegen ihr zu, und wenn sie mal eine Arbeit wegen eines Blackouts vergeigt, werden sämtliche Augen zugedrückt. Trotzdem hassen wir sie nicht. (Glaube ich jedenfalls.) Sophie hat den Ruf, ein echt sozialer Typ zu sein. Bei ihr zu Hause steigen die coolsten Partys. Auf dem Schulhof grüßt sie jeder Zweite. Die Jungs bewundern ihre Topmodel-Figur und ihre blondierten Haare. Ihr aktueller Freund ist ein 20-jähriger Cabrio-Fahrer.

Niemand – wirklich niemand – in unserer Klasse hat so viele Facebook-Freunde wie Sophie.

Auch ich darf ihre Freundin sein, sogar im echten Leben. Dabei sind wir im Grunde recht verschieden. Unsere Freundschaft fing im Herbst damit an, dass Sophie mir Komplimente für meine Geschichtskenntnisse machte. Irgendwann gingen wir gemeinsam aus. Seitdem betrachtet mich keiner mehr als graue Maus. Und Sophie ist gut in Geschichte. – Eigentlich eine perfekte Symbiose.

Schmuckelemente © Aquir – Fotolia.com

Klassenarbeit (2/3)

„Ja, also, ich möchte euch jetzt mal erzählen – ich meine erläutern – wie das damals halt so war mit der deutschen Wiedervereinigung." Sophie liebt es theatralisch. Sie wendet sich der Klasse zu, lässt ihren Blick belehrend über unsere Köpfe schweifen, fährt mit ihren langen Fingern über die perfekte Frisur, räuspert sich und holt tief Luft. Meine Knie beginnen, zu schlottern, als Sophie mit dem Vorlesen beginnt. „Also: Die deutsche Wiedervereinigung wäre ohne die sowjetische Politik von Glasnost und Perestroika – schwere Wörter, haha – undenkbar gewesen."
Herr Winter nickt wohlwollend. Ich werde rot, denn nun wird's peinlich. „Bundeskanzler Erich Honecker nutzte die Gesprächsbereitschaft der Führung in Moskau, um dem sowjetischen Staats- und Parteichef Wladimir Putin weitgehende Zugeständnisse zur Aufhebung der deutschen Teilung abzuringen."

Das Dauerlächeln im faltigen Gesicht von Herrn Winter erstarrt. Samuel und Rafael – die richtigen Streber – heben dezent ihre Arme. Ich spüre, wie eine warme Schweißperle von meiner Stirn bis zur Nasenspitze rollt. Sie fällt hinunter auf mein Hausaufgabenheft, in dem haargenau derselbe Schrott steht wie in Sophies Heft, aus dem sie gerade vorliest. Natürlich wird Herr Winter das nicht merken, denn die Hefte kontrolliert er so ziemlich nie.
„Das politische Ende der BRD ist aber in besonderem Maße ein Verdienst der Bürgerrechtsbewegung in Städten wie Düsseldorf, wo regelmäßig die berühmten Montagsdemos stattfanden", fährt Sophie völlig ungeniert fort. „Unverzichtbar für die Verwirklichung der deutschen Einheit war auch das Einverständnis der Westmächte. Im Frühjahr 1990 trafen sich der britische Premierminister Winston Churchill und der amerikanische Präsident Abraham Lincoln …"

Nun merken nicht nur viele Schlafmützen in der Klasse, dass etwas nicht stimmt, sondern sogar die notorischen Smartphone-Junkies, die während solcher Referate unter ihren Tischen mit den Dingern herumdaddeln.
„Ähm, ja, vielen Dank, Sophie", unterbricht Herr Winter endlich den Vortrag – krampfhaft darum bemüht, dem Unfug noch irgendetwas pädagogisch Wertvolles abzugewinnen. „Dieser erste Teil deiner Hausaufgabe bietet uns bereits einige sehr interessante Aspekte, über die wir allerdings im Plenum diskutieren müssen. – Wer möchte sich mal zu Sophies Ausführungen äußern? – Rafael, bitte …"

Schmuckelemente © Aquir – Fotolia.com

Klassenarbeit (3/3)

„Was sollte diese Scheiße?", faucht Sophie mich an, als Herr Winter pünktlich beim Gong den Klassenraum verlässt.

Ich stelle mich dumm: „Meine Schwester ist dauernd in mein Zimmer gekommen, deshalb habe ich mich gestern bei den Hausaufgaben nicht konzentrieren können. Ehrlich!"

„Pah", schimpft Sophie völlig verständnislos, sie wittert den Braten.

„Sonst sind die Geschichtshausaufgaben, die ich bei dir abschreibe, doch immer megaperfekt! – Sozusagen auf dem Rafael-Samuel-Level."

„Dann nimm doch ab jetzt deren Hausaufgaben!", platzt es giftig aus mir heraus.

Sophie reißt ihre blauen Augen auf, sie ist ehrlich erschüttert.

„Mensch, Anna, du weißt doch ganz genau, dass die beiden Außenseiter mir niemals ihre Hefte leihen würden! Sind halt so komische Nerds. – Aber dass du dich plötzlich so anstellst, ist schon echt der Hammer! – Ich dachte, wir sind Freundinnen!"

© kickimages – Fotolia.com

Wörterlexikon

Zeile 11: **Blackout** | Denkblockade
Zeile 24: **Symbiose** | Zusammenleben ungleicher Lebewesen zu gegenseitigem Nutzen
Zeile 27: **theatralisch** | in der Art eines Schauspielers
Zeile 31: **sowjetisch** | vom Staat Sowjetunion (kommunistische Großmacht in Russland und den umliegenden Staaten bis 1991)
Zeile 32: **Glasnost und Perestroika** | Offenheit und Neugestaltung (russische Begriffe)
Zeile 41: **dezent** | taktvoll, unaufdringlich
Zeile 47: **BRD** | Bundesrepublik Deutschland
Zeile 78: **Nerd** | (in diesem Zusammenhang) intelligente, aber sozial isolierte Person

Viel Spaß und viel Erfolg!

Schmuckelemente © Aquir – Fotolia.com

Erwartungshorizont für die Lehrkraft

1) Inhaltliche Leistung

	Kompetenzerwartung: Der Schüler …	**Punkte (max.)**
1.	nennt in der *Einleitung* die *Publikationsdaten* sowie das *Thema*, stellt die beiden *Hauptpersonen* Anna und Sophie vor und gibt den *Inhalt* kurz wieder.	13
2.	beschreibt im *Hauptteil* zunächst allgemeine *gestalterische Besonderheiten*.	7
3.	stellt im *Hauptteil* anschließend die *inhaltlichen Besonderheiten* dar.	20
4.	beschreibt daraufhin im *Hauptteil* die *sprachlich-stilistischen Besonderheiten* und ihre *Wirkung*.	20
5.	stellt im *Schlussteil* die *Intention* des Textes dar und verfasst eine *Stellungnahme* zur Thematik sowie zur inhaltlichen und sprachlichen Gestaltung.	10
	Teilsumme Inhalt:	**70**

2) Darstellungsleistung

	Kompetenzerwartung: Der Schüler …	**Punkte (max.)**
1.	formuliert *sachlich*.	5
2.	formuliert *zusammenhängend* durch treffende sprachliche *Verknüpfungen*.	5
3.	verwendet *fachsprachliche Begriffe* korrekt.	4
4.	fügt *Textbelege* und *Zitate* korrekt in die Ausführungen ein.	4
5.	schreibt *grammatisch* korrekt (u. a. Syntax).	6
6.	schreibt *orthografisch* korrekt (Rechtschreibung, Zeichensetzung).*	6
	Teilsumme Inhalt:	**30**

Gesamtpunktzahl = Inhaltliche Leistung + Darstellungsleistung:	**100**

Vorschlag zur Benotung:

Note 1	Note 2	Note 3	Note 4	Note 5	Note 6
89 bis 100 P.	76 bis 88 P.	63 bis 75 P.	50 bis 62 P.	20 bis 49 P.	0 bis 19 P.

* Wenn der Schüler orthografische Regeln häufig nicht beachtet, wird die Note um eine Notenstufe abgesenkt. Drückt sich der Schüler sprachlich sehr sicher aus, wird die Note um eine Stufe angehoben. Für Schüler mit LRS sowie Deutsch als Zweitsprache gelten besondere Regelungen, die ggf. durch die Schulkonferenz festgelegt wurden.

Wissen, worauf es ankommt (1/4)

Aufgabe:

Schätze deinen Leistungsstand zu den einzelnen Anforderungen ein. Kreuze an, wie gut du schon bist.

➡ Der Inhalt deiner Textanalyse und -interpretation

1. **Einleitung:** Nenne die **Publikationsdaten** (Kurzgeschichte „Der letzte Freundschaftsdienst", 2015 von Lars Federeler verfasst) sowie das **Thema** (Rache wegen Ausnutzung). – Stelle die **Hauptpersonen** (Anna und Sophie) vor. – Gib den **Inhalt** (Zweckfreundschaft, Blamage in der Geschichtsstunde, Aussprache) kurz wieder.

   ☐ *Kann ich schon gut.* ☐ *Klappt überwiegend.* ☐ *Sollte besser werden.*

2. **Hauptteil I:** Beschreibe erst allgemeine **gestalterische Besonderheiten**. (Ich-Perspektive: Annas Sicht, Handlung im Präsens: Schultag in einer Schule, Rückblick im Präteritum)

   ☐ *Kann ich schon gut.* ☐ *Klappt überwiegend.* ☐ *Sollte besser werden.*

3. **Hauptteil II:** Stelle anschließend die **inhaltlichen Besonderheiten** dar. (Personen und ihre Charaktereigenschaften, Figurenkonstellation, Konflikt, Entwicklung im Handlungsverlauf)

   ☐ *Kann ich schon gut.* ☐ *Klappt überwiegend.* ☐ *Sollte besser werden.*

4. **Hauptteil III:** Beschreibe daraufhin die **sprachlich-stilistischen Besonderheiten** und ihre **Wirkung**. (z. B. jugendliche Umgangssprache, Anglizismen, Neologismen, Metaphern)

   ☐ *Kann ich schon gut.* ☐ *Klappt überwiegend.* ☐ *Sollte besser werden.*

5. **Schlussteil:** Stelle die **Intention** des Textes (z. B. Warnung vor Zweckfreundschaften, Konfliktlösung durch Aussprache statt Rache) dar. Schreibe daraufhin eine persönliche **Stellungnahme** zur Thematik sowie zur inhaltlichen und sprachlichen Gestaltung.

   ☐ *Kann ich schon gut.* ☐ *Klappt überwiegend.* ☐ *Sollte besser werden.*

Schmuckelemente © Aquir – Fotolia.com

 | © Verlag an der Ruhr | Autor: Lars Fedeler | ISBN 978-3-8346-3925-7

Wissen, worauf es ankommt (2/4)

Aufgabe:

- Schätze deinen Leistungsstand zu den einzelnen Anforderungen ein. Kreuze an, wie gut du schon bist.

➡ Die Art, wie du deine Textanalyse und -interpretation schreibst (Darstellung)

1. Formuliere **sachlich**.
   ☐ *Kann ich schon gut.* ☐ *Klappt überwiegend.* ☐ *Sollte besser werden.*
2. Formuliere **zusammenhängend** durch treffende sprachliche **Verknüpfungen**.
   ☐ *Kann ich schon gut.* ☐ *Klappt überwiegend.* ☐ *Sollte besser werden.*
3. Verwende **Fachbegriffe** korrekt.
   ☐ *Kann ich schon gut.* ☐ *Klappt überwiegend.* ☐ *Sollte besser werden.*
4. Füge **Textbelege und Zitate** korrekt in deine Ausführungen ein.
   ☐ *Kann ich schon gut.* ☐ *Klappt überwiegend.* ☐ *Sollte besser werden.*
5. Achte auf die korrekte **Grammatik** (z. B. den richtigen Satzbau).
   ☐ *Kann ich schon gut.* ☐ *Klappt überwiegend.* ☐ *Sollte besser werden.*
6. Achte auf eine korrekte **Rechtschreibung** und **Zeichensetzung**.
   ☐ *Kann ich schon gut.* ☐ *Klappt überwiegend.* ☐ *Sollte besser werden.*

Anregungen zur Vorbereitung und Nachbereitung

- Bereite die Analyse und Interpretation der Kurzgeschichte durch mehrfaches Lesen, sinnvolles Markieren und Notizen gründlich vor.
- Denke daran, die Besonderheiten der Kurzgeschichte auf der gestalterischen, inhaltlichen und sprachlich-stilistischen Ebene korrekt und lückenlos zu erschließen.
- Übe, deine Ergebnisse strukturiert, sachlich und textbezogen auszuformulieren.
- Verwende fachsprachliche Begriffe.
- Schreibe zusammenhängend, sprachlich korrekt und angemessen.

Schmuckelemente © Aquir – Fotolia.com

Wissen, worauf es ankommt (3/4)

Tipps zum Thema

Die typischen Merkmale einer Kurzgeschichte

- Die Kurzgeschichte ist eine **epische Kurzform**.
- Sie handelt von besonderen **Alltagssituationen** im Leben **gewöhnlicher Menschen**.
- Die Geschichte zeigt einen **kurzen Ausschnitt** aus einem Geschehen.
- Sie enthält **keine ausführlichen Beschreibungen** der Personen oder des Ortes.
- Sie beginnt und endet abrupt, wodurch **Anfang und Ende „offen"** wirken.

Vor dem Schreiben

- Lies die Kurzgeschichte zunächst sorgfältig, um ein **grundlegendes Textverständnis** zu entwickeln, **kläre unbekannte Begriffe** und notiere deine **Interpretationsideen**.
- Erarbeite die allgemeinen **gestalterischen Besonderheiten** und notiere deine Ergebnisse zu den **erzählerischen Merkmalen**.
  - ➡ Z. B.: Ich-Erzählerin mit ironischer Erzählhaltung …
- Erarbeite die **inhaltlichen Besonderheiten** und notiere deine Feststellungen zu den **Personen** und ihren **Charaktereigenschaften**, zur **Figurenkonstellation**, zum **Konflikt** und dessen Entwicklung im **Handlungsverlauf**.
- Erarbeite die **sprachlich-stilistischen Besonderheiten** und notiere deine Ergebnisse zu den **Schlüsselbegriffen**, zu **sprachlichen Mitteln**, zu Besonderheiten beim **Satzbau** und zum **Sprachstil**.
  - ➡ Z. B.: Wortfeld „Freundschaft", Anglizismen, Metaphern, Jugendsprache
- Beachte den **Zusammenhang** zwischen **Inhalt und Gestaltung**.
- Notiere auf der Grundlage deiner Feststellungen die **Intention** (Aussageabsicht) des Textes.

Schmuckelemente © Aquir – Fotolia.com

Wissen, worauf es ankommt (4/4)

Tipps zum Thema

Achte auf einen gelungenen Aufbau

- Gliedere deine Ausführungen in **drei Teile** (Einleitung, Hauptteil und Schluss) und strukturiere den Text durch **Absätze**.
- Benenne in der **Einleitung** die **Publikationsdaten** (Textsorte, Titel, Erscheinungsjahr, Autor) und stelle das **Thema** sowie die **Hauptpersonen** vor. Schreibe dann eine kurze **Inhaltsangabe** über die wesentlichen Handlungsschritte.
- **Hauptteil:**
  - ➡ Beschreibe zuerst allgemeine **gestalterische Besonderheiten** (erzählerische Merkmale, Zeitebene und Ort der Handlung).
  - ➡ Stelle dann die **inhaltlichen Besonderheiten** dar (Personen, Charaktereigenschaften, Figurenkonstellation, Konflikt und Entwicklung im Handlungsverlauf).
  - ➡ Beschreibe zuletzt die **sprachlich-stilistischen Besonderheiten** (Schlüsselbegriffe, auffällige sprachliche Mittel und ihre Funktionen, Besonderheiten beim Satzbau, Sprachstil) mit Bezug zum Inhalt.
- Erläutere im **Schlussteil** die **Intention** des Textes. Verfasse dann eine **Stellungnahme** zur Thematik sowie zur inhaltlichen und sprachlichen Gestaltung der Kurzgeschichte.

Achte auf passende Formulierungen

- Schreibe in der Zeitform **Präsens (Gegenwart)**.
- Drücke dich **sachlich** aus.
- Formuliere einen zusammenhängenden Text durch **sinnvolle Ein- und Überleitungen**.
  ➡ Z. B.: Im Gegensatz zu Sophie wirkt Anna unscheinbar.
  Dies wird durch ihren Ruf als „graue Maus" (Z. 23) deutlich.
- Verwende **fachsprachliche Begriffe** korrekt.
  ➡ Z. B.: Erzählperspektive: Ich-Erzählerin
- Füge **Textbelege und Zitate** korrekt in deine Ausführungen ein.

Schmuckelemente © Aquir – Fotolia.com

Mögliches Ergebnis (1/3)

Das bedeuten die Hervorhebungen im Text:

Rot:	Struktur der Textanalyse und Interpretation
Grün:	Beschreibung allgemeiner gestalterischer Besonderheiten
Blau:	Beschreibung inhaltlicher Besonderheiten
Ocker:	Benennung sprachlich-stilistischer Besonderheiten und ihrer Wirkung

Textanalyse und -interpretation „Der letzte Freundschaftsdienst"

Einleitung: Publikationsdaten, Thema, Hauptpersonen, Inhaltsangabe

Die im Jahr 2015 von Lars Fedeler geschriebene Kurzgeschichte „Der letzte Freundschaftsdienst" handelt von der hinterlistigen Rache einer Jugendlichen, die sich von ihrer falschen Freundin ausgenutzt fühlt.

Anna ist eine unscheinbare, wenig beachtete Jugendliche, die jedoch über gute Geschichtskenntnisse verfügt. Ihre Mitschülerin Sophie setzt sich dagegen vor der Klasse und den Lehrern gekonnt in Szene und ist sehr beliebt bei Lehrern und Mitschülern. Das Fach Geschichte liegt ihr allerdings nicht. Um von Annas Können zu profitieren, biedert sich Sophie gezielt an und schließt mit der ungleichen Klassenkameradin eine unechte, oberflächliche Freundschaft. Sie fordert von Anna, ihre stets korrekten Geschichtshausaufgaben abschreiben zu dürfen, um sie im Unterricht als ihre eigene Leistung zu präsentieren.

Erst lässt sich Anna auf die als Freundschaftsdienst getarnte Ausnutzung ein, da sich ihr Image in der Klasse schlagartig verbessert, seit sie mit Sophie befreundet ist. Andererseits ist ihr diese falsche Freundschaft zuwider.

Schließlich überwiegt der Frust darüber, ausgenutzt zu werden, weshalb sie sich eines Tages für Sophies Dreistigkeit rächt: Sie lässt sie bewusst eine fehlerhafte Hausaufgabe über die deutsche Wiedervereinigung abschreiben. Erwartungsgemäß darf Sophie bei Herrn Winter, dem Geschichtslehrer, die Hausarbeit vorlesen. Anna plagen Gewissensbisse, während ihr hinterhältiger Plan aufgeht und Sophie sich mit der peinlichen Hausaufgabe vor der ganzen Klasse blamiert. In einer Aussprache der beiden Mädchen nach der Geschichtsstunde sucht Anna zunächst nach Ausreden.

Dann macht sie Sophie aber klar, dass sie sich nicht mehr ausnutzen lassen will. Diese reagiert empört und erinnert Anna an ihre angeblich bestehende Freundschaft.

Mögliches Ergebnis (2/3)

Hauptteil I: Erzählperspektive und -haltung, Zeit- und Raumgestaltung

Die Kurzgeschichte ist in der Ich-Form aus der Perspektive der Figur Anna erzählt. Der Leser lernt dadurch Annas Gedanken und Gefühle kennen. Sophie wird dagegen lediglich aus der Sicht Annas dargestellt und bewertet. Anna beschreibt ihre falsche Freundin zwar nicht direkt hasserfüllt, aber mit Häme, die sich in Wörtern wie „Kulleraugen" (Z. 3) oder „Hundeblick" (Z. 4) äußert. Die als Racheakt geplante Blamage Sophies wird recht spöttisch geschildert, jedoch lässt die Ich-Erzählerin auch ein schlechtes Gewissen erkennen.
Das Geschehen ereignet sich an einem nicht datierten Schultag in einer weiterführenden Schule. Im Zentrum steht die Geschichtsstunde mit Sophies Hausaufgabenvortrag. Ein Rückblick gibt Informationen über die Vorgeschichte (Z. 20–22) und ist, abweichend vom vorherrschenden Präsens, in der Zeitform Präteritum geschrieben. Zudem wird eine Momentaufnahme des Gesprächs zwischen den Mädchen nach der Geschichtsstunde dargestellt.

Hauptteil II: Personen und ihre Charaktereigenschaften, Figurenkonstellation, Konflikt, Entwicklung im Handlungsverlauf

Sophie wird als eine attraktiv aussehende Jugendliche mit „Topmodel-Figur" (Z. 15) beschrieben. Sie gilt bei Lehrern und Mitschülern als beliebt und „hat den Ruf, ein echt sozialer Typ zu sein" (Z. 13). Dieses Image beruht auf ihren angesehenen Partys, der Vielzahl an Bewunderern und Facebook-Kontakten (Z. 13–18). Dennoch deutet die Ich-Erzählerin an, dass Sophie Neider hat und eigentlich verhasst sein könnte (Z. 10–13). Ihr Auftreten wirkt arrogant; dies verdeutlicht beispielsweise ihr belehrender Blick während des Vortrags (Z. 27–28). Trotz ihres Selbstbewusstseins ist Sophie offensichtlich nicht sonderlich gebildet. Ihre großen Wissens- und Kenntnislücken zeigen sich beim Vortrag fehlerhafter Fakten (Z. 35–38, 47–53), die sie als solche nicht erkennt. Gerissen baut sie eine Zweckbeziehung zu Anna auf, um ihre Hausaufgaben abzuschreiben und als eigene Leistung zu präsentieren (Z. 21–23, 43–46). Diese unverfrorene Art der Ausnutzung lässt Sophie unaufrichtig und egoistisch erscheinen. Ihre Oberflächlichkeit überspielt sie theatralisch geschickt (Z. 27–29). Als sie Annas fehlerhafte Hausaufgabe vorträgt und sich blamiert, reagiert sie beleidigt (Z. 65–72). Dies deutet auf einen Mangel an Selbstkritik hin.
Die Ich-Erzählerin ist vor allem im Fach Geschichte strebsam und erfolgreich (Z. 20–21, 71–72). Im Gegensatz zu ihrem schulischen Erfolg steht ein Minderwertigkeitskomplex, der aus ihrer unscheinbaren Art und dem Image als „graue Maus" (Z. 22–23) resultiert. Sie wirkt angesichts dessen frustriert und insgeheim neidisch auf Sophies Attraktivität (Z. 3–6, 14–18). Dadurch wird sie verführbar und geht die unaufrichtige Zweckfreundschaft mit Sophie ein (Z. 20–24). Obwohl sie daraufhin bei anderen Jugendlichen angesehener ist (Z. 22–23), fühlt sich Anna von der Ausnutzung durch Sophie gedemütigt, weshalb sie ihr bewusst eine fehlerhafte Geschichtshausaufgabe zum Abschreiben und Vortragen gibt (Z. 41–46). Dieser hinterlistige Plan bringt Rachsucht zum Ausdruck. Während Sophie sich blamiert, plagen Anna Gewissensbisse. Erkennbar wird dies an ihren schlotternden Knien, ihrem Erröten und einem Schweißausbruch (Z. 29–30, 34, 41–42). Als Sophie sie nach der Stunde zur Rede stellt, verhält sich Anna zunächst feige, indem sie die misslungene Hausaufgabe mit einer Ausrede zu erklären versucht (Z. 67–69). Zum Schluss gibt sie der falschen Freundin jedoch offen und ehrlich zu verstehen, dass sie sich nicht länger von ihr ausnutzen lassen will (Z. 74–75).

Mögliches Ergebnis (3/3)

Während Sophie sich am Ende bloß in einer Opferrolle sieht und ihr eigenes Verhalten in keiner Weise hinterfragt, gewinnt Annas Persönlichkeit in der abschließenden Aussprache an Stärke, indem sie sich von der Zweckfreundschaft löst.
Eine Nebenfigur ist der Geschichtslehrer Winter. Er wirkt naiv und unprofessionell, da er sich von Sophies Schmeicheln beeinflussen lässt (Z. 7–8) und Fehlverhalten in seinem Unterricht toleriert (Z. 55–58). Zudem redet er Sophies fehlerhaften Vortrag schön (Z. 59–63).

Hauptteil III: Sprachlich-stilistische Besonderheiten

„Freundschaft" ist ein Schlüsselwortfeld, obwohl der Begriff im Text eine unaufrichtige und oberflächliche Beziehung beschreibt. Das Wort „Freundschaftsdienst" im Titel ist als Ironie zu verstehen, da sich dahinter Annas hinterlistiger Racheakt verbirgt.
Die Ich-Erzählerin Anna benutzt häufig eine jugendliche Umgangssprache, die einige Anglizismen – wie zum Beispiel die Formulierung „die coolsten Partys" (Z. 14) – enthält.
Sophies Vortrag weist einen holprigen Satzbau, Ausdrucksschwächen und Füllwörter wie „ja, also" (Z. 25) auf; dies verdeutlicht, dass sie vom Thema nichts versteht.
Im Dialog mit Anna verwendet auch Sophie eine jugendliche Umgangssprache mit lässig wirkenden Neologismen wie „megaperfekt" (Z. 72) oder „Rafael-Samuel-Level" (Z. 72).
Die streberhaften Mitschüler bezeichnet sie abfällig mit dem Anglizismus „Nerds" (Z. 78).
In ihrem Zorn auf Anna benutzt sie das derbe Schimpfwort „Scheiße" (Z. 65).
Die steif wirkende, gehobene „Lehrersprache" des Geschichtslehrers hebt sich durch Wörter wie „Aspekte" oder „Plenum" (Z. 62–63) von der Sprache der Jugendlichen ab.
Neben den bereits genannten sprachlichen Mitteln enthält der Text einige Metaphern, die anschaulich wirken – zum Beispiel „Hundeblick" (Z. 4) oder „graue Maus" (Z. 23).
Die prägnanten Aussagen in der wörtlichen Rede weisen teils einen elliptischen Satzbau auf.

Schlussteil: Intention, Stellungnahme

Die Kurzgeschichte warnt den Leser vor unaufrichtigen Zweckfreundschaften, die auf der Ausnutzung anderer beruhen. Annas hinterlistiger Racheakt, mit dem sie Sophie blamiert, stellt keine angemessene Problemlösung dar. Der Leser merkt am Ende der Handlung, dass kein Weg an einer offenen Aussprache über die Missstände vorbeiführt.
Die Themen Ausnutzung, Rache und Konfliktlösung sind in vielen zwischenmenschlichen Beziehungen sowohl in der Schule als auch in der Freizeit bedeutsam. Wie schwierig der richtige Umgang damit ist, wird an der Person Anna in der Kurzgeschichte deutlich: Zuerst macht sie den Fehler, sich auf eine Zweckfreundschaft mit Sophie einzulassen. Daraufhin handelt sie jedoch selbst nicht korrekt: Sie stellt die falsche Freundin bloß, um sich für die demütigende Ausnutzung, die sie nicht mehr akzeptieren will, zu rächen. Annas Bedürfnis nach Rache lässt sich nachvollziehen, allerdings wäre es vernünftiger gewesen, gleich mit Sophie zu sprechen und die unaufrichtige Beziehung für beendet zu erklären.
Die Handlung der Kurzgeschichte wirkt durchaus realistisch. Dieser Eindruck wird durch den jugendsprachlichen Stil mit vielen Anglizismen verstärkt. Einige Neologismen sowie mehrere Metaphern lockern den Text sprachlich auf, sodass er sich gut und leicht lesen lässt.

Kapitel 5: Texte überarbeiten

Klasse 5

Eine Geschichte spannend ausgestalten

Klasse 6

Eine schriftliche Beschwerde verbessern

Klasse 7

Aktiv und Passiv – Satzstrukturen umwandeln

Klasse 8

Direkte und indirekte Rede – Satzstrukturen umwandeln

Klasse 9

Einen privaten Geschäftsbrief verbessern

Klasse 10

Ein Bewerbungsschreiben verbessern

Klassenarbeit

Thema:

Eine Geschichte spannend ausgestalten

Aufgabe:

- Überarbeite die Erlebnisgeschichte, indem du den zweiten Abschnitt aus Theas Sicht spannend ausgestaltest. Ergänze auch eine passende Überschrift.

Beachte!

- Berücksichtige die vorgegebenen Informationen.
- Denke an die Regeln des spannenden Erzählens.

Theas Erlebnisgeschichte

Im Deutschunterricht der Klasse 5c stehen heute spannende Erlebnisgeschichten auf dem Programm. Thea liest die Geschichte vor, die sie geschrieben hat:

„Wir werden wohl erst gegen Mitternacht zu Hause sein!", rief Papa aus dem Autofenster, als der Wagen mit meinen schick angezogenen Eltern vom Hof rollte. „Pass gut auf Jonas und Minni auf!", hörte ich noch Mamas besorgte Stimme. Dann fuhren sie eilig Richtung Theater und ließen mich mit meinem drei Jahre jüngeren Bruder und unserer Katze allein zu Haus.

Jonas und ich spielten im Wohnzimmer Karten. Es war heiß. Ich öffnete ein Fenster. Minni erblickte draußen einen Vogel und hüpfte durch das offene Fenster hinaus in den Garten. Jonas lief nach draußen, um die Katze zurückzuholen. Es donnerte. Ein Gewitter zog auf. Ich wartete auf Jonas und Minni. Nach einer Weile ging ich hinaus und suchte sie. Vergeblich. Es regnete in Strömen. Als ich ins Haus zurückkam, saßen Jonas und Minni kuschelnd auf dem Sofa. Sie waren durch das offene Wohnzimmerfenster zurückgeklettert.

Die Mitschüler finden Theas Erlebnis zwar interessant, aber leider im entscheidenden Teil nicht spannend erzählt. Sie fordern eine Überarbeitung.

Viel Spaß und viel Erfolg!

Schmuckelemente © Aquir – Fotolia.com

Erwartungshorizont für die Lehrkraft

1) Inhaltliche Leistung

	Kompetenzerwartung: Der Schüler …	**Punkte (max.)**
1.	ergänzt *passende Einzelheiten*, um Stimmungen und Situationen zu beschreiben.	22
2.	bringt *Theas Gedanken und Gefühle* zum Ausdruck.	18
3.	verwendet an geeigneten Stellen *wörtliche Rede*.	18
4.	orientiert sich an den *vorgegebenen Handlungsschritten*.	7
5.	findet eine *passende und interessante Überschrift*.	5
	Teilsumme Inhalt:	**70**

2) Darstellungsleistung

	Kompetenzerwartung: Der Schüler …	**Punkte (max.)**
1.	schreibt aus Theas Sicht in der *Ich-Form*.	2
2.	verwendet die Zeitform *Präteritum*.	2
3.	formuliert *abwechslungsreich*.	6
4.	formuliert *anschaulich* und *lebendig*.	6
5.	schreibt *grammatisch* korrekt (u.a. Syntax).	7
6.	schreibt *orthografisch* korrekt (Rechtschreibung, Zeichensetzung).*	7
	Teilsumme Inhalt:	**30**

Gesamtpunktzahl = Inhaltliche Leistung + Darstellungsleistung:	**100**

Vorschlag zur Benotung:

Note 1	**Note 2**	**Note 3**	**Note 4**	**Note 5**	**Note 6**
89 bis 100 P.	76 bis 88 P.	63 bis 75 P.	50 bis 62 P.	20 bis 49 P.	0 bis 19 P.

* Wenn der Schüler orthografische Regeln, die in Klasse 5 als bekannt vorausgesetzt werden, häufig nicht beachtet, wird die Note um eine Notenstufe abgesenkt. Drückt sich der Schüler sprachlich sehr sicher aus, wird die Note um eine Stufe angehoben. Für Schüler mit LRS sowie Deutsch als Zweitsprache gelten besondere Regelungen, die ggf. durch die Schulkonferenz festgelegt wurden.

Wissen, worauf es ankommt (1/3)

Aufgabe:

Schätze deinen Leistungsstand zu den einzelnen Anforderungen ein. Kreuze an, wie gut du schon bist.

Der Inhalt deiner spannend ausgestalteten Geschichte

1. Ergänze **passende Einzelheiten**, um **Stimmungen und Situationen** zu beschreiben.
   ☐ *Kann ich schon gut.* ☐ *Klappt überwiegend.* ☐ *Sollte besser werden.*
2. Bringe **Theas Gedanken und Gefühle** zum Ausdruck.
   ☐ *Kann ich schon gut.* ☐ *Klappt überwiegend.* ☐ *Sollte besser werden.*
3. Verwende an geeigneten Stellen **wörtliche Rede**.
   ☐ *Kann ich schon gut.* ☐ *Klappt überwiegend.* ☐ *Sollte besser werden.*
4. Orientiere dich an den **vorgegebenen Handlungsschritten**.
   ☐ *Kann ich schon gut.* ☐ *Klappt überwiegend.* ☐ *Sollte besser werden.*
5. Finde eine **passende und interessante Überschrift**.
   ☐ *Kann ich schon gut.* ☐ *Klappt überwiegend.* ☐ *Sollte besser werden.*

Die Art, wie du deine Geschichte ausgestaltest (Darstellung)

1. Schreibe aus Theas Sicht in der **Ich-Form**.
   ☐ *Kann ich schon gut.* ☐ *Klappt überwiegend.* ☐ *Sollte besser werden.*
2. Verwende die Zeitform **Präteritum (Vergangenheit)**.
   ☐ *Kann ich schon gut.* ☐ *Klappt überwiegend.* ☐ *Sollte besser werden.*
3. Formuliere **abwechslungsreich**.
   ☐ *Kann ich schon gut.* ☐ *Klappt überwiegend.* ☐ *Sollte besser werden.*
4. Formuliere **anschaulich** und **lebendig**.
   ☐ *Kann ich schon gut.* ☐ *Klappt überwiegend.* ☐ *Sollte besser werden.*
5. Achte auf die korrekte **Grammatik** (z. B. den richtigen Satzbau).
   ☐ *Kann ich schon gut.* ☐ *Klappt überwiegend.* ☐ *Sollte besser werden.*
6. Achte auf eine korrekte **Rechtschreibung** und **Zeichensetzung**.
   ☐ *Kann ich schon gut.* ☐ *Klappt überwiegend.* ☐ *Sollte besser werden.*

Schmuckelemente © Aquir – Fotolia.com

Wissen, worauf es ankommt (2/3)

Anregungen zur Vorbereitung und Nachbereitung

- Ergänze passende Einzelheiten, um die Handlung „lebendig" wirken zu lassen.
- Stelle die Gefühle und Gedanken der Person(en) anschaulich dar.
- Füge an geeigneten Stellen wörtliche Rede ein.
- Übe, abwechslungsreich zu formulieren.
- Erzeuge durch interessante Satzanfänge sowie anschauliche Verben und Adjektive Spannung.
- Übe, eine passende Überschrift zu formulieren, die Neugier weckt.
- Schreibe sprachlich korrekt und angemessen.

Tipps zum Thema

Die typischen Merkmale einer spannenden Geschichte

- Eine spannende Geschichte beginnt mit einer **Einleitung**, in der die **Ausgangssituation** kurz beschrieben wird. (In Theas Erlebnisgeschichte ist dies der erste vorgegebene Abschnitt.)
- Sie hat eine „**Spannungskurve**", die im **Hauptteil** auf einen „**Höhepunkt**" zusteuert, an dem die Spannung am größten ist.
- Sie enthält einen knappen **Schluss**, in dem die **Spannung aufgelöst** wird.
- Die Geschichte muss so **anschaulich** und **lebendig** gestaltet sein, dass man sich die Handlung vor dem „inneren Auge" anschauen kann und mit den Personen mitfühlt.

Bereite die spannende Ausgestaltung der Geschichte gründlich vor

- **Lies** den vorgegebenen Text mehrmals **sorgfältig**.
- Versetze dich in die Lage der beteiligten Person(en) und halte ihre möglichen **Gefühle** und **Gedanken** fest.
  - ➡ Z. B.: Thea ➡ Angst, dass Jonas und Minni etwas zugestoßen sein könnte / Verzweiflung, weil sie ihren Bruder und die Katze draußen nicht findet / Erleichterung, als sie die beiden auf dem Sofa erblickt
- Überlege, an welchen Textstellen **Ergänzungen** notwendig sind, um die gewünschte **Spannung** zu erzeugen.
- Notiere am Rand oder auf einem Notizblatt **Formulierungen** – wie anschauliche Verben und Adjektive, Gefühlsbeschreibungen und Aussagen in wörtlicher Rede – zur **Vorbereitung der spannenden Ausgestaltung** des Textes.
- Sammle **Ideen für eine passende und interessante Überschrift**. Entscheide dich erst nach dem Schreiben des Textes für eine Formulierung; dann kannst du am sichersten beurteilen, welche die beste ist.

Schmuckelemente © Aquir – Fotolia.com

Wissen, worauf es ankommt (3/3)

Tipps zum Thema

Schreibe den Text so um, dass er spannend wirkt

Füge zum vorgegebenen Text **passende Einzelheiten** hinzu, die die Geschichte **anschaulich** und **lebendig** wirken lassen. Das schaffst du so:

- Ergänze ausdrucksstarke Formulierungen zur Beschreibung von **Gefühlen** und **Gedanken**.
  - ➡ Z. B.: Die schlimme Befürchtung, dass Jonas und Minni irgendwohin verschwunden sein könnten, wurde zu einer quälenden Gewissheit. Meine weichen Knie begannen, heftig zu zittern.
- Füge an geeigneten Stellen **wörtliche Rede** ein.
  - ➡ Z. B.: „Jonas!", schrie ich mit heiserer Stimme gegen das ohrenbetäubende Donnergrollen an. „Falls du dich bloß vor mir versteckst: Ich finde das nicht witzig!"
- Sei **kreativ**, aber **beachte die Textvorgabe** als „Rahmen" deiner Ausgestaltung. (Es soll keine „neue" Geschichte mit einem anderen Handlungsverlauf und anderen Personen entstehen.)
- Formuliere eine **passende und interessante Überschrift**, die zum Lesen anregt.

Achte auf passende Formulierungen

- Schreibe in der **Ich-Form**, da du aus Theas Sicht erzählst.
- Erzähle in der Zeitform **Präteritum (Vergangenheit)**.
- Formuliere möglichst **abwechslungsreich** und vermeide ständige Wortwiederholungen.
- Erzeuge Spannung durch **anschauliche Verben und Adjektive** (z. B. erschaudern/zittern/eiskalt/panisch).
- Formuliere interessant wirkende **Satzanfänge** (z B.: Plötzlich .../ Noch während ich angestrengt überlegte, .../Wie befürchtet ...).

Schmuckelemente © Aquir – Fotolia.com

Mögliches Ergebnis

Das bedeuten die Hervorhebungen im Text:

Grün:	Theas Gedanken und Gefühle
Rot:	Einzelheiten, um Stimmungen und Situationen zu beschreiben
Blau:	wörtliche Rede
Ocker:	spannend wirkende Satzanfänge

Verschwunden im Unwetter

(…) „Komm, wir spielen Karten!", forderte ich Jonas auf, denn es war noch viel zu früh, um ins Bett zu gehen. Wir setzten uns zum Spielen auf das bequeme Wohnzimmersofa, Minni lag, zufrieden schnurrend, daneben, wir nahmen uns leckere Kekse und Limonade.
„Mir ist heiß", stöhnte Jonas nach einigen Partien. Auch ich schwitzte, dagegen half selbst die Limo nicht. „Wir sollten mal ordentlich lüften", schlug ich vor und öffnete das Wohnzimmerfenster. „Puh, draußen ist es fast genauso stickig", stellte ich enttäuscht fest. Heute hatte sich die Hitze des Sommertages auch am Abend nicht aufgelöst. Stattdessen war es unerträglich schwül. Es roch nach Gewitter.
Auf einmal kam ein kleiner Vogel herangeflattert, setzte sich auf einen Zweig ganz nah am Fenster und starrte neugierig ins Wohnzimmer. Minni fauchte wild. Plötzlich hüpfte sie wie ein Flummi durch das offene Fenster in den Garten, um den Piepmatz zu jagen.
„Ich hole Minni zurück!", rief Jonas entschlossen und flitzte davon. Genau in dem Moment ertönte ein furchterregendes Donnern. Einige Augenblicke später prasselten bereits die ersten dicken Regentropfen aus der dunkelgrauen Wolkenwand, die sich gespenstisch vor das Abendrot schob. Grelle Blitze zuckten vom Himmel.
Während sich das Unwetter zusammenbraute, wartete ich mit wachsender Anspannung auf Jonas und Minni. – Wo blieben die beiden nur? – „Komm rein, Jonas, du wirst ja ganz nass!", brüllte ich durchs Fenster in den heulenden Wind. „Minni kommt schon allein klar!" – Keine Reaktion. – „Jonas!", schrie ich mit heiserer Stimme gegen das ohrenbetäubende Donnergrollen an. „Falls du dich bloß vor mir versteckst: Ich finde das nicht witzig!" Die schlimme Befürchtung, dass Jonas und Minni irgendwohin verschwunden waren, wurde zu einer quälenden Gewissheit. Meine weichen Knie begannen, heftig zu zittern. Dann gab ich mir einen Ruck und eilte, ohne an einen Regenmantel zu denken, ins Freie. Im Nu war ich patschnass, aber die Sorge ließ mich Wind und Wetter vergessen. Lästiger war die plötzliche Dunkelheit, die meine Suche im Garten erschwerte. Hockten die beiden in der Gartenhütte? Ein Blitz erhellte für einen Moment den Schuppen. – Kein Jonas, keine Minni. Nur Gerümpel. Hechelnd rannte ich auf die menschenleere Straße. „Ich muss die Polizei rufen!", schluchzte ich und kehrte panisch ins Haus zurück.
Auf einmal hörte ich eine vertraute Stimme vom Wohnzimmersofa: „Du siehst ja aus wie ein begossener Pudel, Thea!" Da saß Jonas mit einem Handtuch um den Kopf und kuschelte mit Minni! „Wie seid ihr …", stotterte ich verwirrt. Jonas fiel mir grinsend ins Wort: „Minni ist wieder durchs offene Fenster zurückgehüpft – und ich hinterher."

Klassenarbeit (1/2)

Thema:

Eine schriftliche Beschwerde verbessern

Aufgaben:

1. Erläutere, weshalb Theos Schreiben nicht gelungen ist.
2. Formuliere eine verbesserte Fassung der Beschwerde, die ohne Bedenken beim Hausmeister eingereicht werden kann.

Beachte!

- Schreibe aus Theos Sicht.
- Berücksichtige die Wirkung der Formulierungen auf Herrn Horstmann.

Bei einer Sitzung der Schülervertretung beschweren sich viele Klassensprecher über die Vernachlässigung der Schultoiletten durch den Hausmeister. Er heißt Herr Horstmann. Daraufhin verfasst der Schülersprecher Theo Weidner folgendes Beschwerdeschreiben im Namen der Schülervertretung:

Moin Herr Horstmann,

normalerweise sind Sie derjenige, der was zu meckern hat. Diesmal sind wir aber sauer auf Sie. Sie fragen sich jetzt bestimmt, wer wir sind. Wir sind die Schülervertretung und ich bin übrigens der Schülersprecher, der im Namen aller Schüler diese Beschwerde schreibt. Ich bin also nicht irgendwer. Ach ja, worum geht's? Sie sollten sich mal gefälligst gewissenhafter um die Schultoiletten kümmern !!!

Stellen Sie sich mal vor, dass Sie sich die Hände waschen wollen, aber der Hebel des Seifenspenders klemmt! – Blöd, oder? – Das ist der Chantal aus der 6c letzte Woche auf der Mädchentoilette im 2. Stock passiert. Sie hat's dann im Schulbüro gemeldet und sich gedacht: „Der Horsti repariert das schon." Aber die Mädchen mussten leider feststellen, dass das dumme Ding noch immer klemmt.

Schmuckelemente © Aquir – Fotolia.com

Klassenarbeit (2/2)

Es geht noch weiter: Aus den Wasserhähnen der Jungenklos im Erdgeschoss fließt in letzter Zeit eine rostbraune Brühe. – Total ekelhaft!!! – Die Lehrer berichteten, dass das bei ihrer Toilette nebenan auch so ist, und versuchten, uns zu beruhigen: „Der Hausmeister weiß Bescheid und wird sich kümmern." –
Ja, ja, von wegen!!!

Und nun das Krasseste: Auf dem Jungenklo in der Turnhalle muss man im Halbdunkeln sein Geschäft erledigen, weil bei den Lampen fast alle Glühbirnen durchgebrannt sind. Außerdem lassen sich die Fenster nicht mehr zum Lüften öffnen. Ein Mitschüler meinte: „Ohne Atemschutzmaske gehe ich da nicht rein!"

Tja, Herr Horstmann, es gibt auf den „stillen Örtchen" unserer Schule jede Menge für Sie zu tun!!! Ich will, dass Sie sofort morgen mit der Reparatur anfangen!!!

Mit hohen Erwartungen

Theo

© BillionPhotos.com – Fotolia.com

Bevor er das Schreiben im Büro des Hausmeisters abgibt, möchte Theo von dir erfahren, ob der Text gelungen ist. Du stellst fest, dass die schriftliche Beschwerde in dieser Form auf keinen Fall eingereicht werden sollte.

Viel Spaß und viel Erfolg!

Schmuckelemente © Aquir – Fotolia.com

Erwartungshorizont für die Lehrkraft

1) Inhaltliche Leistung

	Kompetenzerwartung: Der Schüler …	**Punkte (max.)**
zu 1.	erläutert die *inhaltlichen und sprachlichen Mängel* in Theos Beschwerdeschreiben (unsachlich, abschweifend, überzogen, unhöflich, umgangssprachlich).	25
zu 2.	beginnt das Schreiben mit einer höflichen *Anrede*.	3
zu 2.	teilt den *Beschwerdeanlass* (Defekte bei den Schultoiletten) mit und beschreibt die *konkreten Punkte* (Seifenspender, Leitungswasser, Lampen, Fenster).	30
zu 2.	formuliert eine angemessene *Bitte um Mängelbehebung*.	8
zu 2.	beendet das Schreiben mit einer höflichen *Grußformel* sowie der *Unterschrift*.	4
	Teilsumme Inhalt:	**70**

2) Darstellungsleistung

	Kompetenzerwartung: Der Schüler …	**Punkte (max.)**
zu 1.	erläutert *präzise* und *verständlich*, weshalb Theos Schreiben nicht gelungen ist.	5
zu 2.	richtet die Beschwerde aus Theos Sicht in *Briefform* an Herrn Horstmann.	3
zu 2.	formuliert das Beschwerdeschreiben *knapp* und *treffend*.	5
zu 2.	drückt sich *sachlich* und *höflich* aus.	5
insg.	schreibt *grammatisch* korrekt (u. a. Syntax).	6
insg.	schreibt *orthografisch* korrekt (Rechtschreibung, Zeichensetzung).*	6
	Teilsumme Inhalt:	**30**

Gesamtpunktzahl = Inhaltliche Leistung + Darstellungsleistung:	**100**

Vorschlag zur Benotung:

Note 1	Note 2	Note 3	Note 4	Note 5	Note 6
89 bis 100 P.	76 bis 88 P.	63 bis 75 P.	50 bis 62 P.	20 bis 49 P.	0 bis 19 P.

* Wenn der Schüler orthografische Regeln, die in Klasse 6 als bekannt vorausgesetzt werden, häufig nicht beachtet, wird die Note um eine Notenstufe abgesenkt. Drückt sich der Schüler sprachlich sehr sicher aus, wird die Note um eine Stufe angehoben. Für Schüler mit LRS sowie Deutsch als Zweitsprache gelten besondere Regelungen, die ggf. durch die Schulkonferenz festgelegt wurden.

Wissen, worauf es ankommt (1/3)

Aufgabe:

Schätze deinen Leistungsstand zu den einzelnen Anforderungen ein. Kreuze an, wie gut du schon bist.

Der Inhalt deiner Arbeitsergebnisse zu den Aufgaben

Aufgabe 1: Erläutere die **inhaltlichen und sprachlichen Mängel** im vorgegebenen Text (z. B. unsachliche und abschweifende Problembeschreibung, überzogene Forderung, unhöfliche und umgangssprachliche Formulierungen).

▢ *Kann ich schon gut.* ▢ *Klappt überwiegend.* ▢ *Sollte besser werden.*

Aufgabe 2: Beginne das Schreiben mit einer höflichen **Anrede**.

▢ *Kann ich schon gut.* ▢ *Klappt überwiegend.* ▢ *Sollte besser werden.*

Aufgabe 2: Teile den **Beschwerdeanlass** (Zustand der Schultoiletten) mit und beschreibe die **konkreten Ursachen** (defekter Seifenspender, verfärbtes Leitungswasser, defekte Lampen, defekte Fenster).

▢ *Kann ich schon gut.* ▢ *Klappt überwiegend.* ▢ *Sollte besser werden.*

Aufgabe 2: Formuliere eine angemessene **Bitte um Mängelbehebung**.

▢ *Kann ich schon gut.* ▢ *Klappt überwiegend.* ▢ *Sollte besser werden.*

Aufgabe 2: Beende das Schreiben mit einer höflichen **Grußformel** sowie der **Unterschrift** des Schülersprechers Theo Weidner.

▢ *Kann ich schon gut.* ▢ *Klappt überwiegend.* ▢ *Sollte besser werden.*

Schmuckelemente © Aquir – Fotolia.com

Wissen, worauf es ankommt (2/3)

Aufgabe:

- Schätze deinen Leistungsstand zu den einzelnen Anforderungen ein. Kreuze an, wie gut du schon bist.

➡ Die Art, wie du die Arbeitsergebnisse formulierst (Darstellung)

Aufgabe 1: Erläutere **präzise** und **verständlich**, weshalb Theos Schreiben nicht gelungen ist.

☐ *Kann ich schon gut.* ☐ *Klappt überwiegend.* ☐ *Sollte besser werden.*

Aufgabe 2: Richte die Beschwerde aus Theos Sicht in **Briefform** an Herrn Horstmann.

☐ *Kann ich schon gut.* ☐ *Klappt überwiegend.* ☐ *Sollte besser werden.*

Aufgabe 2: Formuliere das Beschwerdeschreiben an den Hausmeister **knapp** und **treffend**.

☐ *Kann ich schon gut.* ☐ *Klappt überwiegend.* ☐ *Sollte besser werden.*

Aufgabe 2: Drücke dich **sachlich** und **höflich** aus und vermeide persönliche oder beleidigende Bemerkungen.

☐ *Kann ich schon gut.* ☐ *Klappt überwiegend.* ☐ *Sollte besser werden.*

Aufgaben 1 und 2: Achte auf die korrekte **Grammatik** (z. B. den richtigen Satzbau).

☐ *Kann ich schon gut.* ☐ *Klappt überwiegend.* ☐ *Sollte besser werden.*

Aufgaben 1 und 2: Achte auf eine korrekte **Rechtschreibung** und **Zeichensetzung**.

☐ *Kann ich schon gut.* ☐ *Klappt überwiegend.* ☐ *Sollte besser werden.*

Anregungen zur Vorbereitung und Nachbereitung

- Übe, den Anlass der Beschwerde sachlich und verständlich darzustellen.
- Denke daran, im Anschluss an die Problembeschreibung eine angemessene Klärung bzw. Problembehebung einzufordern.
- Verfasse die Beschwerde in der Briefform (Anrede, Grußformel etc.).
- Drücke dich sachlich und höflich aus.
- Verwende kurze und präzise Formulierungen ohne überflüssige Einzelheiten.
- Schreibe sprachlich korrekt und angemessen.

Schmuckelemente © Aquir – Fotolia.com

Wissen, worauf es ankommt (3/3)

Tipps zum Thema

Die typischen Merkmale einer schriftlichen Beschwerde

- Es handelt sich um einen **sachlichen Brief**.
- Eine schriftliche Beschwerde enthält eine **begründete Stellungnahme** zu einem Problem mit der **Bitte um Klärung**.
- Sie beschränkt sich auf das **Wesentliche** und enthält **keine überflüssigen Einzelheiten**.
- Sie wird in einem **angemessenen Stil** an einen Zuständigen gerichtet.

Bereite die Verbesserung der schriftlichen Beschwerde gründlich vor

- **Lies** den vorgegebenen Text mehrmals **sorgfältig**.
- Markiere **wichtige Textinformationen**, die du für die Anfertigung einer verbesserten Fassung der Beschwerde benötigst. (Z. B.: Hebel des Seifenspenders klemmt/Mädchentoilette im 2. Stock/im Schulbüro gemeldet)
- Lege die **Problembehebung**, die du einfordern möchtest, genau fest. (Z. B.: möglichst zeitnahe Instandsetzung aller aufgeführten Schäden)
- Notiere **Formulierungen**, die eine **sachliche Klärung** ermöglichen. (Z. B.: Ich bitte Sie um …)

Gestalte die schriftliche Beschwerde inhaltlich angemessen

- Bedenke: Es geht um die **Klärung einer Sache** und nicht darum, jemanden persönlich „anzugreifen".
- Beginne mit einer **höflichen Begrüßung** (z. B.: Sehr geehrter Herr Horstmann, …).
- Teile die **Ursache(n)** für die Beschwerde **sachlich** und auf die **wichtigsten Informationen** beschränkt mit. Vermeide Beleidigungen, Spott oder eine unsachliche Empörung.
- Fordere **höflich** und **möglichst genau** eine **angemessene Klärung** bzw. Behebung des Problems. Vermeide überzogene Forderungen.
- Beende das Schreiben mit einer **höflichen Grußformel** sowie der **Unterschrift**. (Z. B.: Mit freundlichen Grüßen – eine Zeile freilassen – Theo Weidner)

Achte auf passende Formulierungen

- Berücksichtige die **Briefform** und richte die Beschwerde an einen Zuständigen.
- Verwende durchgehend die **höfliche Anrede** „Sie" (bzw. „Ihnen" etc.).
- Formuliere **knapp** und **treffend**. Vermeide komplizierte Sätze.
- Formuliere **sachlich**, nicht persönlich.
- Formuliere **höflich**, ohne zu übertreiben.

Schmuckelemente © Aquir – Fotolia.com

Mögliches Ergebnis

Das bedeuten die Hervorhebungen im Text:

Rot: Erläuterungen, weshalb Theos Schreiben nicht gelungen ist

Grün: Berücksichtigung der wesentlichen Punkte bei der Verbesserung der Beschwerde

1. Theos Beschwerdeanliegen ist zwar berechtigt, aber unsachlich und unhöflich formuliert: Schon die Anrede („Moin Herr Horstmann") wirkt unangemessen, ebenso wie mehrere Formulierungen in der Umgangssprache (z. B. „was zu meckern" – „Ja, ja, von wegen!!!" – „das Krasseste"). Theo fordert die Toilettenreparatur in einem unverschämten Ton („Sie sollten sich mal gefälligst …" – „Ich will, dass Sie sofort morgen …"). Die Aufforderung zur sofortigen Reparatur, die durch die überheblich wirkende Grußformel („Mit hohen Erwartungen") betont wird, ist völlig überzogen. Überflüssige Wertungen (z. B. „das dumme Ding" – „Total ekelhaft!!!"), unnötige Einzelheiten (z. B. die Zitate von Mitschülern), abschweifende Sätze (z. B. „Ach ja, worum geht's?") und Füllwörter (z. B. „Tja") dehnen die Beschreibung des Problems unnötig aus. Innerhalb der Zeichensetzung verstößt Theo durch die Verwendung von Ausrufezeichen – die er dazu noch gehäuft („!!!") einsetzt – gegen die Regeln für das Schreiben eines sachlichen Briefes. Die schriftliche Beschwerde ist also insgesamt stilistisch unangemessen und viel zu lang.

2. Höfliche Anrede:
   Sehr geehrter Herr Horstmann,
   Anlass des Beschwerdeschreibens:
   bei der letzten Sitzung der Schülervertretung wurden mehrere Beschwerden über den Zustand der Schultoiletten vorgetragen. Darüber möchte ich Sie im Einzelnen informieren.
   Erste sachliche Problembeschreibung:
   Auf der Mädchentoilette in der zweiten Etage klemmt seit ungefähr einer Woche der Hebel des Seifenspenders.
   Zweite sachliche Problembeschreibung:
   Aus den Wasserhähnen der Jungentoiletten im Erdgeschoss fließt seit einiger Zeit – wie auch auf der Lehrertoilette nebenan – rostbraun gefärbtes Wasser.
   Dritte sachliche Problembeschreibung:
   Zudem sind mehrere Lampen sowie die Fenster der Jungentoilette in der Turnhalle defekt. Das Lüften ist derzeit nicht möglich.
   Höfliche Bitte um Behebung der Mängel:
   Im Namen der Schüler bitte ich Sie, die genannten Mängel zu beheben.
   Grußformel:
   Mit freundlichen Grüßen
   Unterschrift (mit Ergänzung der Funktionsbezeichnung „Schülersprecher"):
   Theo Weidner (Schülersprecher)

Klassenarbeit (1/2)

Thema:

Aktiv und Passiv – Satzstrukturen umwandeln

Aufgaben:

1. Schreibe Sarahs Schilderung, die du auf der nächsten Seite findest, so um, dass Aktiv zu Passiv und Passiv zu Aktiv wird. Behalte jeweils die vorgegebene Zeitform bei.

2. Forme folgende Sätze um:

a) Nr. 12 zu **Präsens Passiv**

b) Nr. 13 zu **Perfekt Aktiv**

c) Nr. 14 zu **Futur I Aktiv**

d) Nr. 15 zu **Futur II Passiv**

3. Bilde aus dem folgenden Satz
a) das Vorgangspassiv und
b) das Zustandspassiv.

Die Polizei fängt den Dieb unter einer Brücke.

Beachte!

- Bilde bei den Aufgaben 1 und 2 ausschließlich Passivsätze mit dem Vorgangspassiv.
- Übertrage alle Bestandteile eines vorgegebenen Satzes in den umgewandelten Satz.
- Nenne also auch in Passivsätzen den Handlungsträger, wenn dies möglich ist.

Schmuckelemente © Aquir – Fotolia.com

Klassenarbeit (2/2)

Sarah schildert einen Diebstahl, den sie auf dem Schulweg am Bahnhof beobachtet hat.

1) Gestern überfiel ein junger Mann am Bahnhof eine alte Dame.

2) Ihr wurden vom Täter 70 Euro gestohlen.

3) Ich hatte den Mann schon eine ganze Weile beobachtet.

4) Viele Passanten waren von ihm in einem aufdringlichen Ton nach Geld gefragt worden.

5) Die Leute hatten ihm Absagen erteilt.

6) Er wurde sogar von einem Herrn als Faulpelz beschimpft.

7) Der junge Mann brüllte den Herrn verärgert an.

8) Außerdem wurde von dem wütenden Mann eine volle Mülltonne umgestoßen.

9) Plötzlich wurde von ihm eine alte Dame am Fahrkartenautomaten entdeckt.

10) Der junge Mann riss ihr das Portemonnaie aus der Hand.

11) Dann wurde er von einigen Mutigen über die Bahngleise verfolgt.

12) Der schnelle Dieb schüttelte die Verfolger ab.

13) Die alte Dame wurde von einer netten Passantin getröstet.

14) Viele Zeugen sind von Polizeibeamten über den Tathergang befragt worden.

15) Ein Polizist hat auch mich um Hilfe gebeten.

16) Eine Kamera hat den Überfall aufgezeichnet.

17) Die Frau wird von mir bemitleidet.

18) Man beschreibt den jungen Mann in den Lokalnachrichten.

19) In meinem Traum verhaftet man den Übeltäter.

20) Der Dieb wird wohl bald von der Polizei geschnappt werden.

Viel Spaß und viel Erfolg!

Schmuckelemente © Aquir – Fotolia.com

Erwartungshorizont für die Lehrkraft

1) Inhaltliche Leistung

	Kompetenzerwartung: Der Schüler …	**Punkte (max.)**
zu 1.	bildet *aus den Passivsätzen* 2, 4, 6, 8, 9, 11, 13, 14, 17 und 20 *Aktivsätze.*	20
zu 1.	bildet *aus den Aktivsätzen* 1, 3, 5, 7, 10, 12, 15, 16, 18 und 19 *Passivsätze.*	20
zu 2.	formt die Sätze 12 bis 15 unter Berücksichtigung von *Aktiv bzw. Passiv* sowie der angegebenen *Zeitform* korrekt um.	12
zu 3.	bildet aus dem vorgegebenen Aktivsatz korrekte Sätze im *Vorgangspassiv (a)* und *Zustandspassiv (b).*	6
insg.	*überträgt möglichst alle Satzteile* in den umgeformten Satz. (Nr. 18 und 19: Das Wort „man" hat keine Entsprechung im Passivsatz.)	12
	Teilsumme Inhalt:	**70**

2) Darstellungsleistung

	Kompetenzerwartung: Der Schüler …	**Punkte (max.)**
zu 1.	behält die vorgegebene *Zeitform* bei.	5
insg.	nennt in den *Passivsätzen* – falls möglich – den *Handlungsträger* in Form einer *adverbialen Bestimmung* („von" + Dativ). (Aufgabe 1: Bei der Umformung der Sätze 18 und 19 ist dies nicht möglich.)	5
insg.	schreibt *grammatisch* korrekt (u. a. Syntax).	10
insg.	schreibt *orthografisch* korrekt (Rechtschreibung, Zeichensetzung).*	10
	Teilsumme Inhalt:	**30**

Gesamtpunktzahl = Inhaltliche Leistung + Darstellungsleistung:	**100**

Vorschlag zur Benotung:

Note 1	Note 2	Note 3	Note 4	Note 5	Note 6
89 bis 100 P.	76 bis 88 P.	63 bis 75 P.	50 bis 62 P.	20 bis 49 P.	0 bis 19 P.

* Wenn der Schüler orthografische Regeln häufig nicht beachtet, wird die Note um eine Notenstufe abgesenkt. Drückt sich der Schüler sprachlich sehr sicher aus, wird die Note um eine Stufe angehoben. Für Schüler mit LRS sowie Deutsch als Zweitsprache gelten besondere Regelungen, die ggf. durch die Schulkonferenz festgelegt wurden.

Wissen, worauf es ankommt (1/2)

Aufgabe:

Schätze deinen Leistungsstand zu den einzelnen Anforderungen ein.
Kreuze an, wie gut du schon bist.

Der Inhalt deiner Arbeitsergebnisse zu den Aufgaben

Aufgabe 1: Bilde **aus den Passivsätzen** 2, 4, 6, 8, 9, 11, 13, 14, 17 und 20 **Aktivsätze**.

☐ *Kann ich schon gut.* ☐ *Klappt überwiegend.* ☐ *Sollte besser werden.*

Aufgabe 1: Bilde **aus den Aktivsätzen** 1, 3, 5, 7, 10, 12, 15, 16, 18 und 19 **Passivsätze**.

☐ *Kann ich schon gut.* ☐ *Klappt überwiegend.* ☐ *Sollte besser werden.*

Aufgabe 2: Forme die Sätze 12 bis 15 unter Berücksichtigung von **Aktiv bzw. Passiv** sowie der angegebenen **Zeitform** korrekt um.

☐ *Kann ich schon gut.* ☐ *Klappt überwiegend.* ☐ *Sollte besser werden.*

Aufgabe 3: Bilde aus dem Aktivsatz das **Vorgangspassiv** (a) und das **Zustandspassiv** (b).

☐ *Kann ich schon gut.* ☐ *Klappt überwiegend.* ☐ *Sollte besser werden.*

Aufgaben 1 bis 3: Übertrage möglichst alle Satzteile in den umgeformten Satz. (Nr. 18 und 19: Das Wort „man" hat keine Entsprechung im Passivsatz.)

☐ *Kann ich schon gut.* ☐ *Klappt überwiegend.* ☐ *Sollte besser werden.*

Die Art, wie du die Arbeitsergebnisse formulierst (Darstellung)

Aufgabe 1: Behalte die vorgegebene **Zeitform** bei.

☐ *Kann ich schon gut.* ☐ *Klappt überwiegend.* ☐ *Sollte besser werden.*

Aufgaben 1 bis 3: Nenne in **Passivsätzen** – falls möglich – den **Handlungsträger** in Form einer **adverbialen Bestimmung** („von" + Dativ). (Aufgabe 1: Bei der Umformung der „Man"-Sätze 18 und 19 ist dies nicht möglich.)

☐ *Kann ich schon gut.* ☐ *Klappt überwiegend.* ☐ *Sollte besser werden.*

Aufgaben 1 bis 3: Achte auf die korrekte **Grammatik** (z. B. den richtigen Satzbau).

☐ *Kann ich schon gut.* ☐ *Klappt überwiegend.* ☐ *Sollte besser werden.*

Aufgaben 1 bis 3: Achte auf eine korrekte **Rechtschreibung** und **Zeichensetzung**.

☐ *Kann ich schon gut.* ☐ *Klappt überwiegend.* ☐ *Sollte besser werden.*

Schmuckelemente © Aquir – Fotolia.com

Wissen, worauf es ankommt (2/2)

Anregungen zur Vorbereitung und Nachbereitung

- Übe die Bildung von Aktiv- und Passivsätzen in allen Zeitstufen.
- Denke an die Unterscheidung zwischen Vorgangs- und Zustandspassiv.
- Übe die Umwandlung von Aktiv zu Passiv und umgekehrt.

Tipps zum Thema

Das Aktiv

- Das Aktiv ist die **„Tätigkeitsform"** des Verbs; es kann **in allen Zeitstufen** gebildet werden.
- Es betont bei einer **Handlung, wer** etwas tut – also die handelnde Person oder Sache.
- Es steht in allen Sätzen, in denen **die handelnde Person oder Sache** das **Subjekt** ist.
  ➡ Z. B.: Die Polizei fängt den Dieb.

Das Passiv

- Das Passiv ist die „**Leideform**" des Verbs; es kann ebenfalls **in allen Zeitstufen** gebildet werden.
- Es betont entweder einen **Vorgang** – also was mit dem Subjekt des Satzes geschieht (Vorgangspassiv) – oder dessen **Ergebnis** (Zustandspassiv).
- Du bildest das Passiv mit einer Personalform von **„werden" + Partizip Perfekt (Vorgangspassiv)** oder von **„sein" + Partizip Perfekt (Zustandspassiv)**.
  ➡ Z. B.: Der Dieb **wird gefangen**. (Vorgangspassiv) –
  Der Dieb **ist gefangen**. (Zustandspassiv)
- Das Vorgangspassiv ermöglicht die Nennung der **handelnden Person oder Sache durch eine adverbiale Bestimmung („von" + Dativ**); ihre Verwendung ist allerdings nicht zwingend notwendig.
  ➡ Z. B.: Der Dieb wird **von der Polizei** gefangen.

Beachte die grundlegenden Satzbauregeln bei Aktiv-Passiv-Umwandlungen

- **Subjekt** im Aktivsatz ➡ **Adverbiale Bestimmung** im Passivsatz
  ➡ Z. B.: **Die Kamera** filmt den Überfall. ➡ Der Überfall wird **von der Kamera** gefilmt.
- Das **Subjekt „man"** im Aktivsatz hat **keine Entsprechung** im Passivsatz.
  ➡ Z. B.: **Man** sucht den Täter. ➡ Der Täter wird gesucht.
- **Akkusativobjekt** im Aktivsatz ➡ **Subjekt** im Passivsatz
  ➡ Z. B.: Die Kamera filmt **den Überfall**. ➡ **Der Überfall** wird von der Kamera gefilmt.

Schmuckelemente © Aquir – Fotolia.com

Mögliches Ergebnis

Das bedeuten die Hervorhebungen im Text:

Grün: Aktiv

Blau: Passiv

1. Umwandlung Aktiv zu Passiv und Passiv zu Aktiv

1) Gestern wurde eine alte Dame am Bahnhof von einem jungen Mann überfallen.
2) Der Täter stahl ihr 70 Euro.
3) Der Mann war schon eine ganze Weile von mir beobachtet worden.
4) Er hatte viele Passanten in einem aufdringlichen Ton nach Geld gefragt.
5) Ihm waren von den Leuten Absagen erteilt worden.
6) Ein Herr beschimpfte ihn sogar als Faulpelz.
7) Der Herr wurde von dem jungen Mann verärgert angebrüllt.
8) Außerdem stieß der wütende Mann eine volle Mülltonne um.
9) Plötzlich entdeckte er eine alte Dame am Fahrkartenautomaten.
10) Ihr wurde von dem jungen Mann das Portemonnaie aus der Hand gerissen.
11) Einige Mutige verfolgten ihn dann über die Bahngleise.
12) Die Verfolger wurden von dem schnellen Dieb abgeschüttelt.
13) Eine nette Passantin tröstete die alte Dame.
14) Polizeibeamte haben viele Zeugen über den Tathergang befragt.
15) Auch ich bin von einem Polizisten um Hilfe gebeten worden.
16) Der Überfall ist von einer Kamera aufgezeichnet worden.
17) Ich bemitleide die Frau.
18) Der junge Mann wird in den Lokalnachrichten beschrieben.
19) Der Übeltäter wird in meinem Traum verhaftet.
20) Die Polizei wird den Dieb wohl bald schnappen.

2. Umformungen der Sätze 12) bis 15)

a) Präsens Passiv: Die Verfolger werden von dem schnellen Dieb abgeschüttelt.
b) Perfekt Aktiv: Eine nette Passantin hat die alte Dame getröstet.
c) Futur I Aktiv: Polizeibeamte werden viele Zeugen über den Tathergang befragen.
d) Futur II Passiv: Auch ich werde von einem Polizisten um Hilfe gebeten worden sein.

3. Umwandlung in beide Passivformen

a) Vorgangspassiv: Der Dieb wird von der Polizei unter einer Brücke gefangen.
b) Zustandspassiv: Der Dieb ist unter einer Brücke gefangen.

Klassenarbeit (1/2)

Thema:

Direkte und indirekte Rede – Satzstrukturen umwandeln

Aufgaben:

1. Formuliere die Sätze 1 bis 10 in indirekte Rede um.
   Verwende für das übergeordnete Verb die Zeitform Präteritum.
2. Formuliere die Sätze 11 bis 15 in direkte Rede um.
3. Formuliere die Sätze 16 bis 18 in indirekte Rede um.

Beachte!

- Übertrage alle Bestandteile eines vorgegebenen Satzes in den umgewandelten Satz.
- Passe bei der Umwandlung jeweils die Pronomen an.
- Behalte bei der Umformung von Verben in den Konjunktiv I bzw. in den Indikativ die vorgegebene Zeitform bei. Bedenke, dass diese Zeitform nicht vom übergeordneten Hauptsatz abhängt.

Melina wird Zeugin eines Streitgesprächs zwischen ihren Mitschülerinnen Emily und Josefine. Eine Streitschlichterin bittet Melina, das Gesagte in einem Bericht genau festzuhalten. Das Formulieren fällt Melina allerdings sehr schwer. Sie bittet um deine Hilfe.

1) Emily unterstellt Josefine: „Du willst mir meinen Freund Thilo wegnehmen."

2) Josefine fragt: „Wie kommst du denn darauf?"

3) Emily sagt: „Du hast gestern nach seiner Handynummer gefragt."

4) Josefine erklärt: „Ich werde nächste Woche zusammen mit Thilo ein Referat halten."

5) Emily schreit: „Das ist nur ein Vorwand!"

6) Josefine antwortet: „Du bildest dir nur ein, wir hätten was miteinander."

7) Emily verrät: „Lisa hat in der Pause euer Gespräch über Kinofilme belauscht."

8) Josefine entgegnet: „Thilo und ich werden über Hollywood referieren."

9) Emily fragt: „Planst du etwa, mit Thilo ins Kino zu gehen?"

10) Josefine erwidert: „Der Neid beflügelt deine Fantasie."

Schmuckelemente © Aquir – Fotolia.com

Klassenarbeit (2/2)

Melina fügt zu ihrer Darstellung des Streitgesprächs noch folgende Sätze hinzu. Beim Lesen dieser Sätze stellt sich die Streitschlichterin vor, was Emily und Josefine in ihrem Streitgespräch wirklich gesagt haben.

11) Daraufhin beschimpfte Emily ihre Mitschülerin, sie sei eine falsche Schlange.

12) Josefine sagte zu Emily, sie habe ihren Freund wie ihr Eigentum behandelt.

13) Dazu bemerkte Emily, sie müsse sich nicht vor ihr rechtfertigen.

14) Josefine prophezeite, Thilo werde früher oder später Schluss machen.

15) Emily drohte, dafür werde sie noch büßen.

© Michael Brown – Fotolia.com

Unterdessen ist Thilo bei der Schulsozialarbeiterin.

16) Thilo erklärt: „Ich werde von zwei Mädchen geliebt."

17) Er gesteht: „Emily ist schon einmal von mir betrogen worden."

18) Er bittet: „Helfen Sie mir, mich zwischen Emily und Josefine zu entscheiden!"

Die Schulsozialarbeiterin protokolliert das Gesagte aus ihrer Perspektive in indirekter Rede.

Viel Spaß und viel Erfolg!

Schmuckelemente © Aquir – Fotolia.com

Erwartungshorizont für die Lehrkraft

1) Inhaltliche Leistung

	Kompetenzerwartung: Der Schüler …	**Punkte (max.)**
zu 1.	formuliert die Sätze 1 bis 10 *in indirekte Rede* um.	30
zu 1.	verwendet bei der Umformulierung der Sätze 1 bis 10 in *indirekte Rede* für das *übergeordnete Verb* die Zeitform *Präteritum.*	5
zu 2.	formuliert die Sätze 11 bis 15 *in direkte Rede* um.	15
zu 3.	formuliert die Sätze 16 bis 18 *in indirekte Rede* um und beachtet dabei die Besonderheiten *Passiv* (16 und 17) sowie *Imperativ* (18).	9
insg.	berücksichtigt die *Vorgaben des Ausgangstextes*, indem er die *Zeitform umzuwandelnder Verben* beibehält und die *Satzbestandteile* komplett überträgt.	11
	Teilsumme Inhalt:	**70**

2) Darstellungsleistung

	Kompetenzerwartung: Der Schüler …	**Punkte (max.)**
zu 1. zu 3.	bildet bei der Umformulierung der Sätze jeweils die korrekte *Konjunktivform.*	6,5
zu 2.	bildet bei der Umformulierung der Sätze jeweils die korrekte *Indikativform.*	2,5
insg.	wandelt die *Pronomen* bei der Umformulierung der Sätze korrekt um.	9
insg.	schreibt *grammatisch* korrekt (u. a. Syntax).	6
insg.	schreibt *orthografisch* korrekt (Rechtschreibung, Zeichensetzung).*	6
	Teilsumme Inhalt:	**30**

Gesamtpunktzahl = Inhaltliche Leistung + Darstellungsleistung:	**100**

Vorschlag zur Benotung:

Note 1	Note 2	Note 3	Note 4	Note 5	Note 6
89 bis 100 P.	76 bis 88 P.	63 bis 75 P.	50 bis 62 P.	20 bis 49 P.	0 bis 19 P.

* Wenn der Schüler orthografische Regeln häufig nicht beachtet, wird die Note um eine Notenstufe abgesenkt. Drückt sich der Schüler sprachlich sehr sicher aus, wird die Note um eine Stufe angehoben. Für Schüler mit LRS sowie Deutsch als Zweitsprache gelten besondere Regelungen, die ggf. durch die Schulkonferenz festgelegt wurden.

Wissen, worauf es ankommt (1/3)

Aufgabe:

Schätze deinen Leistungsstand zu den einzelnen Anforderungen ein. Kreuze an, wie gut du schon bist.

➡ Der Inhalt deiner Arbeitsergebnisse zu den Aufgaben

Aufgabe 1: Formuliere die Sätze 1 bis 10 in **indirekte Rede** um.

☐ *Kann ich schon gut.* ☐ *Klappt überwiegend.* ☐ *Sollte besser werden.*

Aufgabe 1: Verwende bei der Umformulierung der Sätze 1 bis 10 in indirekte Rede für das **übergeordnete Verb** die Zeitform **Präteritum (Vergangenheit)**.

☐ *Kann ich schon gut.* ☐ *Klappt überwiegend.* ☐ *Sollte besser werden.*

Aufgabe 2: Formuliere die Sätze 11 bis 15 in **direkte Rede** um.

☐ *Kann ich schon gut.* ☐ *Klappt überwiegend.* ☐ *Sollte besser werden.*

Aufgabe 3: Formuliere die Sätze 16 bis 18 in **indirekte Rede** um und beachte dabei die Besonderheiten **Passiv** (16 und 17) sowie **Imperativ** (18).

☐ *Kann ich schon gut.* ☐ *Klappt überwiegend.* ☐ *Sollte besser werden.*

Aufgaben 1 bis 3: Berücksichtige die **Vorgaben des Ausgangstextes**, indem du die **Zeitform umzuwandelnder Verben** beibehältst und alle **Satzbestandteile** überträgst.

☐ *Kann ich schon gut.* ☐ *Klappt überwiegend.* ☐ *Sollte besser werden.*

➡ Die Art, wie du die Arbeitsergebnisse formulierst (Darstellung)

Aufgaben 1 und 3: Bilde bei der Umformulierung der Sätze jeweils die korrekte **Konjunktivform**.

☐ *Kann ich schon gut.* ☐ *Klappt überwiegend.* ☐ *Sollte besser werden.*

Aufgabe 2: Bilde bei der Umformulierung der Sätze jeweils die korrekte **Indikativform**.

☐ *Kann ich schon gut.* ☐ *Klappt überwiegend.* ☐ *Sollte besser werden.*

Aufgaben 1 bis 3: Wandle die **Pronomen** bei der Umformulierung der Sätze korrekt um.

☐ *Kann ich schon gut.* ☐ *Klappt überwiegend.* ☐ *Sollte besser werden.*

Aufgaben 1 bis 3: Achte auf die korrekte **Grammatik** (z. B. den richtigen Satzbau).

☐ *Kann ich schon gut.* ☐ *Klappt überwiegend.* ☐ *Sollte besser werden*

Aufgaben 1 bis 3: Achte auf eine korrekte **Rechtschreibung** und **Zeichensetzung**.

☐ *Kann ich schon gut.* ☐ *Klappt überwiegend.* ☐ *Sollte besser werden.*

Schmuckelemente © Aquir – Fotolia.com

Wissen, worauf es ankommt (2/3)

Anregungen zur Vorbereitung und Nachbereitung

- Übe, die Modi Indikativ sowie Konjunktiv I und II zu bilden.
- Lerne, Sätze in indirekter Rede zu formulieren. Berücksichtige auch Fragesätze, Aufforderungssätze und Passivsätze.
- Formuliere die direkte Rede in indirekte Rede um und umgekehrt. Achte dabei auf den Satzbau, die Modi und die Pronomen.
- Schreibe sprachlich korrekt und angemessen.

Tipps zum Thema

Unterscheide die Modi

- Die **Aussagearten** werden in der Fachsprache **Modi** (Einzahl: der **Modus**) genannt. Dazu zählen der Indikativ, der Konjunktiv I, der Konjunktiv II und der Imperativ.
- Der **Indikativ** („Wirklichkeitsform") bezeichnet Tatsachen.
  ➡ Z. B.: Er **kommt** zur Party.
- Beim **Konjunktiv** („Möglichkeitsform") musst du zwei Arten unterscheiden.
- Der **Konjunktiv I** gibt Aussagen wieder.
  ➡ Z. B.: Sie sagt, er **komme** zur Party.
- Der **Konjunktiv II** drückt Denkbares, Erfundenes, Hoffnungen und Wünsche aus.
  ➡ Z. B.: Es **wäre** schön, wenn er zur Party **käme**.
- Der **Imperativ** („Befehlsform") drückt Aufforderungen aus.
  ➡ Z. B.: **Komm** zur Party!

Unterscheide direkte und indirekte Rede

- Die **direkte Rede** bezeichnet die **wörtliche Wiedergabe von Gesagtem** und steht in **Anführungszeichen**. Sie wird durch ein **übergeordnetes Verb** eingeleitet.
  ➡ Z. B.: Sie sagt (= übergeordnetes Verb): „Er kommt zur Party."
- Die **indirekte Rede** ist keine wörtliche Wiederholung von Gesagtem, sondern die **Wiedergabe nahe am Wortlaut** mit dem **Konjunktiv I** als Modus. Auch die indirekte Rede verlangt ein **übergeordnetes Verb**.
  ➡ Z. B.: Sie sagt (= übergeordnetes Verb), er komme zur Party.
  (Alternative mit Nebensatz: Sie sagt, dass er zur Party komme.)

Schmuckelemente © Aquir – Fotolia.com

Wissen, worauf es ankommt (3/3)

Tipps zum Thema

Beachte Folgendes bei der Bildung der indirekten Rede

- Wähle im Normalfall zur Bildung der indirekten Rede den **Konjunktiv I**.
- Bilde die **Präsens-Aktiv**-Form des **Konjunktiv I** in der **dritten Person Singular** aus dem **Verbstamm** und der **Endung -e** (z. B. er komm**e**/sie geh**e**/es hab**e**).
- Das Verb **„sein"** ist ein Sonderfall (ich sei/du seiest/er sei/wir seien/ihr seiet/sie seien).
- Die indirekte Rede kennt **nur eine Vergangenheitsform (Konjunktiv I Perfekt)**. Bilde diese mit dem **Konjunktiv I von „sein" oder „haben"** sowie dem **Partizip Perfekt**.
  - ➡ Z. B.: Lisa sagt, sie habe von dem Streit gehört.
- Bilde die **Futurformen I und II** in der indirekten Rede mit dem **Konjunktiv I von „werden"**.
  - ➡ Z. B.: Melina verspricht, sie werde über den Vorfall berichten. (Futur I Aktiv) / Josefine meint, Emily werde den Vorfall bald vergessen haben. (Futur II Aktiv)
- Bilde das **Passiv** in der indirekten Rede mit dem **Konjunktiv I** des **Hilfsverbs**.
  - ➡ Z. B.: Er sagt, er werde geärgert. (Präsens Passiv) / Er sagt, er sei geärgert worden. (Perfekt Passiv)
- Verwende den **Konjunktiv II**, wenn der **Konjunktiv I gleichlautend mit einer Indikativform** ist.
  - ➡ Z. B.: Sie behauptet, ich **gäbe** nichts vom Kuchen ab.
- Bilde eine **indirekte Frage** mit einem **Fragewort** („wer", „wie", „was" etc.) oder mit der **Konjunktion „ob"**.
  - ➡ Z. B.: Die Streitschlichterin fragt, **was** vorgefallen sei. / Thilo fragt, **ob** Josefine mit ihm ins Kino gehen wolle.
- Bilde eine **indirekte Aufforderung** (Imperativ) mit den **Modalverben** „sollen", „mögen" oder „müssen".
  - ➡ Z. B.: Die Streitschlichterin fordert, Emily **solle** sich beruhigen.

Beachte Folgendes bei der Umformulierung der direkten in die indirekte Rede

- Bei der Umformulierung ergeben sich **Veränderungen** im **Modus**, im **Satzbau**, bei der **Zeichensetzung**, bei den **grammatischen Personen** und den **Pronomen**.
  - ➡ Z. B.: Emily unterstellt Josefine: „Du willst mir Thilo wegnehmen." ➡ Emily unterstellt Josefine, sie wolle ihr Thilo wegnehmen.
- Wandle die **Indikativ-Vergangenheitsformen** (Perfekt, Präteritum, Plusquamperfekt) in die **Perfektform des Konjunktiv I** um (siehe oben!).
- Behalte jeden **Konjunktiv**, der **in der direkten Rede** vorkommt, **unverändert in der indirekten Rede** bei.
  - ➡ Z. B.: Josefine sagt: „Emily bildet sich ein, Thilo und ich **hätten** was miteinander." ➡ Josefine sagt, Emily bilde sich ein, Thilo und sie **hätten** was miteinander.

Schmuckelemente © Aquir – Fotolia.com

Mögliches Ergebnis

Das bedeuten die Hervorhebungen im Text:

Grün: übergeordnetes Verb

Rot: Umformung in den Konjunktiv I

Blau: Umformung in den Indikativ

1. Umformulierung in indirekte Rede, übergeordnetes Verb in der Zeitform Präteritum

1) Emily unterstellte Josefine, sie wolle ihr ihren Freund Thilo wegnehmen.
2) Josefine fragte, wie sie denn darauf komme.
3) Emily sagte, sie (Josefine) habe gestern nach seiner Handynummer gefragt.
4) Josefine erklärte, sie werde nächste Woche zusammen mit Thilo ein Referat halten.
5) Emily schrie, das sei nur ein Vorwand.
6) Josefine antwortete, sie (Emily) bilde sich nur ein, sie hätten (!) was miteinander.
7) Emily verriet, Lisa habe in der Pause ihr Gespräch über Kinofilme belauscht.
8) Josefine entgegnete, Thilo und sie würden (!) über Hollywood referieren.
9) Emily fragte, ob (!) sie etwa plane, mit Thilo ins Kino zu gehen.
10) Josefine erwiderte, der Neid beflügle ihre (Emilys) Fantasie.

2. Umformulierung in direkte Rede

11) Daraufhin beschimpfte Emily ihre Mitschülerin: „Du bist eine falsche Schlange."
12) Josefine sagte zu Emily: „Du hast deinen Freund wie dein Eigentum behandelt."
13) Dazu bemerkte Emily: „Ich muss mich nicht vor dir rechtfertigen."
14) Josefine prophezeite: „Thilo wird früher oder später Schluss machen."
15) Emily drohte: „Dafür wirst du noch büßen."

3. Umformulierung in indirekte Rede

16) Thilo erklärt, er werde von zwei Mädchen geliebt.
17) Er gesteht, Emily sei schon einmal von ihm betrogen worden.
18) Er bittet, ich möge (!) ihm helfen, sich zwischen Emily und Josefine zu entscheiden.

Klassenarbeit (1/2)

Thema:

Einen privaten Geschäftsbrief verbessern

Aufgaben:

1. Erläutere, weshalb Jörgs Brief unbedingt verbessert werden sollte.
2. Formuliere nun eine verbesserte Fassung des Briefes an das Jugendamt.

Beachte!

- Schreibe aus Jörgs Sicht.
- Verwende das vorgegebene Datum.

Jörg und seine Freunde ärgern sich darüber, dass es in ihrer Siedlung keinen Bolzplatz gibt. Sie beschließen, das Jugendamt über ihr Problem zu informieren und einen Ort zum Fußballspielen zu beantragen. Jörg verfasst folgenden Brief im Namen der Gruppe:

Jugendamt der Stadt Warmenau
Rathausgasse 6
33824 Warmenau

15. Juli 2018

Dringende Forderung: Schaffung eines Bolzplatzes in der Dichtersiedlung

Hochverehrtes Jugendamt!!!

Die Hundewiese an der Hölderlinstraße ist voll groß. Könnte man nicht ein Stück davon abtrennen? Zwei Tore aufstellen, fertig ist der Bolzplatz und wir sind zufrieden und die Rentner in unserer Siedlung auch, weil wir dann nicht mehr nerven.

Wir wollen mal hoffen, dass Sie da was machen, und fordern Sie auf, uns möglichst bald ins Rathaus einzuladen, damit wir das Ganze zusammen besprechen können.

Wir sind eine Gruppe von coolen Hobbykickern zwischen 14 und 17 Jahren aus der Dichtersiedlung. Eigentlich fühlen wir uns da ganz wohl, aber echt ätzend ist, dass es für uns keinen Bolzplatz gibt.

Schmuckelemente © Aquir – Fotolia.com

Klassenarbeit (2/2)

Es schreibt Ihnen: Jörg Brockmann, Spitzname Brocki.
Heinestraße 12. 33824 Warmenau.
Telefonnummer: 05299 79281718. E-Mail-Adresse: brocki15@coolmail.de

Viele der steinalten Nachbarn haben nichts Besseres zu tun, als sich ständig bei unseren Eltern zu beschweren. Gestern wurde sogar die Polizei auf uns gehetzt, weil wir angeblich beim Kicken am Abend rumgebrüllt haben. Außerdem gab's neulich 'ne Anzeige wegen Sachbeschädigung, als 'n Fußball 'ne Fensterscheibe zerschmetterte.

Da wir keine andere Möglichkeit zum Kicken haben, bolzen wir eben auf den Straßen unserer Siedlung. Die Spielstraßenschilder, die überall rumstehen, sind echt ein ziemlich schlechter Witz! Es gibt nämlich trotzdem immer Stress, wenn wir da Fußball spielen.

Damit Sie kapieren, wie wir uns einen Bolzplatz an der Hölderlinstraße vorstellen, kriegen Sie 'ne beigefügte Skizze.

Anlage
Skizze

MfG

Brocki
(im Auftrag der Gruppe)

© BillionPhotos.com – Fotolia.com

Jörg Brockmann zeigt den anderen Jugendlichen dieses Schreiben. „Hm", sagt Eva, „der Brief ist irgendwie komisch, den sollten wir überarbeiten, bevor wir ihn abschicken." – Allerdings haben die Freunde nur eine ungenaue Vorstellung davon, was verbessert werden sollte. Sie benötigen deine Hilfe.

Viel Spaß und viel Erfolg!

Schmuckelemente © Aquir – Fotolia.com

Erwartungshorizont für die Lehrkraft

1) Inhaltliche Leistung

	Kompetenzerwartung: Der Schüler …	**Punkte (max.)**
zu 1.	erläutert die *formalen Mängel* des vorliegenden Briefes (z.B. unstrukturierte und unangemessene Anordnung der einzelnen Elemente; Fehlen eines vollständigen Briefkopfes).	12
zu 1.	erläutert die *inhaltlichen Mängel* des vorliegenden Briefes (z.B. Fehlen eines „roten Fadens“; abschweifende Textpassagen; unpassende Unterschrift).	12
zu 1.	erläutert die *sprachlichen Mängel* des vorliegenden Briefes (z.B. unsachliche, saloppe und teil unhöfliche Formulierungen; anbiedernde Anrede; Umgangs- und Jugendsprache; Abkürzungen; Ausrufezeichen).	12
zu 2.	verfasst den privaten Geschäftsbrief *vollständig* und *formal korrekt*.	12
zu 2.	stellt das Anliegen *strukturiert* und *informativ* dar.	22
	Teilsumme Inhalt:	**70**

2) Darstellungsleistung

	Kompetenzerwartung: Der Schüler …	**Punkte (max.)**
zu 1.	erläutert *präzise* und *verständlich*, weshalb der Brief verbessert werden sollte.	6
zu 2.	verfasst den Brief *möglichst kurz* und *klar.*	4
zu 2.	formuliert den Brief *sachlich.*	4
zu 2.	formuliert den Brief *höflich.*	4
insg.	schreibt *grammatisch* korrekt (u.a. Syntax).	6
insg.	schreibt *orthografisch* korrekt (Rechtschreibung, Zeichensetzung).*	6
	Teilsumme Inhalt:	**30**

Gesamtpunktzahl = Inhaltliche Leistung + Darstellungsleistung:	**100**

Vorschlag zur Benotung:

Note 1	Note 2	Note 3	Note 4	Note 5	Note 6
89 bis 100 P.	76 bis 88 P.	63 bis 75 P.	50 bis 62 P.	20 bis 49 P.	0 bis 19 P.

* Wenn der Schüler orthografische Regeln häufig nicht beachtet, wird die Note um eine Notenstufe abgesenkt. Drückt sich der Schüler sprachlich sehr sicher aus, wird die Note um eine Stufe angehoben. Für Schüler mit LRS sowie Deutsch als Zweitsprache gelten besondere Regelungen, die ggf. durch die Schulkonferenz festgelegt wurden.

Wissen, worauf es ankommt (1/3)

Aufgabe:

Schätze deinen Leistungsstand zu den einzelnen Anforderungen ein. Kreuze an, wie gut du schon bist.

➡ Der Inhalt deiner Arbeitsergebnisse zu den Aufgaben

Aufgabe 1: Erläutere die **formalen Mängel** des vorliegenden Briefes (z. B. unstrukturierte und unangemessene Anordnung der einzelnen Elemente; Fehlen eines vollständigen Briefkopfes).

☐ *Kann ich schon gut.* ☐ *Klappt überwiegend.* ☐ *Sollte besser werden.*

Aufgabe 1: Erläutere die **inhaltlichen Mängel** des vorliegenden Briefes (z. B. Fehlen eines „roten Fadens"; abschweifende Textpassagen; unpassende Unterschrift).

☐ *Kann ich schon gut.* ☐ *Klappt überwiegend.* ☐ *Sollte besser werden.*

Aufgabe 1: Erläutere die **sprachlichen Mängel** des vorliegenden Briefes (z. B. unsachliche, saloppe und teils unhöfliche Formulierungen; anbiedernde Anrede; Umgangs- und Jugendsprache; Abkürzungen; Ausrufezeichen).

☐ *Kann ich schon gut.* ☐ *Klappt überwiegend.* ☐ *Sollte besser werden.*

Aufgabe 2: Verfasse den privaten Geschäftsbrief **vollständig** und **formal korrekt**.

☐ *Kann ich schon gut.* ☐ *Klappt überwiegend.* ☐ *Sollte besser werden.*

Aufgabe 2: Stelle das Anliegen **strukturiert** und **informativ** dar.

☐ *Kann ich schon gut.* ☐ *Klappt überwiegend.* ☐ *Sollte besser werden.*

Schmuckelemente © Aquir – Fotolia.com

Wissen, worauf es ankommt (2/3)

Aufgabe:

- Schätze deinen Leistungsstand zu den einzelnen Anforderungen ein.
  Kreuze an, wie gut du schon bist.

➡ Die Art, wie du die Arbeitsergebnisse formulierst (Darstellung)

Aufgabe 1: Erläutere **präzise** und **verständlich**, weshalb der Brief verbessert werden sollte.

☐ *Kann ich schon gut.* ☐ *Klappt überwiegend.* ☐ *Sollte besser werden.*

Aufgabe 2: Verfasse den Brief **möglichst kurz** und **klar**.

☐ *Kann ich schon gut.* ☐ *Klappt überwiegend.* ☐ *Sollte besser werden.*

Aufgabe 2: Formuliere den Brief **sachlich**.

☐ *Kann ich schon gut.* ☐ *Klappt überwiegend.* ☐ *Sollte besser werden.*

Aufgabe 2: Formuliere den Brief **höflich**.

☐ *Kann ich schon gut.* ☐ *Klappt überwiegend.* ☐ *Sollte besser werden.*

Aufgaben 1 und 2: Achte auf die korrekte **Grammatik** (z. B. den richtigen Satzbau).

☐ *Kann ich schon gut.* ☐ *Klappt überwiegend.* ☐ *Sollte besser werden.*

Aufgaben 1 und 2: Achte auf eine korrekte **Rechtschreibung** und **Zeichensetzung**.

☐ *Kann ich schon gut.* ☐ *Klappt überwiegend.* ☐ *Sollte besser werden.*

Anregungen zur Vorbereitung und Nachbereitung

- Übe, einen privaten Geschäftsbrief in korrekter Form zu verfassen.
- Beschreibe den Anlass im Betreff kurz und präzise.
- Stelle das Anliegen strukturiert und verständlich dar.
- Übe, den privaten Geschäftsbrief sachlich und höflich zu formulieren.
- Schreibe sprachlich korrekt und angemessen.

Schmuckelemente © Aquir – Fotolia.com

Wissen, worauf es ankommt (3/3)

Tipps zum Thema

Die typischen Merkmale eines privaten Geschäftsbriefs

- Ein privater Geschäftsbrief ist ein Brief, den eine **Privatperson** an ein **Unternehmen** oder eine **Behörde** schreibt, um ein **persönliches Anliegen** zu klären.
- Er wird **sachlich** formuliert.
- Er hat eine geregelte **Form** mit festgelegten Gestaltungsvorgaben (nach DIN 5008).

Vor dem Schreiben

- Ermittle den **Adressaten** und dessen **Anschrift**.
- Überprüfe, ob ein **namentlich genannter Ansprechpartner** für dein Anliegen zur Verfügung steht.
- Überlege, mit welcher knappen **Formulierung** sich dein **Anliegen** „auf den Punkt bringen" lässt. Diese Vorüberlegung ist wichtig für einen präzisen Betreff.
- Erstelle eine **stichpunktartige Gliederung** deines Schreibens (z. B.: Situation, Beispiel, Forderung, Lösungsvorschlag).

Achte auf eine korrekte formale Gestaltung

- Verfasse den privaten Geschäftsbrief **vollständig** und sinnvoll strukturiert.
- Beginne das Schreiben mit einem **Briefkopf**, der folgende Angaben enthält: Name und Kontaktdaten des Absenders; Ort und Datum; Anschrift des Empfängers; Betreff.
- Füge bei der **Empfängeranschrift** unter dem Firmen- bzw. Behördennamen den **Namen des Ansprechpartners** hinzu, falls dieser bekannt ist. Achte dabei auf die Anrede „Frau …" bzw. „Herr**n** …" (z. B.: Herrn Müller).
- Nenne im **Betreff** den **Anlass kurz und präzise**. Hebe ihn mit **Fettdruck** hervor.
  ➡ Z. B.: **Bitte um die Schaffung eines Bolzplatzes in der Dichtersiedlung**
- Wähle eine geeignete **höfliche Anrede**.
  ➡ Kein Ansprechpartner bekannt: Sehr geehrte Damen und Herren … / Ansprechpartner bekannt, z. B. Herr Müller: Sehr geehrter Herr Müller …
- Gliedere dein **Anliegen** in sinnvolle **Abschnitte**: Oft sind folgende Schritte angebracht: Schildere die **Situation**; verdeutliche sie mit **Beispielen**; stelle **Forderungen**; schlage **mögliche Lösungen** vor; drücke deine **Hoffnung auf Klärung** aus.
- Liste nach der Unterschrift die **Anlagen**, die du beifügst, stichpunktartig auf.

Achte auf passende Formulierungen

- Fasse dich möglichst **kurz** und drücke dein Anliegen **klar** aus, ohne abzuschweifen.
- Schreibe **sachlich** und vermeide umgangssprachliche oder emotionale Ausdrücke.
- Formuliere **höflich**, ohne „überfreundlich" oder anbiedernd zu wirken.

Schmuckelemente © Aquir – Fotolia.com

Mögliches Ergebnis (1/3)

Das bedeuten die Hervorhebungen im Text:

Rot:	Benennung formaler Mängel
Grün:	Benennung inhaltlicher Mängel
Blau:	Benennung sprachlicher Mängel

1. **Erläuterung, weshalb Jörgs Brief unbedingt verbessert werden sollte**
Der private Geschäftsbrief, den Jörg Brockmann im Auftrag der Hobbyfußballer formuliert, sollte unbedingt verbessert werden, da er schwere formale und strukturelle Fehler, inhaltliche Mängel sowie viele Formulierungsschwächen aufweist. Ort, Datum, Absenderadresse mit Kontaktdaten, Empfängeradresse und Betreff bilden keinen angemessenen Briefkopf, sondern sind ungeordnet im Text verteilt. Die Formulierung „dringende Forderung" am Anfang des Betreffs wirkt aufdringlich und damit unhöflich. Sie sollte durch eine Bitte ersetzt werden. Auch die freche Aufforderung zur Einladung ins Rathaus weiter unten im Brief ist unangebracht. Stattdessen sollte Jörg eine höfliche Anfrage formulieren. Im Gegensatz zu dieser groben Ausdrucksweise klingt die Anrede („Hochverehrtes Jugendamt!!!") anbiedernd und überzogen. Die Anrede sollte „Sehr geehrte Damen und Herren" lauten, wenn kein konkreter Ansprechpartner bekannt ist. Die Verwendung von Ausrufezeichen verstößt außerdem gegen die Regeln der Zeichensetzung und wirkt im Geschäftsbrief generell unsachlich.
Jörg stellt das Anliegen der Gruppe unstrukturiert und somit für den Leser schwer verständlich vor, indem er die Problemsituation nicht zu Beginn des Textes schildert, sondern das Schreiben mit einem Lösungsvorschlag einleitet. Sinnvoller wäre folgende Struktur: Vorstellung der Gruppe; Schilderung des Problems; Darstellung der Konflikte, die durch das Bolzen auf der Straße entstehen; Bitte um Bolzplatz in der Siedlung; Vorschlag, einen Teil der Wiese an der Hölderlinstraße zu nutzen; Bitte um Gesprächstermin.
Stellenweise sind Jörgs Ausführungen abschweifend und unsachlich, indem er persönliche Wertungen äußert. Er schreibt, die Spielstraßenschilder seien „ein ziemlich schlechter Witz". Derartige Aussagen sind in einem privaten Geschäftsbrief überflüssig.
Die umgangs- und jugendsprachliche Wortwahl in Jörgs Brief wirkt unangemessen. Unangebracht sind unter anderem die Formulierungen „voll groß", „nerven", „wollen mal hoffen", „das Ganze", „Gruppe von coolen Hobbykickern", „echt ätzend", „steinalte(n) Nachbarn", „Polizei auf uns gehetzt", „rumgebrüllt", „zerschmetterte", „echt ein ziemlich schlechter Witz", „gibt (...) Stress", „kapieren" und „kriegen". Die Verkürzung von Wörtern – wie „gab's" und „'ne" – ist ein stilistisches Tabu.
Als Grußformel sollte Jörg nicht die unseriöse Abkürzung MfG verwenden, wenngleich diese oft in E-Mails oder Kurznachrichten akzeptiert wird. Zu salopp wirkt auch das Unterschreiben mit dem Spitznamen „Brocki", dessen Erwähnung im Text überflüssig ist.
Ein weiterer Formverstoß ist der Anlagenvermerk vor der Grußformel. Die Anlage sollte unterhalb der Unterschrift genannt werden.

Mögliches Ergebnis (2/3)

2. Verbesserte Fassung des privaten Geschäftsbriefs

Absenderangaben – Ort, Datum:
Jörg Brockmann
Heinestraße 12
33824 Warmenau
Tel.: 05299 79281718
E-Mail: brocki15@coolmail.de

Warmenau, 15. Juli 2018

Empfängeranschrift:
Jugendamt der Stadt Warmenau
Rathausgasse 6
33824 Warmenau

Betreff:
Bitte um die Schaffung eines Bolzplatzes in der Dichtersiedlung

Anrede:
Sehr geehrte Damen und Herren,

Anliegen – in Abschnitte gegliedert:
wir sind eine Gruppe von Hobbyfußballern zwischen 14 und 17 Jahren aus der Dichtersiedlung, wo uns bedauerlicherweise kein Bolzplatz zur Verfügung steht.

Mangels anderer Möglichkeiten nutzen wir regelmäßig die Straßen unserer Siedlung zum Fußballspielen. Diese sind zwar als Spielstraßen ausgewiesen, allerdings wird unser Ballspiel dennoch von manchen, besonders älteren Nachbarn nicht akzeptiert, sodass ständig Konflikte entstehen.

Einige Anwohner beschweren sich häufig bei unseren Eltern und riefen gestern sogar die Polizei, da wir nach ihrer Auffassung gegen Abend viel zu laut waren. Zudem erhielten wir neulich eine Anzeige wegen Sachbeschädigung, da durch unseren Fußball aus Versehen ein Fenster zerstört wurde.

Vor diesem Hintergrund möchten wir Sie bitten, die Schaffung eines Bolzplatzes in der Dichtersiedlung zu veranlassen.

Mögliches Ergebnis (3/3)

Wir schlagen Ihnen vor, uns zu diesem Zweck einen Teil der großen Hundewiese an der Hölderlinstraße zur Verfügung zu stellen, sodass wir dort Fußball spielen können, ohne die Anwohner zu stören. Der Aufwand beschränkt sich unserer Einschätzung nach auf das Aufstellen zweier Tore.

Auf der beigefügten Skizze möchten wir Ihnen verdeutlichen, wie wir uns einen möglichen Bolzplatz an der Hölderlinstraße vorstellen.

Wir hoffen, dass Sie unser Anliegen unterstützen und bei der Umsetzung behilflich sein können. Da wir die Angelegenheit gerne persönlich mit Ihnen besprechen möchten, bitten wir um einen Gesprächstermin.

Grußformel:
Mit freundlichen Grüßen

Unterschrift (handschriftlich) mit Ergänzung in Druckschrift:

Jörg Brockmann

Jörg Brockmann
(im Auftrag der Gruppe)

Anlage:
Anlage
Skizze zu einem möglichen Bolzplatz an der Hölderlinstraße

Klassenarbeit (1/3)

Thema:

Ein Bewerbungsschreiben verbessern

Aufgaben:

1. Erläutere, weshalb Annas Anschreiben unbedingt verbessert werden sollte.
2. Formuliere nun eine verbesserte Fassung des Anschreibens.

Beachte!

- Berücksichtige die Stellenanzeige und die Angaben im Lebenslauf.
- Anna verfügt über zwei E-Mail-Adressen: annababy@sweetmail.de sowie anna.raeker@online.de; ihre Festnetznummer lautet: 05299/173504.

Anna Räker besucht die 10. Klasse der Gesamtschule Horstheim. Sie hat beschlossen, nach dem Erwerb der mittleren Reife eine Ausbildung zur Kauffrau für Büromanagement zu beginnen. Eine Anzeige in der Online-Stellenbörse „Job-Online" weckt ihr Interesse.

Ausbildung ab 1. September 2017: Kaufmann/Kauffrau für Büromanagement
(*Referenz-Nummer: 2017123*)

Die Brummtrans Kraftwagen-Spedition GmbH wird von namhaften, internationalen Kunden als ein regional marktführender Transport- und Logistikdienstleister geschätzt. Unsere moderne, effiziente Lkw-Flotte ist nicht nur auf den Straßen rund um Horstheim unterwegs, sondern in ganz Mittel- und Westeuropa.
Wir bieten Ihnen neben einem hervorragenden Betriebsklima eine abwechslungsreiche und anspruchsvolle Ausbildung mit Übernahme- und Aufstiegsperspektive.

Sie haben mindestens eine mittlere Reife abgeschlossen?
Sie sind kommunikativ und teamfähig? Sie arbeiten sorgfältig und strukturiert und verfügen über Organisations- und Planungskompetenz?
Sie beherrschen den Umgang mit der gängigen EDV und sind zudem sicher im Englischen? Dann senden Sie Ihre schriftliche Bewerbung an:

Brummtrans Kraftwagen-Spedition GmbH
Herrn Johannes Kasch
Truckerstraße 7
39999 Horstheim

Weitere Informationen finden Sie unter: www.brummtrans-horstheim.com

Schmuckelemente © Aquir – Fotolia.com

Klassenarbeit (2/3)

Anna beschließt, sich um den Ausbildungsplatz zu bewerben. Die Gestaltung eines tabellarischen Lebenslaufs bereitet ihr keine Probleme. Allerdings ist sie unsicher, ob ihr das Anschreiben gelungen ist. Du bietest ihr deine Hilfe an.

Ein Auszug aus Annas Lebenslauf:

Name	Anna Räker
Geburtsdatum	18.01.2001
Schulbildung	
2007 bis 2011	Grundschule Horstheim
2011 bis 2017	Goethe-Gesamtschule Horstheim; mittlere Reife: Juli 2017
Praktikum	Hin & Weg Logistikservice, Waltersdorf (2 Wochen im Februar 2017)
EDV-Kenntnisse	Word, Excel, PowerPoint
Fremdsprachenkenntnisse	Englisch, Französisch
Aktivitäten	Trainerin einer Turngruppe für Kinder
	Volleyball im Verein TuS Horstheim
	Aushilfstätigkeit im Büro des Tischlereibetriebs meines Onkels

Schmuckelemente © Aquir – Fotolia.com

Klassenarbeit (3/3)

Annas Anschreiben:

Anna Räker
Krötenweg 3
39999 Horstheim
annababy@sweetmail.de

10. März 2017

Brummtrans Kraftwagen-Spedition GmbH
Truckerstraße 7
39999 Horstheim

Betreff: Bewerbung als Azubine

Hallo, liebe Damen und Herren!

Wie bin ich auf sie gestoßen? Meine Freundin Steffi schickte mir per WhatsApp den Link zu ihrer Stellenanzeige und meinte dazu: „Hier ist eine Anzeige, die super zu dir passt!" So beschloss ich, mich bei ihnen zu bewerben, was ich hiermit tue.

Ich mache gerade meine mittlere Reife und werde sie im Sommer in der Tasche haben. Ich bin nett, in der Schule ziemlich beliebt und habe auch sehr viele Freunde bei Facebook, bin also kommunikativ. Während meines Praktikums bei der Firma Hin & Weg Logistikservice und als Aushilfe im Büro des Tischlereibetriebs meines Onkels habe ich gelernt, was im Büro so abgeht. Als Trainerin einer Turngruppe für Kinder muss ich immer sehr viel organisieren. Im Volleyballteam des TuS Horstheim klopft man mir für meine Teamfähigkeit auf die Schulter. Mit meinem PC verstehe ich mich ebenfalls prima.

Ich denke, sie würden mich mögen, und würde mich über ein Vorstellungsgespräch freuen!

Ihre Anna Räker

Anlagen

Schmuckelemente © Aquir – Fotolia.com

Erwartungshorizont für die Lehrkraft

1) Inhaltliche Leistung

	Kompetenzerwartung: Der Schüler …	**Punkte (max.)**
zu 1.	erläutert die *formalen Mängel* (lückenhafter Briefkopf; Ansprechpartner fehlt; Wort „Betreff"; fehlende Absätze; falsch platzierte Unterschrift; Anlagenvermerk).	12
zu 1.	erläutert die *inhaltlichen Mängel* (teils unpräzise; überflüssige Angaben; unseriös).	12
zu 1.	erläutert die *sprachlichen Mängel* (E-Mail-Adresse; Anrede; Umgangssprache; „Sie" und „Ihnen" klein; Frage; wörtliche Rede; Konjunktive; Grußformel).	12
zu 2.	verfasst das Anschreiben *vollständig*, *strukturiert* und *formal korrekt*.	14
zu 2.	*verknüpft* Annas *Bewerberprofil* (Abschluss; Erfahrung in der Berufswelt; Mannschaftssport; Trainertätigkeit; EDV-Kompetenz) *präzise und aussagekräftig* mit den *Informationen der Anzeige* (Marktposition; Anforderungen; Erwartungen).	20
	Teilsumme Inhalt:	**70**

2) Darstellungsleistung

	Kompetenzerwartung: Der Schüler …	**Punkte (max.)**
zu 1.	erläutert den Verbesserungsbedarf *präzise* und *verständlich*.	6
zu 2.	verfasst das Anschreiben *möglichst kurz* und *klar*.	4
zu 2.	formuliert das Anschreiben *sachlich*.	4
zu 2.	formuliert das Anschreiben *höflich*.	4
insg.	schreibt *grammatisch* korrekt (u. a. Syntax).	6
insg.	schreibt *orthografisch* korrekt (Rechtschreibung, Zeichensetzung).*	6
	Teilsumme Inhalt:	**30**

Gesamtpunktzahl = Inhaltliche Leistung + Darstellungsleistung:	**100**

Vorschlag zur Benotung:

Note 1	Note 2	Note 3	Note 4	Note 5	Note 6
89 bis 100 P.	76 bis 88 P.	63 bis 75 P.	50 bis 62 P.	20 bis 49 P.	0 bis 19 P.

* Wenn der Schüler orthografische Regeln häufig nicht beachtet, wird die Note um eine Notenstufe abgesenkt. Drückt sich der Schüler sprachlich sehr sicher aus, wird die Note um eine Stufe angehoben. Für Schüler mit LRS sowie Deutsch als Zweitsprache gelten besondere Regelungen, die ggf. durch die Schulkonferenz festgelegt wurden.

Wissen, worauf es ankommt (1/4)

Aufgabe:

Schätze deinen Leistungsstand zu den einzelnen Anforderungen ein.
Kreuze an, wie gut du schon bist.

➡ Der Inhalt deiner Arbeitsergebnisse zu den Aufgaben

Aufgabe 1: Erläutere die **formalen Mängel** des vorliegenden Anschreibens (z. B. fehlende Angaben im Briefkopf; keine Berücksichtigung des Ansprechpartners; überflüssiges Wort „Betreff"; fehlende Absätze; falsch platzierte Unterschrift; ungenauer Anlagenvermerk).

☐ *Kann ich schon gut.* ☐ *Klappt überwiegend.* ☐ *Sollte besser werden.*

Aufgabe 1: Erläutere die **inhaltlichen Mängel** des vorliegenden Anschreibens (z. B. unpräziser Betreff; überflüssige Informationen; ungenaue Angaben; unseriöse Wirkung).

☐ *Kann ich schon gut.* ☐ *Klappt überwiegend.* ☐ *Sollte besser werden.*

Aufgabe 1: Erläutere die **sprachlichen Mängel** des vorliegenden Anschreibens (z. B. unseriös formulierte E-Mail-Adresse; saloppe Anrede; Umgangssprache; Kleinschreibung von „Sie" und „Ihnen"; Fragesatz; wörtliche Rede; Konjunktive; unpassende Grußformel).

☐ *Kann ich schon gut.* ☐ *Klappt überwiegend.* ☐ *Sollte besser werden.*

Aufgabe 2: Verfasse das Anschreiben **vollständig**, **strukturiert** und **formal korrekt**.

☐ *Kann ich schon gut.* ☐ *Klappt überwiegend.* ☐ *Sollte besser werden.*

Aufgabe 2: Verknüpfe Annas Bewerberprofil (Abschluss; Erfahrung in der Berufswelt; Mannschaftssportart; Trainertätigkeit; EDV-Kenntnisse) **präzise und aussagekräftig** mit den Informationen der Stellenanzeige (Marktposition; Anforderungen; Erwartungen).

☐ *Kann ich schon gut.* ☐ *Klappt überwiegend.* ☐ *Sollte besser werden.*

Schmuckelemente © Aquir – Fotolia.com

Wissen, worauf es ankommt (2/4)

Aufgabe:

- Schätze deinen Leistungsstand zu den einzelnen Anforderungen ein. Kreuze an, wie gut du schon bist.

➡ Die Art, wie du die Arbeitsergebnisse formulierst (Darstellung)

Aufgabe 1: Erläutere **präzise** und **verständlich**, weshalb das Anschreiben verbessert werden sollte.

☐ *Kann ich schon gut.* ☐ *Klappt überwiegend.* ☐ *Sollte besser werden.*

Aufgabe 2: Verfasse das Anschreiben **möglichst kurz** und **klar**.

☐ *Kann ich schon gut.* ☐ *Klappt überwiegend.* ☐ *Sollte besser werden.*

Aufgabe 2: Formuliere das Anschreiben **sachlich**.

☐ *Kann ich schon gut.* ☐ *Klappt überwiegend.* ☐ *Sollte besser werden.*

Aufgabe 2: Formuliere das Anschreiben **höflich**.

☐ *Kann ich schon gut.* ☐ *Klappt überwiegend.* ☐ *Sollte besser werden.*

Aufgaben 1 und 2: Achte auf die korrekte **Grammatik** (z. B. den richtigen Satzbau).

☐ *Kann ich schon gut.* ☐ *Klappt überwiegend.* ☐ *Sollte besser werden.*

Aufgaben 1 und 2: Achte auf eine korrekte **Rechtschreibung** und **Zeichensetzung**.

☐ *Kann ich schon gut.* ☐ *Klappt überwiegend.* ☐ *Sollte besser werden.*

Anregungen zur Vorbereitung und Nachbereitung

- Übe, ein Bewerberprofil mit den Informationen einer Stellenanzeige sinnvoll zu verknüpfen.
- Gestalte das Anschreiben formal korrekt und strukturiert.
- Verfasse das Anschreiben inhaltlich präzise und aussagekräftig.
- Formuliere das Anschreiben möglichst kurz, sachlich und höflich.
- Schreibe sprachlich korrekt und angemessen.

Schmuckelemente © Aquir – Fotolia.com

Wissen, worauf es ankommt (3/4)

Tipps zum Thema

Die typischen Merkmale einer Bewerbung um eine Ausbildungs- oder Arbeitsstelle

- Die Bewerbung bezieht sich in der Regel auf eine **Stellenanzeige** in einer **Zeitung** oder im **Internet**.
- Sie wird – je nach Vorgabe des Unternehmens – **per Post** oder als **Online-Bewerbung** abgeschickt.
- Sie muss **vollständig** sein und mindestens ein **Anschreiben**, einen **Lebenslauf** (ggf. mit Lichtbild) und (ggf. beglaubigte) **Zeugniskopien** enthalten. Darüber hinaus kann es sinnvoll sein, **zusätzliche Zertifikate** (beispielsweise zu Praktika) beizufügen.
- Die Bewerbung muss **inhaltlich und sprachlich seriös** sein und darf **keine** (!) **Rechtschreibfehler** enthalten.
- Sie muss – wenn sie „in Papierform" verschickt wird – **äußerlich sauber** und **ordentlich abgeheftet** sein, z. B. in einer Bewerbungsmappe.

Achte auf eine korrekte formale Gestaltung des Anschreibens

- Berücksichtige die **Gestaltungsvorgaben für Bewerbungsanschreiben** und verfasse die Bewerbung demnach **vollständig** und **passend strukturiert**.
- Beginne das Schreiben mit einem **Briefkopf**, der folgende Angaben enthält:
  - ➡ Name und Kontaktdaten des Absenders
  - ➡ Ort und Datum
  - ➡ Anschrift des Empfängers
  - ➡ Betreff
- Füge bei der **Empfängeranschrift** unter dem Firmennamen den **Namen des Ansprechpartners** hinzu, falls dieser bekannt ist. Achte dabei auf die Anrede „Frau ..." bzw. „Herr**n** ...". (Z. B.: Herr**n** Kasch)
- Nenne im **Betreff** den **Anlass kurz und präzise**, ohne das Wort „Betreff" zu verwenden. Hebe ihn mit **Fettdruck** hervor.
  - ➡ Z. B.: **Bewerbung um eine Ausbildungsstelle als Kauffrau für Büromanagement**
- Gliedere den Text durch **sinnvolle Absätze**.
- Liste nach der Unterschrift die beigefügten **Anlagen** stichpunktartig untereinander auf.

Schmuckelemente © Aquir – Fotolia.com

Wissen, worauf es ankommt (4/4)

Tipps zum Thema

Achte auf eine passende inhaltliche Gestaltung des Anschreibens

- Verfasse das Bewerbungsschreiben **zielgerichtet** und **strukturiert**: Verweise auf eine **Quelle** (z. B. eine Stellenanzeige), informiere über den angestrebten **Schulabschluss** und deine **persönliche Eignung**, begründe die **Wahl des Unternehmens** und verdeutliche das **Interesse an einem Vorstellungsgespräch**.
- Beschränke das Anschreiben auf **relevante Punkte** und bemühe dich um **Kürze**. Vermeide überflüssige Informationen.
- Gestalte den Inhalt **individuell** mit konkretem Bezug zu deinem **persönlichen Bewerberprofil** und zur **Stellenbeschreibung**. Vermeide allgemeine, beliebig wirkende Aussagen.
- Präsentiere dich als Bewerber **seriös** und **wahrheitsgemäß**. Vermeide Albernheiten, Lügen und Übertreibungen.

Achte auf passende Formulierungen

- Teile nur eine **seriös wirkende E-Mail-Adresse** mit.
- Formuliere eine **passende höfliche Anrede**. (Z. B.: Sehr geehrter Herr Kasch, ...)
- Fasse dich **möglichst kurz** und drücke dein Anliegen **klar** aus, ohne abzuschweifen.
- Schreibe **sachlich** und vermeide umgangssprachliche oder emotionale Formulierungen.
- Formuliere **höflich**, ohne „überfreundlich" oder anbiedernd zu wirken.
- Verwende im gesamten Anschreiben möglichst **keine Konjunktive**.

Schmuckelemente © Aquir – Fotolia.com

Mögliches Ergebnis (1/3)

Das bedeuten die Hervorhebungen im Text:

Rot:	Benennung formaler Mängel
Grün:	Benennung inhaltlicher Mängel
Blau:	Benennung sprachlicher Mängel

1. **Erläuterung, weshalb Annas Anschreiben unbedingt verbessert werden sollte**

Annas Anschreiben sollte unbedingt verbessert werden, da es formale, inhaltliche und sprachliche Mängel aufweist.
Die E-Mail-Adresse, die Anna angibt, wirkt unseriös. Sie sollte durch ihre zweite – sachlicher wirkende – E-Mail-Adresse ersetzt werden. Die fehlende Angabe einer Telefonnummer reduziert ihre Erreichbarkeit. Sie nennt zwar ein Datum, aber die Ortsangabe fehlt. Sowohl bei der Empfängeranschrift als auch bei der Anrede ist der namentlich genannte Ansprechpartner der Spedition nicht erwähnt. Anna hätte das Anschreiben gezielt an Herrn Kasch richten müssen.
Der Betreff weist mehrere Schwächen auf: Erstens ist das Wort „Betreff" überflüssig; zweitens fehlt eine konkrete Nennung des angestrebten Ausbildungsberufes; drittens ist die umgangssprachliche Bezeichnung „Azubine" hier zu unseriös.
Anna formuliert auch die Anrede zu salopp und beendet diese nicht korrekt mit einem Ausrufezeichen statt mit einem Komma.
Im nachfolgenden Text drückt sie sich nicht sachlich aus, sondern verwendet durchgehend umgangssprachliche Formulierungen, wie „tue", „mache", „in der Tasche haben" oder „bin nett". Stilistische Mängel sind zudem der Fragesatz und die wörtliche Rede im ersten Abschnitt sowie die Verwendung des Konjunktivs im letzten Satz.
Anna scheint die Großschreibung der höflichen Anrede nicht zu kennen; sie schreibt „Sie" und „Ihnen" klein.
Das Anschreiben enthält einige unnötige Informationen, wie die Erwähnung der Freundin Steffi und die wörtliche Wiedergabe ihrer Aussage. Überflüssig ist außerdem der Hinweis auf die vielen Facebook-Freunde. Die abschließende Vermutung, in der Firma gemocht zu werden, hätte sie weglassen sollen.
Andererseits fehlen wichtige Angaben: Die Referenz-Nummer der Stellenanzeige wird nicht erwähnt. Anna nennt die Goethe-Gesamtschule nicht, die sie besucht. Ihre EDV-Kenntnisse deutet sie nur ungenau an; ihre Fremdsprachenkenntnisse erwähnt sie gar nicht. Vor allem ist zu kritisieren, dass sie weder die Wahl der Ausbildung noch die Entscheidung für den Ausbildungsbetrieb begründet.
Der zweite Textabschnitt ist zu umfangreich, da er verschiedene Punkte enthält, die einfach aneinandergereiht sind. Hier fehlen Absätze und eine klare Struktur.
Am Ende fehlt eine angemessene Grußformel. Außerdem ist Annas Unterschrift falsch platziert. Anna weist zwar auf Anlagen hin, doch diese sind nicht konkret genannt.

Mögliches Ergebnis (2/3)

2. Verbesserte Fassung des Anschreibens

Absenderangaben – Ort, Datum:

Anna Räker
Krötenweg 3
39999 Horstheim
Tel.: 05299/173504
E-Mail: anna.raeker@online.de

Horstheim, 10. März 2017

Empfängeranschrift:

Brummtrans Kraftwagen-Spedition GmbH
Herrn Kasch
Truckerstraße 7
39999 Horstheim

Betreff:

Bewerbung um eine Ausbildungsstelle als Kauffrau für Büromanagement (Referenz-Nummer: 2017123)

Anrede:

Sehr geehrter Herr Kasch,

Bezug zur Stellenanzeige und Anliegen (Bewerbung):

in der Online-Stellenbörse „Job-Online" suchen Sie eine Auszubildende für den Beruf Kauffrau für Büromanagement. Ich bewerbe mich bei Ihnen um diese Ausbildungsstelle.

Angaben zum Schulbesuch und zum Schulabschluss:

Zurzeit besuche ich die Goethe-Gesamtschule in Horstheim, die ich voraussichtlich im Juli 2017 mit der mittleren Reife verlassen werde.

Grundsätzliche Eignung für den Beruf:

Die positiven Erfahrungen bei der Aushilfstätigkeit im Büro des Betriebs meines Onkels und während des Praktikums bei der Firma Hin & Weg Logistikservice bestärken meinen Wunsch, die Ausbildung zur Kauffrau für Büromanagement zu absolvieren.

Mögliches Ergebnis (3/3)

Eignung für die konkreten Anforderungen in der Stellenanzeige:
Kommunikationsvermögen und Teamfähigkeit stelle ich unter anderem in meiner Volleyballmannschaft unter Beweis. Meine Tätigkeit als Trainerin einer Kinderturngruppe erfordert viel Organisationsgeschick, Verantwortung und Sorgfalt. Vor allem durch die schulische EDV-Nutzung bin ich kompetent im Umgang mit Word, Excel und PowerPoint. Ich beherrsche Englisch sowohl schriftlich als auch mündlich und verfüge über Grundlagen der französischen Sprache, was im Umgang mit internationalen Kunden von Vorteil ist.

Gründe, sich bei dem Betrieb zu bewerben:
Bei Ihnen bewerbe ich mich, weil Sie am Markt sehr gut positioniert sind und eine hervorragende Ausbildung mit Zukunftsperspektiven anbieten.

Bezug zum nächsten Schritt im Bewerbungsverfahren:
Gerne überzeuge ich Sie persönlich in einem Vorstellungsgespräch.

Grußformel:
Mit freundlichen Grüßen

Unterschrift (handschriftlich) mit vollem Namen:

Anna Räker

Anlagen:
Anlagen:
Lebenslauf mit Lichtbild
2 Zeugniskopien
Praktikumsbescheinigung

Kapitel 6: Kreativ und produktionsorientiert schreiben

Klasse 5

Die Fortsetzung einer Erlebnisgeschichte schreiben

Klasse 6

Eine Geschichte zu einem Sprichwort schreiben

Klasse 7

Einen Tagebucheintrag aus der Perspektive einer literarischen Figur schreiben

Klasse 8

Teile einer Kurzgeschichte aus einer anderen Perspektive erzählen

Klasse 9

Einen Dialog zwischen literarischen Figuren schreiben

Klasse 10

Einen szenischen Text in einen epischen Text umwandeln

Klassenarbeit

Thema:

Die Fortsetzung einer Erlebnisgeschichte schreiben

Aufgabe:

- Wie könnte die Geschichte weitergehen? Schreibe eine Fortsetzung der Geschichte mit glücklichem Ende. Ergänze eine passende Überschrift.

Beachte!

- Berücksichtige die vorgegebenen Informationen.
- Denke an die Regeln des spannenden Erzählens.

Feuchter, kalter Nebel lag wie ein grauer Schleier über dem Hamburger Hafen. Es roch nach Wasser und Schiffsdiesel. Irgendwo in den Nebelschwaden dröhnte der Motor eines Schiffes. Man sah es nicht, sondern hörte es nur – wie den Schrei einer Möwe, die im Nebel über den Landungsbrücken ihre Bahn zog.
„Die Hafenrundfahrt findet wie geplant statt!", rief Frau Möller den Schülern ihrer Klasse 5c zu, die ihr aufgeregt Richtung Kaimauer folgten, wo sich die Umrisse einiger Ausflugsschiffe im Nebel abzeichneten.
„Pech, dieses Wetter", ärgerte sich Philipp. „Ausgerechnet am Tag unserer Klassenfahrt", fügte Sven hinzu. „Bestimmt lichtet sich der Nebel über der Elbe bald", machte Laura den Mitschülern Mut, „dann sehen wir große Werftanlagen und riesige Pötte." „Los, beeilt euch, Kinder, das Schiff wird gleich ablegen!", trieb Frau Möller ihre Klasse an. „Unser Hafenrundfahrtschiff heißt übrigens ..."
Eine ohrenbetäubende Schiffssirene übertönte die Worte der Lehrerin. Plötzlich hielt Philipp an und bückte sich. „Wartet, ich muss meine Schnürsenkel binden!" Widerwillig blieben Laura und Sven bei ihrem Freund. „Schnell, sonst stechen die anderen ohne uns in See!", drängte Sven. Er stürmte wie ein Wirbelwind an Bord des erstbesten Schiffes. Laura und Philipp folgten. „Puh", gerade noch geschafft", jubelte Sven, denn im gleichen Moment machte ein Matrose die Leinen los. Laura blickte sich misstrauisch um. „Jungs, ich glaube, wir sind auf dem falschen Dampfer!"

Viel Spaß und viel Erfolg!

Schmuckelemente © Aquir – Fotolia.com

Erwartungshorizont für die Lehrkraft

1) Inhaltliche Leistung

	Kompetenzerwartung: Der Schüler …	**Punkte (max.)**
1.	verfasst die Fortsetzung der Geschichte *auf der Grundlage des Anfangsteils* (Hafenrundfahrt einer 5. Klasse in Hamburg; Nebel; drei Schüler sind vermutlich auf ein falsches Schiff geraten; Er- bzw. Sie-Erzählform).	8
2.	schreibt einen *logischen und sinnvollen Hauptteil* mit erkennbarem *Höhepunkt.*	25
3.	schreibt einen *passenden Schlussteil.*	10
4.	formuliert eine *passende und ansprechende Überschrift.*	4
5.	gestaltet die Fortsetzung der Geschichte *kreativ* und *interessant* durch anschauliche Beschreibungen, Einzelheiten, Gefühle, Gedanken, wörtliche Rede.	23
	Teilsumme Inhalt:	**70**

2) Darstellungsleistung

	Kompetenzerwartung: Der Schüler …	**Punkte (max.)**
1.	verwendet die Zeitform *Präteritum.*	4
2.	formuliert *abwechslungsreich.*	6
3.	formuliert *anschaulich* und *lebendig.*	6
4.	schreibt *grammatisch* korrekt (u. a. Syntax).	7
5.	schreibt *orthografisch* korrekt (Rechtschreibung, Zeichensetzung).*	7
	Teilsumme Inhalt:	**30**

Gesamtpunktzahl = Inhaltliche Leistung + Darstellungsleistung:	**100**

Vorschlag zur Benotung:

Note 1	Note 2	Note 3	Note 4	Note 5	Note 6
89 bis 100 P.	76 bis 88 P.	63 bis 75 P.	50 bis 62 P.	20 bis 49 P.	0 bis 19 P.

* Wenn der Schüler orthografische Regeln, die in Klasse 5 als bekannt vorausgesetzt werden, häufig nicht beachtet, wird die Note um eine Notenstufe abgesenkt. Drückt sich der Schüler sprachlich sehr sicher aus, wird die Note um eine Stufe angehoben. Für Schüler mit LRS sowie Deutsch als Zweitsprache gelten besondere Regelungen, die ggf. durch die Schulkonferenz festgelegt wurden.

Wissen, worauf es ankommt (1/3)

Aufgabe:

Schätze deinen Leistungsstand zu den einzelnen Anforderungen ein.
Kreuze an, wie gut du schon bist.

Der Inhalt deiner Fortsetzung der Geschichte

1. Verfasse die Fortsetzung der Geschichte **auf der Grundlage des Anfangsteils** (Hafenrundfahrt einer 5. Klasse in Hamburg; Nebel; drei Schüler sind wahrscheinlich auf ein falsches Schiff geraten; Er- bzw. Sie-Erzählform).
   ☐ *Kann ich schon gut.* ☐ *Klappt überwiegend.* ☐ *Sollte besser werden.*

2. Schreibe einen **logischen und sinnvollen Hauptteil** mit erkennbarem **Höhepunkt**.
   ☐ *Kann ich schon gut.* ☐ *Klappt überwiegend.* ☐ *Sollte besser werden.*

3. Schreibe einen **passenden Schlussteil**.
   ☐ *Kann ich schon gut.* ☐ *Klappt überwiegend.* ☐ *Sollte besser werden.*

4. Formuliere eine **passende und ansprechende Überschrift** für die gesamte Geschichte.
   ☐ *Kann ich schon gut.* ☐ *Klappt überwiegend.* ☐ *Sollte besser werden.*

5. Gestalte die Fortsetzung der Geschichte **kreativ** und **interessant** durch anschauliche Beschreibungen, passende Einzelheiten, Gefühle und Gedanken sowie wörtliche Rede.
   ☐ *Kann ich schon gut.* ☐ *Klappt überwiegend.* ☐ *Sollte besser werden.*

Die Art, wie du deine Fortsetzung schreibst (Darstellung)

1. Verwende die Zeitform **Präteritum (Vergangenheit)**.
   ☐ *Kann ich schon gut.* ☐ *Klappt überwiegend.* ☐ *Sollte besser werden.*

2. Formuliere **abwechslungsreich**.
   ☐ *Kann ich schon gut.* ☐ *Klappt überwiegend.* ☐ *Sollte besser werden.*

3. Formuliere **anschaulich** und **lebendig**.
   ☐ *Kann ich schon gut.* ☐ *Klappt überwiegend.* ☐ *Sollte besser werden.*

4. Achte auf die korrekte **Grammatik** (z. B. den richtigen Satzbau).
   ☐ *Kann ich schon gut.* ☐ *Klappt überwiegend.* ☐ *Sollte besser werden.*

5. Achte auf eine korrekte **Rechtschreibung** und **Zeichensetzung**.
   ☐ *Kann ich schon gut.* ☐ *Klappt überwiegend.* ☐ *Sollte besser werden.*

Schmuckelemente © Aquir – Fotolia.com

Wissen, worauf es ankommt (2/3)

Anregungen zur Vorbereitung und Nachbereitung

- Übe, den vorgegebenen Beginn einer Geschichte logisch weiterzuentwickeln und einen kreativen Haupt- und Schlussteil zu verfassen.
- Versuche, durch passende Einzelheiten, Gedanken und Gefühle sowie wörtliche Rede lebendig und anschaulich zu schreiben.
- Formuliere abwechslungsreich.
- Füge eine interessante Überschrift hinzu.
- Schreibe sprachlich korrekt und angemessen.

Tipps zum Thema

Die typischen Merkmale einer Fortsetzungsgeschichte

- Eine Fortsetzungsgeschichte beruht auf einem **vorgegebenen Anfang** mit **Informationen**, die du benötigst: Ort der Handlung, beteiligte Personen, Problemsituation, Erzählperspektive und -zeit.
- Zum Schreiben einer Fortsetzungsgeschichte brauchst du **Kreativität** und **Vorstellungskraft**. Du musst aber auch die **Vorgaben beachten**.
- Richte dich nach den **Regeln des Erzählens**: Gestalte den **Hauptteil** anschaulich aus und finde einen passenden **Schluss** sowie eine ansprechende **Überschrift**.

Bereite das Schreiben deiner Fortsetzungsgeschichte gründlich vor

- **Lies** den vorgegebenen Anfang mehrmals **sorgfältig**.
- Notiere **stichpunktartig mögliche Handlungsverläufe** und suche **den besten als Grundlage** für deine Fortsetzungsgeschichte aus.
  ➡ Z. B.: Laura, Sven und Philipp: aus Versehen blinde Passagiere auf der Luxusyacht eines Millionärs ➡ Besitzer: erst verärgert, dann verständnisvoll ➡ Nebel lichtet sich ➡ Hafenrundfahrtschiff mit der Klasse kommt ihnen auf der Elbe entgegen ➡ Winken ➡ Wiedersehen an den Landungsbrücken ➡ Einladung zu einer Sonderfahrt mit der Luxusyacht
- Versetze dich in die Personen. Halte ihre **Gefühle** und **Gedanken** fest.
  ➡ Z. B.: Angst vor Ärger; schlechtes Gewissen gegenüber der Lehrerin; Vorwürfe gegenüber Sven …
- Notiere zur Vorbereitung **Formulierungsideen** – wie anschauliche Verben, Adjektive und Aussagen in wörtlicher Rede.
- Sammle Ideen für eine **passende und interessante Überschrift**. Entscheide dich erst nach dem Schreiben des Textes für eine Formulierung; dann kannst du sicher beurteilen, welche die beste ist.

Schmuckelemente © Aquir – Fotolia.com

Wissen, worauf es ankommt (3/3)

Tipps zum Thema

So gehst du beim Schreiben der Fortsetzungsgeschichte vor

- Führe die vorgegebene **Spannungskurve** sinnvoll weiter und schreibe einen **Hauptteil** mit erkennbarem **Höhepunkt**.
- Beende die Handlung mit einem knappen, passenden **Schlussteil**. Üblicherweise endet die Geschichte „glücklich".
- Formuliere eine **passende und interessante Überschrift**, die zum Lesen anregt.

Darauf solltest du bei der inhaltlichen Gestaltung achten

- Beachte den vorgegebenen **Anfangsteil** als **Grundlage für die Weiterführung** der Geschichte: Knüpfe an die **Ausgangssituation** an und behalte den **Handlungsort**, die **Hauptpersonen**, die **Erzählperspektive** sowie die **Erzählzeit** bei.
- Schreibe die Geschichte **logisch** und **sinnvoll** weiter. Vermeide Unklarheiten und Abschweifungen. Aus dem Anfang einer Erlebnisgeschichte sollte beispielsweise keine Fantasiegeschichte werden.
  - ➡ Unpassend: Laura, Sven und Philipp wurden vom Klabautermann gefangen genommen. …
    Eine Meerjungfrau befreite sie.
- Gestalte die Fortsetzungsgeschichte **kreativ** und **interessant**: Beschreibe die **Gefühle** und **Gedanken** der Personen, erzähle **anschaulich** und **lebendig** mit **passenden Einzelheiten** und verwende an geeigneten Stellen **wörtliche Rede**.

Achte auf passende Formulierungen

- Erzähle in der **vorgegebenen Zeitform** weiter.
- Formuliere möglichst **abwechslungsreich** und vermeide Wortwiederholungen.
- Verwende **anschauliche Verben und Adjektive**.
  (Z. B.: zusammenzucken/stottern/neblig/lautstark)
- Bilde interessant wirkende **Satzanfänge**.
  (Z. B.: Plötzlich …/Endlich …/Im selben Augenblick …)

Schmuckelemente © Aquir – Fotolia.com

Mögliches Ergebnis (1/2)

Das bedeuten die Hervorhebungen im Text:

Grün:	anschauliche Formulierungen, passende Einzelheiten
Rot:	Beschreibung von Gefühlen und Gedanken
Blau:	wörtliche Rede

Die abenteuerliche Fahrt mit dem falschen Dampfer

(…) Erschrocken riss Philipp die Augenbrauen hoch. „Ich sehe keine anderen Passagiere an Deck", fuhr Laura fort. „Pah", spielte Sven die Bedenken seiner Mitschülerin herunter, „Frau Möller und die anderen sind bestimmt schon reingegangen, statt hier draußen im Nebel zu frieren." Philipp schüttelte heftig den Kopf. „Dies ist kein Hafenrundfahrtschiff, sondern eine Luxusyacht", stellte er mit einer Mischung aus Furcht und Begeisterung fest. Zitternd zeigte er über das blank geschrubbte Deck aus edlem Teakholz auf ein bläulich schimmerndes Schwimmbecken am Heck. „Der Pool dort ist der Beweis!"
Plötzlich tauchten wie aus dem Nichts zwei Männer in feinen, weißen Uniformen auf, deren Goldknöpfe trotz des Nebels funkelten. Einen Moment lang starrten sie die drei Schüler überrascht an, dann flüsterte der eine dem anderen etwas ins Ohr, woraufhin dieser die Kinder mit einer Handbewegung zum Mitkommen aufforderte. „Was für ein Schiff!", staunte Sven über die „Daydream" – dieser Name stand in eleganter Schnörkelschrift über einer Reihe bodentiefer Fenster. „Wir sind hier keine Kreuzfahrtgäste, sondern blinde Passagiere", zischte Laura, „die wurden früher den Haien zum Fraß vorgeworfen. Wir bekommen auf jeden Fall einen Riesenärger. Auch mit Frau Möller, die sich bestimmt große Sorgen macht." „Das haben wir nur dir zu verdanken, Sven!", fügte Philipp sauer hinzu.
Wie von Geisterhand öffnete sich eine Tür. Mit gesenkten Köpfen traten die Schüler nun in einen geräumigen Salon, wo ein Pianist an einem weißen Flügel einen schnulzigen Song klimperte. Davor thronte in einem dunklen Ledersessel ein stilvoll gekleideter älterer Herr mit silbergrauem Haar. Er zog an einer dicken Zigarre, während er die Kinder scharf anblickte. Einer der uniformierten Diener räusperte sich und gab dem Pianisten ein Zeichen, mit dem Spielen aufzuhören. „Herr von Heesen", wandte er sich an den nobel wirkenden Herrn im Sessel, „ich bedauere sehr, Ihnen mitteilen zu müssen, dass sich kurz vor dem Ablegen drei ungebetene Gäste an Bord geschlichen haben."
Wie begossene Pudel standen Laura, Sven und Philipp vor dem berühmten Millionär, von dem sie schon oft in Illustrierten gelesen hatten. „Erst dieser Nebel und dann ihr", brummte Herr von Heesen mit knurrender Stimme und blies beißenden Rauch auf die Schüler.

Mögliches Ergebnis (2/2)

„Meine Reise beginnt ja toll! – Ihr dachtet wohl, ihr könntet kostenlos nach London mitkommen!" Svens Gesicht war kreidebleich. „Wir … wir sind – ähm – nur aus Versehen an Bord gegangen", stotterte er kleinlaut. Schluchzend erklärte Laura: „Eigentlich wollten wir mit unserer Klasse eine Hafenrundfahrt unternehmen, aber dann …" „Zur Strafe werde ich euch für eine Woche zum Kartoffelschälen in meine Kombüse schicken!", unterbrach der Yachtbesitzer sie schroff und lachte fies.

Panik ergriff die Kinder. Jammernd baten sie um Verständnis. Auf einmal fing Herr von Heesen an, zu kichern. Seine Gesichtszüge wurden weich. „War doch nur ein Scherz!", rief er amüsiert. „Ihr wisst bestimmt, dass ich mal ein Schauspieler war und oft die Rolle des Fieslings spielen durfte. Gelingt mir noch immer gut! – Keine Angst, wir kehren sofort in den Hafen zurück, sodass ihr an Land gehen könnt."

Tränen der Erleichterung flossen nun über Svens Wangen. Der Yachtbesitzer klopfte dem Jungen väterlich auf die Schulter und forderte die Schüler freundlich auf, ihm zur Kommandobrücke zu folgen. „Wow, hier sieht es aus wie im Cockpit eines Flugzeugs!", entfuhr es Sven voller Begeisterung in Anbetracht der vielen Hightech-Instrumente. Die Furcht der drei Kinder war wie weggeblasen und nun lichtete sich draußen auch der Nebel. „Klasse – die Containerfrachter, die Werften, die Elbphilharmonie", freute sich Laura über die freie Sicht, „und dort drüben tuckert ein Hafenrundfahrtschiff herum. Seht, wie die Leute herüberschauen und unsere Yacht bestaunen!" Plötzlich schrie Philipp aufgeregt: „Das sind doch unsere Klassenkameraden! – Eindeutig! – In der Mitte steht Frau Möller mit ihrem gelben Schal!" Laura, Sven und Philipp rannten an Deck. Schnell wurden sie von den Mitschülern erkannt. Nun setzte auf beiden Schiffen ein freudiges Winken ein, bis sie hintereinander an den Landungsbrücken festgemacht hatten.

„Diese Sache ist mir ja so peinlich!", entschuldigte sich Frau Möller wenig später mit gepresster Stimme bei Herrn von Heesen. Ihr Kopf war rot wie eine Tomate. Der Millionär lachte jungenhaft. „Es war eine nette Abwechslung, mal Kinder an Bord meiner Yacht zu haben. Dieser ganze Luxus ist so entsetzlich langweilig, wenn man ihn mit niemandem teilen kann. Gerne hätte ich Ihre Klasse über die Nordsee nach London mitgenommen, aber die Kinder müssen wohl morgen wieder die Schulbank drücken." Er zwinkerte den Mädchen und Jungen der 5c wohlwollend zu und zeigte auf seine atemberaubende Yacht „Daydream". „Von einer Seereise nach London müsst ihr wohl träumen, aber wie wär's mit einer Hafenrundfahrt der besonderen Art ohne Nebel? Und zum Abschluss gibt's für alle leckere Pizza auf dem Pooldeck!"

Klassenarbeit

Thema:

Eine Geschichte zu einem Sprichwort schreiben

Aufgabe:

- Wähle ein Sprichwort aus der Liste und schreibe dazu eine passende Geschichte. Verwende das Sprichwort als Überschrift.

Beachte!

- Berücksichtige das Thema und die Botschaft des Sprichworts.
- Achte auf eine logische Handlung deiner Geschichte.
- Halte dich an die Regeln des spannenden Erzählens.

Aus Schaden wird man klug.

Erst die Arbeit, dann das Vergnügen.

Jeder ist seines Glückes Schmied.

Ohne Fleiß kein Preis.

Man soll den Tag nicht vor dem Abend loben.

Wie gewonnen, so zerronnen.

Wer nicht hören will, muss fühlen.

Wer zu spät kommt, den bestraft das Leben.

Wer anderen eine Grube gräbt, fällt selbst hinein.

Lügen haben kurze Beine.

Viel Spaß und viel Erfolg!

Schmuckelemente © Aquir – Fotolia.com

Erwartungshorizont für die Lehrkraft

1) Inhaltliche Leistung

	Kompetenzerwartung: Der Schüler …	**Punkte (max.)**
1.	berücksichtigt das *Thema* des ausgewählten Sprichworts und verwendet die *Botschaft* des Sprichworts als *Grundlage der Handlung* der Geschichte.	20
2.	schreibt die Geschichte *strukturiert* (Einleitung, Hauptteil, Schlussteil) und mit einem erkennbaren *Höhepunkt*.	16
3.	gestaltet den Handlungsverlauf *logisch* und *sinnvoll*.	17
4.	verfasst die Geschichte *kreativ* und *unterhaltend* durch anschauliche Beschreibungen, Einzelheiten, Gefühle, Gedanken, wörtliche Rede.	17
	Teilsumme Inhalt:	**70**

2) Darstellungsleistung

	Kompetenzerwartung: Der Schüler …	**Punkte (max.)**
1.	verwendet die Zeitform *Präteritum*.	4
2.	formuliert *abwechslungsreich*.	6
3.	formuliert *anschaulich* und *lebendig*.	6
4.	schreibt *grammatisch* korrekt (u. a. Syntax).	7
5.	schreibt *orthografisch* korrekt (Rechtschreibung, Zeichensetzung).*	7
	Teilsumme Inhalt:	**30**

Gesamtpunktzahl = Inhaltliche Leistung + Darstellungsleistung:	**100**

Vorschlag zur Benotung:

Note 1	Note 2	Note 3	Note 4	Note 5	Note 6
89 bis 100 P.	76 bis 88 P.	63 bis 75 P.	50 bis 62 P.	20 bis 49 P.	0 bis 19 P.

* Wenn der Schüler orthografische Regeln, die in Klasse 6 als bekannt vorausgesetzt werden, häufig nicht beachtet, wird die Note um eine Notenstufe abgesenkt. Drückt sich der Schüler sprachlich sehr sicher aus, wird die Note um eine Stufe angehoben. Für Schüler mit LRS sowie Deutsch als Zweitsprache gelten besondere Regelungen, die ggf. durch die Schulkonferenz festgelegt wurden.

Wissen, worauf es ankommt (1/3)

Aufgabe:

Schätze deinen Leistungsstand zu den einzelnen Anforderungen ein. Kreuze an, wie gut du schon bist.

Der Inhalt deiner Sprichwortgeschichte

1. Berücksichtige das **Thema** des ausgewählten Sprichworts und verwende die **Botschaft** des Sprichworts als **Grundlage der Handlung** deiner Geschichte.
   ☐ *Kann ich schon gut.* ☐ *Klappt überwiegend.* ☐ *Sollte besser werden.*
2. Schreibe die Geschichte **strukturiert** (Einleitung, Hauptteil, Schlussteil) und beachte dabei den **Höhepunkt** der Handlung.
   ☐ *Kann ich schon gut.* ☐ *Klappt überwiegend.* ☐ *Sollte besser werden.*
3. Gestalte den Handlungsverlauf **logisch** und **sinnvoll**.
   ☐ *Kann ich schon gut.* ☐ *Klappt überwiegend.* ☐ *Sollte besser werden.*
4. Verfasse die Geschichte **kreativ** und **unterhaltend** durch anschauliche Beschreibungen, passende Einzelheiten, Gefühle und Gedanken sowie wörtliche Rede.
   ☐ *Kann ich schon gut.* ☐ *Klappt überwiegend.* ☐ *Sollte besser werden.*

Die Art, wie du deine Sprichwortgeschichte schreibst (Darstellung)

1. Verwende die Zeitform **Präteritum (Vergangenheit)**.
   ☐ *Kann ich schon gut.* ☐ *Klappt überwiegend.* ☐ *Sollte besser werden.*
2. Formuliere **abwechslungsreich**.
   ☐ *Kann ich schon gut.* ☐ *Klappt überwiegend.* ☐ *Sollte besser werden.*
3. Formuliere **anschaulich** und **lebendig**.
   ☐ *Kann ich schon gut.* ☐ *Klappt überwiegend.* ☐ *Sollte besser werden.*
4. Achte auf die korrekte **Grammatik** (z. B. den richtigen Satzbau).
   ☐ *Kann ich schon gut.* ☐ *Klappt überwiegend.* ☐ *Sollte besser werden.*
5. Achte auf eine korrekte **Rechtschreibung** und **Zeichensetzung**.
   ☐ *Kann ich schon gut.* ☐ *Klappt überwiegend.* ☐ *Sollte besser werden.*

Schmuckelemente © Aquir – Fotolia.com

Wissen, worauf es ankommt (2/3)

Anregungen zur Vorbereitung und Nachbereitung

- Denke dir eine zum Sprichwort passende Geschichte aus.
- Übe, aufgrund der Aussage eines Sprichworts eine kreative und logische Handlung zu entwickeln.
- Gliedere den Handlungsverlauf sinnvoll (Einleitung, Hauptteil, Schluss).
- Schreibe lebendig und anschaulich, indem du passende Einzelheiten, Gedanken und Gefühle darstellst sowie wörtliche Rede verwendest.
- Formuliere abwechslungsreich.
- Schreibe sprachlich korrekt und angemessen.

Tipps zum Thema

Die typischen Merkmale einer Sprichwortgeschichte

- Eine Sprichwortgeschichte gibt das **Thema** und die **Botschaft** des Sprichworts wieder.
- Sie bietet dir viel **Gestaltungsfreiheit**.
- Sie erfordert viel **Kreativität** und **Vorstellungskraft**.
- Die Geschichte richtet sich nach den **Regeln des Erzählens**: Einleitung ➡ Hauptteil mit Höhepunkt ➡ Schlussteil.

Bereite das Schreiben deiner Sprichwortgeschichte gründlich vor

- Mache dir das **Thema** und die **Botschaft** des Sprichworts bewusst und erkenne seine besondere **Problematik**.
  - ➡ Z. B.: Wer nicht hören will, muss fühlen. ➡ Problematik: Man ist nicht bereit, einen sinnvollen Ratschlag zu befolgen. Botschaft: Man muss die negativen Folgen ertragen und kommt durch „schmerzhafte" Erfahrungen zu der Einsicht, dass man unklug gehandelt hat. Das Befolgen sinnvoller Ratschläge erspart einem das Lernen aus negativen Erfahrungen.
- Notiere **stichpunktartig** mehrere zum Sprichwort passende **Handlungen** und suche **die beste** für deine Geschichte aus.
  - ➡ Z. B.: Missachtung der Warnung, eine Eisfläche zu betreten ➡ Lebensgefahr ➡ Rettung und Einsicht
- Ergänze nun wesentliche **Einzelheiten**, wie **Namen**, besondere **Personenmerkmale**, **Handlungsort** und **Gegenstände**.
- Versetze dich in die Personen. Halte ihre **Gefühle** und **Gedanken** fest.
- Notiere zur Vorbereitung **Formulierungsideen** – wie anschauliche Verben, Adjektive und Aussagen in wörtlicher Rede.

Schmuckelemente © Aquir – Fotolia.com

Wissen, worauf es ankommt (3/3)

Tipps zum Thema

So gehst du beim Schreiben deiner Sprichwortgeschichte vor

- Stelle in der **Einleitung** die Ausgangssituation dar. Der Leser muss erfahren, **wer** die beteiligten Personen sind, **wo** sie sich befinden und **wann** sich die Handlung ereignet.
- Schreibe einen ausführlichen **Hauptteil** mit erkennbarem **„Höhepunkt"**. Beachte die **Botschaft des Sprichworts** bei der Gestaltung des Handlungsverlaufs.
- Beende die Handlung mit einem knappen, passenden **Schlussteil**.

Beachte Folgendes bei der inhaltlichen Gestaltung deiner Sprichwortgeschichte

- Berücksichtige die **Problematik**, die dem Sprichwort zugrunde liegt, sowie die **Botschaft** des Sprichworts als „Eckpfeiler" der Handlung.
- Schreibe die Geschichte **logisch** und **sinnvoll**. Vermeide Unklarheiten und Abschweifungen.
- Gestalte die Geschichte **kreativ** und **abwechslungsreich**: Beschreibe die **Gefühle** und **Gedanken** der Personen, erzähle **anschaulich** und **lebendig** mit passenden **Einzelheiten** und verwende an geeigneten Stellen **wörtliche Rede**.

Achte auf passende Formulierungen

- Schreibe deine Sprichwortgeschichte in der Zeitform **Präteritum (Vergangenheit)**.
- Formuliere möglichst **abwechslungsreich** und vermeide Wortwiederholungen.
- Verwende **anschauliche Verben und Adjektive** (z. B.: krachen/zittern/bibbern/eisig/panikartig).
- Bilde interessant wirkende **Satzanfänge** (z. B.: Plötzlich … /Auf einmal … /Im gleichen Moment …).

Schmuckelemente © Aquir – Fotolia.com

Mögliches Ergebnis

Das bedeuten die Hervorhebungen im Text:

Rot:	Struktur der Geschichte
Grün:	anschauliche Formulierungen und passende Einzelheiten
Blau:	wörtliche Rede
Ocker:	Beschreibung von Gefühlen und Gedanken

Wer nicht hören will, muss fühlen

Einleitung:

Ein eisiger Ostwind peitschte über das abgelegene Dorf, in dem die 11-jährige Olga lebte. „Die nächsten Tage werden frostig", sagte Olgas Vater, der den Winter im Gegensatz zu seiner Tochter nicht sonderlich mochte. Mit glänzenden Augen betrachtete Olga ihre nagelneuen Schlittschuhe, die sie von Oma zu Weihnachten bekommen hatte. „Hör zu, Olga", warnte ihre Mutter mit strenger Stimme, „du darfst auf keinen Fall das Eis auf dem See betreten, bevor es von der Gemeindeverwaltung geprüft und für sicher erklärt wurde! Ist das Eis zu dünn, könnte es nämlich brechen. Das wäre lebensgefährlich."

Hauptteil:

Als Olga am nächsten Tag mit ihrer Freundin Anna vor der glitzernden Eisfläche des Sees stand, hatte sie die warnenden Worte der Mutter längst vergessen. Anna warf einen recht schweren Stein auf das Eis. „Hält!", freute sie sich strahlend, als der Stein nach einem dumpfen Knall auf der Eisschicht liegen blieb. „Komm, wir holen unsere Schlittschuhe!", schlug Olga voller Begeisterung vor. Kurz darauf glitten die Mädchen elegant wie zwei Eiskunstläuferinnen am Ufer entlang. „Der ganze See liegt uns zu Füßen!", jubelte Olga und steuerte nun geschwind auf die Mitte zu. Plötzlich ertönte ein knisterndes Geräusch, das wenige Augenblicke später in ein lautes Krachen überging. Innerhalb von Sekunden brach das Eis unter Olgas Schlittschuhen. Aus feinen Rissen wurden klaffende Spalten. „Hilfe!", schrie das Mädchen aus voller Kehle, bevor es platschend in die eiskalten Fluten stürzte.
Anna stockte der Atem. Wie gelähmt sah sie zu, wie ihre Freundin panikartig zwischen den Eisschollen im Wasser zappelte und dabei ohrenbetäubend brüllte. Dann aber löste sich Anna aus ihrer Schockstarre. „Halte durch, ich komme!", rief sie entschlossen und robbte vorsichtig mit einem langen Ast, der am Seeufer gelegen hatte, auf die Eiskante zu. Hätte Olga das Ende des Astes, den Anna ihr geschickt zuschob, nicht zu fassen bekommen, wäre sie wohl ertrunken. Ächzend und stöhnend gelang es Olga schließlich, sich mit Annas Hilfe auf festes Eis zu ziehen. Das patschnasse Mädchen bibberte und stotterte schluchzend: „Das wird zu Hause Ärger geben …"

Schlussteil:

„Du hast einen Schutzengel gehabt, Olga", sagte ihre Mutter erleichtert und stellte ihrer steif gefrorenen Tochter einen Becher mit leckerer heißer Schokolade ans Bett. Olga hustete lautstark und blickte die Mutter beschämt an. Dann murmelte sie heiser: „Ich hätte deinen Rat befolgen sollen. Dann wäre mir das nicht passiert."

Klassenarbeit (1/2)

Thema:

Einen Tagebucheintrag aus der Perspektive einer literarischen Figur schreiben

Textgrundlage:

Kurzgeschichte „Der Aufstieg“

Aufgabe:

- Schreibe einen Tagebucheintrag aus Nicos Sicht.

Beachte!

- Orientiere dich an den Vorgaben der Kurzgeschichte.
- Ergänze die Textinformationen sinnvoll, z. B. bezüglich der Ereignisse nach dem Spiel.

© Robert Kneschke – Fotolia.com

Der Aufstieg

Lars Fedeler (2017)

Cristiano Ronaldo blickte vom Poster über dem Bett auf Nico herab. Gerne wäre Nico wie der Weltstar gewesen – cool, bei den Mädchen beliebt und ein Held auf dem Rasen. In der Schule nannte man ihn „Pickelfresse“, in der C-Jugend des FC Bakkum hockte der schmächtige Junge meistens auf der Ersatzbank. Nur bei der Leidenschaft für Fußball konnte Nico Ronaldo das Wasser reichen.

„Such dir ein anderes Hobby, Nico, du verschwendest hier nur deine Zeit“, hatte Marco ihm beiläufig auf dem Rückweg vom letzten Auswärtsspiel empfohlen. Nico war nicht einmal in den letzten Spielminuten eingewechselt worden, Marco hatte dagegen alle Tore für den FC Bakkum geschossen. Marco war wie Ronaldo, nur jünger und noch nicht berühmt.

„Ist der süß!“, hörte Nico die Mädchen hinter ihm auf der Tribüne schnattern, wenn er auf der Ersatzbank saß.

„Ihr spielt morgen gegen den SC Carrum?“, fragte Nicos Mutter den Jungen beim Gutenachtsagen. „Wird ein schweres Spiel“, erwiderte Nico, „Carrum ist Erster in der Tabelle. Wenn wir nicht gewinnen, steigen wir nicht auf.“ „Vergiss nicht, dein Duschgel und das Handtuch in die Sporttasche zu packen!“, fiel der Mutter ein, bevor sie das Zimmer verließ. Nico sagte nichts dazu. Normalerweise schwitzte er nicht nach den Spielen.

Schmuckelemente © Aquir – Fotolia.com

Klassenarbeit (2/2)

„Tooor!“, freute sich Jupp und fuchtelte vor Freude so wild mit den Armen, dass Nico, der auf der Bank neben ihm saß, seinen Ellbogen ins Gesicht bekam. Der raubeinige Jugendtrainer merkte nichts davon. Er nahm Nico gar nicht wahr. „Erstes Tor nach drei Minuten!“, rief Jupp triumphierend den Mädchen auf der Tribüne zu. „Unser Marco wird immer besser! – Wir putzen den SC Carrum weg und danach gibt's 'ne rauschende Aufstiegsfete!“

Die Minuten vergingen ohne weitere Tore. Nico verfolgte, wie die Kameraden mit Feuereifer auf den Kasten der Gegner schossen, doch die Abwehr des SC Carrum stand wie eine Wand. „Stürmen, stürmen!“, brüllte Jupp in der Halbzeitpause, aber in der 48. Spielminute kassierte der FC Bakkum einen Gegentreffer. Marco kämpfte wie ein Wilder. Gelbe Karte. Rote Karte. Schweißnass und fluchend nahm Marco neben Nico Platz. „Jetzt verlieren wir!“, stöhnte Marie laut auf der Tribüne. Nico träumte nachts von ihr. Sie war aber – wie alle Mädchen – in Marco verknallt.

Das Spiel ohne ihren Star zehrte an den Kräften der Bakkumer. „Mauern, mauern!“, brüllte Jupp der kopflos kickenden Truppe zu. Jens und Jörg – die beiden anderen Ersatzspieler – wurden eingewechselt. „Ich kann nicht mehr!“, jammerte Tobi in der 85. Minute mit hochrotem Kopf. „Nico, mach dich warm!“, brummte Jupp seufzend. „Du gehst für Tobi in den Sturm.“ „Jetzt verlieren wir erst recht!“, hörte Nico Maries helle Stimme. „Mach keinen Scheiß, Pickelfresse!“, mahnte Tobi beim Wechsel.

Nur noch drei Minuten, es stand eins zu eins. – Nicos Herz klopfte. Auf dem Rasen stank es nach Schweiß. Die Jungs beider Teams waren am Rand der Erschöpfung. Sie bolzten blindwütig, aber die Gegner bestimmten das Spiel. Vor dem Tor der Bakkumer herrschte ein Geschubse und Gedränge. „Nach hinten, Nico, hilf der Abwehr!“, kommandierte Marco ärgerlich vom Spielfeldrand aus. Doch Nico blieb allein im Bereich der Mittellinie. Kein Carrumer hielt es für nötig, den blassen, unscheinbaren Jungen zu decken. „Nichtsnutz!“, zischte Jupp. Letzte Spielminute. – Plötzlich passierte, worauf Nico gehofft hatte: Lattenschuss der Gegner, Geschrei im Stadion. Der abgeprallte Ball flog sausend über den Hornissenschwarm in der Bakkumer Hälfte hinweg auf Nico zu. Nico im Ballbesitz, kein Abseits. Er dachte an Ronaldo. Die Mädchen kreischten. Dann schoss Nico den Ball elegant über den verdatterten Torwart in den Kasten des SC Carrum.

© Robert Kneschke – Fotolia.com

Viel Spaß und viel Erfolg!

Schmuckelemente © Aquir – Fotolia.com

Erwartungshorizont für die Lehrkraft

1) Inhaltliche Leistung

	Kompetenzerwartung: Der Schüler …	**Punkte (max.)**
1.	berücksichtigt die *Textinformationen der Kurzgeschichte „Der Aufstieg" als Grundlage* für den Tagebucheintrag aus Nicos Sicht.	12
2.	verfasst aus *Nicos Perspektive* eine passende *Einschätzung der Ereignisse* (Spiel um den Aufstieg, anfangs Demütigungen, überraschender Siegtreffer) und geht auf *Hoffnungen oder Befürchtungen* (z. B. hinsichtlich der Außenseiterrolle) ein.	22
3.	schreibt Nicos Tagebucheintrag *logisch* und *sinnvoll*.	18
4.	gestaltet Nicos Tagebucheintrag *kreativ* und *gefühlvoll*.	18
	Teilsumme Inhalt:	**70**

2) Darstellungsleistung

	Kompetenzerwartung: Der Schüler …	**Punkte (max.)**
1.	schreibt in der *Ich-Form*.	2
2.	formuliert *abwechslungsreich*.	7
3.	formuliert *anschaulich* und *lebendig* im *sprachlichen Stil eines Jugendlichen*.	7
4.	schreibt *grammatisch* korrekt (u. a. Syntax).	7
5.	schreibt *orthografisch* korrekt (Rechtschreibung, Zeichensetzung).*	7
	Teilsumme Inhalt:	**30**

Gesamtpunktzahl = Inhaltliche Leistung + Darstellungsleistung:	**100**

Vorschlag zur Benotung:

Note 1	Note 2	Note 3	Note 4	Note 5	Note 6
89 bis 100 P.	76 bis 88 P.	63 bis 75 P.	50 bis 62 P.	20 bis 49 P.	0 bis 19 P.

* Wenn der Schüler orthografische Regeln häufig nicht beachtet, wird die Note um eine Notenstufe abgesenkt. Drückt sich der Schüler sprachlich sehr sicher aus, wird die Note um eine Stufe angehoben. Für Schüler mit LRS sowie Deutsch als Zweitsprache gelten besondere Regelungen, die ggf. durch die Schulkonferenz festgelegt wurden.

Wissen, worauf es ankommt (1/3)

Aufgabe:

Schätze deinen Leistungsstand zu den einzelnen Anforderungen ein.
Kreuze an, wie gut du schon bist.

Der Inhalt des Tagebucheintrags

1. Berücksichtige die **Textinformationen** der Kurzgeschichte „Der Aufstieg" als **Grundlage für den Tagebucheintrag** aus Nicos Sicht.
   ☐ *Kann ich schon gut.* ☐ *Klappt überwiegend.* ☐ *Sollte besser werden.*

2. Verfasse aus **Nicos Perspektive** eine passende **Einschätzung der Ereignisse** (Spiel um den Aufstieg, anfangs Demütigungen, überraschender Siegtreffer) und gehe auf seine möglichen **Hoffnungen oder Befürchtungen** (z. B. hinsichtlich seiner Außenseiterrolle) ein.
   ☐ *Kann ich schon gut.* ☐ *Klappt überwiegend.* ☐ *Sollte besser werden.*

3. Schreibe Nicos Tagebucheintrag **logisch** und **sinnvoll**.
   ☐ *Kann ich schon gut.* ☐ *Klappt überwiegend.* ☐ *Sollte besser werden.*

4. Gestalte Nicos Tagebucheintrag **kreativ** und **gefühlvoll**.
   ☐ *Kann ich schon gut.* ☐ *Klappt überwiegend.* ☐ *Sollte besser werden.*

Die Art, wie du den Tagebucheintrag schreibst (Darstellung)

1. Schreibe in der **Ich-Form**.
   ☐ *Kann ich schon gut.* ☐ *Klappt überwiegend.* ☐ *Sollte besser werden.*

2. Formuliere **abwechslungsreich**.
   ☐ *Kann ich schon gut.* ☐ *Klappt überwiegend.* ☐ *Sollte besser werden.*

3. Formuliere **anschaulich** und **lebendig** im sprachlichen Stil eines Jugendlichen.
   ☐ *Kann ich schon gut.* ☐ *Klappt überwiegend.* ☐ *Sollte besser werden.*

4. Achte auf die korrekte **Grammatik** (z. B. den richtigen Satzbau).
   ☐ *Kann ich schon gut.* ☐ *Klappt überwiegend.* ☐ *Sollte besser werden.*

5. Achte auf eine korrekte **Rechtschreibung** und **Zeichensetzung**.
   ☐ *Kann ich schon gut.* ☐ *Klappt überwiegend.* ☐ *Sollte besser werden.*

Schmuckelemente © Aquir – Fotolia.com

Wissen, worauf es ankommt (2/3)

Anregungen zur Vorbereitung und Nachbereitung

- Versetze dich in die Lebenssituation einer literarischen Figur hinein.
- Übe, aus der Sicht dieser Person im „Rückblick" auf ein literarisch dargestelltes Ereignis Gefühle, Hoffnungen und Befürchtungen zu formulieren.
- Verfasse auf der Grundlage des literarischen Textes einen kreativen Tagebucheintrag.
- Bringe Gefühle anschaulich und lebendig zum Ausdruck.
- Formuliere abwechslungsreich.
- Schreibe sprachlich korrekt und angemessen.

Tipps zum Thema

Die typischen Merkmale eines Tagebuchs

- Ein Tagebuch schreibt man meist **nur für sich selbst**.
- Es enthält regelmäßige **Einträge** über eigene **Erlebnisse, Gefühle, Träume und Ziele**.
- Es ist daher sehr **persönlich** und enthält manchmal **Geheimnisse**.
- Ein Tagebuch zu schreiben, kann **„befreiend"** wirken, indem man sich Probleme „von der Seele schreibt".
- Es kann dadurch bei der **Bewältigung von Lebenskrisen** helfen.

Bereite den Tagebucheintrag aus der Sicht einer literarischen Figur gründlich vor

- **Lies** den literarischen Text zunächst **sorgfältig**, um ein **Verständnis** für den Text zu entwickeln.
- Versetze dich in die **Lage der Person** und mache dir die **Bedeutung der Handlung für die Lebenssituation** bewusst.
  - ➡ Z.B.: Nicos Siegtreffer im Aufstiegsspiel ➡ evtl. Ende der Außenseiterrolle, Anerkennung durch andere, Stärkung des Selbstwertgefühls
- Überlege, wie sich die Person fühlen könnte, und notiere passende **Ausdrücke**, um die **Gefühle** zu beschreiben.
- Notiere weitere **Formulierungsideen** – wie anschauliche Verben und Adjektive – zur Gestaltung des Tagebucheintrags.

Schmuckelemente © Aquir – Fotolia.com

Wissen, worauf es ankommt (3/3)

Tipps zum Thema

Beachte Folgendes bei der inhaltlichen Gestaltung des Tagebucheintrags

- Verwende den **literarischen Text als Grundlage** für den Tagebucheintrag.
- Verfasse den Tagebucheintrag als **persönlichen Rückblick** aus der **Sicht der Person auf die Handlung** und stelle die **Gefühle, Hoffnungen und Befürchtungen** dar.
  - ➡ Z. B.: Ich hätte nie zu träumen gewagt, dass ich mal den Siegtreffer im wichtigsten Spiel der Saison schieße. … Ich kann mein Glück kaum fassen. … Hoffentlich hat Marie gesehen, wie cool ich den Torwart ausgetrickst habe. … Werden die anderen nun aufhören, mich wie eine Niete zu behandeln?
- Schreibe den Tagebucheintrag **logisch** und **sinnvoll**. Vermeide Unklarheiten und Abschweifungen.
- Gestalte den Tagebucheintrag **kreativ** und **gefühlvoll**. Vermeide ein „trockenes" Berichten über die Ereignisse.
  - ➡ **So nicht:** Ich saß auf der Ersatzbank. Es stand kurz vor Spielende noch immer unentschieden. Dann wurde ich eingewechselt und schoss den Siegtreffer.

Achte auf passende Formulierungen

- Schreibe den Tagebucheintrag in der **Ich-Form**.
- **Sprich das Tagebuch an** wie einen Freund, dem du etwas erzählst. Dieses Vorgehen ist kein „Muss", doch es erleichtert dir das Formulieren.
  - ➡ Z. B.: Liebes Tagebuch, …
- Formuliere möglichst **abwechslungsreich** und vermeide ständige Wortwiederholungen.
- Verwende viele **Adjektive** und eine zur Person **passende Wortwahl** (z. B. jugendsprachliche Begriffe).
- Nutze die Möglichkeit, Hoffnungen, Zweifel oder Befürchtungen in Form von **Fragen** zu formulieren.
  - ➡ Z. B.: Wird Marie mir endlich Beachtung schenken?

Schmuckelemente © Aquir – Fotolia.com

Mögliches Ergebnis

Das bedeuten die Hervorhebungen im Text:

Grün: abwechslungsreiche Formulierungen (Jugend- und Umgangssprache)

Blau: Ausdruck von Gefühlen

Nicos Tagebucheintrag

Liebes Tagebuch,

todmüde und überglücklich sitze ich hier und schwebe auf Wolke sieben. Wir haben dem SC Carrum eine Klatsche verpasst und unseren Aufstieg gepackt! Und jetzt kommt der absolute Hammer: ICH – Nico – bin der neue Held des FC Bakkum! So hat es Marco gesagt, als die jubelnden Jungs mir in der Umkleidekabine eine Flasche Cola über den Kopf kippten. Ich hätte nie zu träumen gewagt, dass ich mal den Siegtreffer im wichtigsten Spiel der Saison schieße. Ausgerechnet ich, der eigentlich dazu verdonnert war, auf der Ersatzbank zu hocken. Das ist so ultrakrass, dass ich mein Glück kaum fassen kann!
Dabei verlief das Spiel für mich bis kurz vor Schluss eigentlich so ätzend wie immer: Ich fühlte mich mal wieder wie der letzte Dreck: Jupp ließ mich auf der Bank schmoren und knallte mir bei Marcos Führungstreffer aus Versehen seinen Ellbogen ins Gesicht, weil ich für ihn Luft war. Als Oberniete des FC Bakkum wäre ich wohl nicht eingewechselt worden, wenn Tobi nicht schlappgemacht hätte. An einen Sieg glaubte nach der roten Karte für den Megahelden Marco eh keiner mehr. Alle ließen mich spüren, dass ich nur „Nico, die Notlösung" war. Natürlich musste mir Tobi beim Wechsel einen fiesen Spruch reinwürgen. Ein noch größerer Motivationskiller war aber Maries Kommentar von der Tribüne: „Jetzt verlieren wir erst recht."
Ich hätte heulen können.
Auf dem Rasen fühlte ich mich als Depp.
Das Spiel fand ohne mich statt. Die Carrumer hielten es noch nicht einmal für nötig, mich zu decken. Plötzlich war es mir egal, was die anderen von mir hielten. Hatte ich noch etwas zu verlieren? Also beschloss ich, mein Ding zu machen, und pfiff auf das Gemotze am Spielfeldrand. Ein schneller Konterangriff – das war meine Außenseiterchance, auf die ich hoffte. Und dann: Wie ein Geschenk des Himmels kam der Ball als Abpraller von unserer Latte auf mich zugerast. Diese einzigartige Chance durfte ich nicht vergeigen! Ich blieb cool wie mein Lieblingsstar in solchen entscheidenden Momenten. Was für ein Ronaldo-Feeling: Die Mädels feuerten mich kreischend an. Wann hatte es das schon mal gegeben? Voller Power schoss ich nun den Ball in den Kasten des Carrumer Torwarts, der mir sogar ein wenig leidtat.
Mein Tor, unser Aufstieg, die große Sause – dieser Tag kommt mir so vor, als hätte ich alles nur geträumt. Bin ich nun von meinem Loser-Image befreit? Wird Marie mir endlich Beachtung schenken? Werden die anderen aufhören, mich wie eine Niete zu behandeln? Jedenfalls hoffe ich, nach dem nächsten Spiel mein Duschzeug zu benötigen!

Klassenarbeit (1/3)

Thema:

Teile einer Kurzgeschichte aus einer anderen Perspektive erzählen

Textgrundlage:

Kurzgeschichte „Freak"

Aufgabe:

- Schreibe zum Ereignis auf der Brücke (Z. 48 bis 75) eine Kurzgeschichte aus Leons Perspektive. Ergänze eine passende Überschrift.

Beachte!

- Orientiere dich an den Vorgaben der Kurzgeschichte „Freak".
- Berücksichtige die typischen Merkmale einer Kurzgeschichte.
- Schreibe die Geschichte aus Leons Sicht in der Ich-Form.
- Erzähle im Präteritum (Vergangenheit) oder Präsens (Gegenwart).
- Du kannst die wörtliche Rede ganz oder teilweise übernehmen und sinnvoll ergänzen.

Freak

Lars Fedeler (2015)

Leon steht stumm in unserem Kreis. Wie jede Pause.

„Werder hat gestern total scheiße gespielt!", provoziert Bastian die vielen Bremen-Fans in der Runde. Hier – in der norddeutschen Tiefebene – sind die meisten Jungs grün-weiß. Bastian tanzt mit seinem Bayern-Trikot aus der Reihe. Allerdings wird er wegen seiner großen Klappe trotzdem akzeptiert. Auch bei den Mädchen in unserer Klasse kommt er gut an.

Erwartungsgemäß hagelt es nach Bastians Bremen-Kritik giftige Sprüche über die Bayern.

„Zieht den Bayern die Lederhosen aus!", grölt Paul.

„Was ist grün und stinkt nach Fisch?", ärgert Bastian cool zurück.

Das Wortgefecht scheint ihn zu vergnügen.

Nur Leon mischt sich nicht ein. Er ist einfach nur da – wortlos sein Wurstbrot mampfend. Wie jede Pause.

Schmuckelemente © Aquir – Fotolia.com

Klassenarbeit (2/3)

„Ich bin gespannt auf Hamburg gegen Stuttgart“, sage ich und schaue Leon an.

Er ist ein dünner Schlaks – sicherlich kein guter Fußballer.

Statt Fußballtrikots trägt er nur mausgraue No-Name-T-Shirts.

Wenn wir im Sportunterricht Mannschaften bilden, bleibt er immer als Letzter übrig.

Er hat ein blasses, ovales Pickelgesicht, in das die braunen Strähnen seines halblangen Haares hängen. Trotzdem mobben wir ihn nicht.

Er darf sogar jede Pause bei uns stehen, wenn wir über die Bundesliga fachsimpeln.

Leon zuckt bei meinem Gesprächsangebot über das Hamburg-Stuttgart-Spiel zusammen. Es kommt fast nie vor, dass ihn jemand direkt anspricht. Überfordert weicht er meinem Blick aus. „Stuttgart kriegt 'ne Klatsche, ist doch logo!“, nimmt Carl ihm die Antwort ab.

Wenn Leon nicht quatschen will, hat er eben Pech gehabt, denke ich irritiert. Man soll ja niemanden zu seinem Glück zwingen und keine Perlen vor die Säue werfen.

Nach dem Klingeln steht Religion auf dem Plan. Wir sprechen über seelisches Leid und das traurige Thema Depression.

„Wodurch kann eine Depression entstehen?“, fragt Frau Mahnke mit ernster Miene.

„Wenn man wie ein Opfer aussieht!“, brüllt Bastian grinsend in den Raum und bringt damit einen Teil der Klasse zum Lachen.

„Isolation ist bestimmt ein schwerwiegender Grund“, sagt Swantje seriös.

„Wenn man keine Freunde hat“, fügt Natascha hinzu. Bastian johlt belustigt.

„Das ist nicht witzig!“, schimpft Frau Mahnke. „Schließlich kann eine Depression sogar zu Selbstmordgedanken führen.“

Plötzlich läuft mir ein kalter Schauer über den Rücken. Ich schiele verstohlen auf Leon, der regungslos in der Reihe neben mir sitzt.

Einige Stunden später – es ist bereits Nachmittag – radele ich auf meinem Drahtesel zum Fußballtraining. Der Weg führt über eine Brücke, unter der die Eisenbahnlinie verläuft. Bis zur Brückenmitte geht es steil bergauf.

Ich trete konzentriert in die Pedale, nehme meine Umgebung zunächst nur verschwommen wahr, will oben etwas verschnaufen. – Stattdessen rutscht mir auf einmal vor Schreck das Herz in die Hose.

„Leon, spring nicht!“, schreie ich panisch. „Tu's nicht!“

Schmuckelemente © Aquir – Fotolia.com

Klassenarbeit (3/3)

Leon scheint mich gar nicht zu hören. Er steht am Brückengeländer und beugt sich ziemlich weit nach vorn. Mit rasender Geschwindigkeit und einem lauten Dröhnen rauscht der ICE aus Hamburg heran.

„Leeeooon!“, rufe ich aus voller Kehle. Ich hüpfe vom Rad, stürze mich in Windeseile auf meinen Mitschüler und klammere mich fest an seine dünnen Arme. Der Schnellzug saust mit Wucht unter uns hinweg.

Mir stehen die Haare zu Berge.

„Sich umzubringen, ist doch keine Lösung!“, fauche ich ihn mit fassungslosem Entsetzen an, ohne meinen Griff zu lockern.

Leon wehrt sich nicht; er sieht allerdings recht verdattert aus.

„Du ... du wolltest dich gar nicht vor den Zug schmeißen“, stammele ich nach einer Weile kleinlaut. Leon nickt, sofort lasse ich ihn los.

„Sorry! – Mann, ist mir das peinlich!“

„Kein Problem, Nils“, antwortet Leon gelassen mit seiner hellen Mädchenstimme und verrät mir leise, doch mit leuchtenden Augen: „Ich stehe oft hier und schaue mir die Züge an.“

Was für ein schräges Hobby, schießt es mir durch den Kopf. Echt crazy, der Typ.

„Mensch, Leon, warum hast du eigentlich nie erzählt, dass du ein Eisenbahnfreak bist?“

© nerthuz – Fotolia.com

Wörterlexikon

Überschrift: **Freak** | jemand, der sich sehr für etwas begeistert; auch: unangepasster Außenseiter
Zeile 17: **Schlaks** | großer, ungeschickter Mensch
Zeile 21: **oval** | eiförmig, länglich
Zeile 24: **fachsimpeln** | ausgiebige Fachgespräche führen
Zeile 34: **Depression** | Niedergeschlagenheit
Zeile 37: **Opfer** | Schwächling, Versager, Außenseiter (als jugendsprachlicher Begriff)
Zeile 39: **Isolation** | Abschottung
Zeile 46: **verstohlen** | heimlich
Zeile 49: **Drahtesel** | Fahrrad
Zeile 58: **ICE** | Intercity-Expresszug

Viel Spaß und viel Erfolg!

Schmuckelemente © Aquir – Fotolia.com

Erwartungshorizont für die Lehrkraft

1) Inhaltliche Leistung

	Kompetenzerwartung: Der Schüler …	**Punkte (max.)**
1.	berücksichtigt die *Textinformationen der Kurzgeschichte „Freak" als Grundlage* für die Kurzgeschichte aus Leons Perspektive.	14
2.	beachtet *typische Kurzgeschichtenmerkmale* (unmittelbarer Einstieg, Verdeutlichung der Zusammenhänge im Handlungsverlauf, offener Schluss).	14
3.	schreibt die Geschichte aus *Leons Perspektive* und gestaltet die Handlung *logisch* und *sinnvoll* vor dem Hintergrund seiner *Lebenssituation* (Eisenbahnfan, Isolation).	18
4.	verfasst die Geschichte *kreativ* und *anschaulich* (passende Einzelheiten und Beschreibungen, Gefühle und Gedanken, wörtliche Rede).	18
5.	formuliert eine *passende und ansprechende Überschrift*.	6
	Teilsumme Inhalt:	**70**

2) Darstellungsleistung

	Kompetenzerwartung: Der Schüler …	**Punkte (max.)**
1.	schreibt in der *Ich-Form*.	2
2.	berücksichtigt eine zur Person Leon *passende Ausdrucksweise*.	7
3.	formuliert *abwechslungsreich*, *anschaulich* und *lebendig*.	7
4.	schreibt *grammatisch* korrekt (u. a. Syntax).	7
5.	schreibt *orthografisch* korrekt (Rechtschreibung, Zeichensetzung).*	7
	Teilsumme Inhalt:	**30**

Gesamtpunktzahl = Inhaltliche Leistung + Darstellungsleistung:	**100**

Vorschlag zur Benotung:

Note 1	Note 2	Note 3	Note 4	Note 5	Note 6
89 bis 100 P.	76 bis 88 P.	63 bis 75 P.	50 bis 62 P.	20 bis 49 P.	0 bis 19 P.

* Wenn der Schüler orthografische Regeln häufig nicht beachtet, wird die Note um eine Notenstufe abgesenkt. Drückt sich der Schüler sprachlich sehr sicher aus, wird die Note um eine Stufe angehoben. Für Schüler mit LRS sowie Deutsch als Zweitsprache gelten besondere Regelungen, die ggf. durch die Schulkonferenz festgelegt wurden.

Wissen, worauf es ankommt (1/3)

Aufgabe:

Schätze deinen Leistungsstand zu den einzelnen Anforderungen ein.
Kreuze an, wie gut du schon bist.

Der Inhalt deiner Kurzgeschichte aus Leons Perspektive

1. Berücksichtige die **Textinformationen** der Kurzgeschichte „Freak“ als **Grundlage für die Kurzgeschichte** aus Leons Perspektive.
   ▢ *Kann ich schon gut.* ▢ *Klappt überwiegend.* ▢ *Sollte besser werden.*

2. Beachte die **typischen Merkmale einer Kurzgeschichte** (unmittelbarer Einstieg, Verdeutlichung der Zusammenhänge im Handlungsverlauf, offener Schluss).
   ▢ *Kann ich schon gut.* ▢ *Klappt überwiegend.* ▢ *Sollte besser werden.*

3. Schreibe die Geschichte aus **Leons Perspektive** und gestalte die Handlung **logisch** und **sinnvoll** vor dem Hintergrund seiner **Lebenssituation** (Leidenschaft für Züge, Außenseiter, Isolation).
   ▢ *Kann ich schon gut.* ▢ *Klappt überwiegend.* ▢ *Sollte besser werden.*

4. Verfasse die Geschichte **kreativ** und **anschaulich** durch passende Einzelheiten und Beschreibungen, Gefühle und Gedanken sowie wörtliche Rede.
   ▢ *Kann ich schon gut.* ▢ *Klappt überwiegend.* ▢ *Sollte besser werden.*

5. Formuliere eine **passende und ansprechende Überschrift**.
   ▢ *Kann ich schon gut.* ▢ *Klappt überwiegend.* ▢ *Sollte besser werden.*

Schmuckelemente © Aquir – Fotolia.com

Wissen, worauf es ankommt (2/3)

Aufgabe:

- Schätze deinen Leistungsstand zu den einzelnen Anforderungen ein.
Kreuze an, wie gut du schon bist.

➡ Die Art, wie du die Kurzgeschichte aus Leons Perspektive schreibst (Darstellung)

1. Schreibe in der **Ich-Form**.

☐ *Kann ich schon gut.* ☐ *Klappt überwiegend.* ☐ *Sollte besser werden.*

2. Berücksichtige eine zur Person Leon **passende Ausdrucksweise** (z. B. teils umgangs- und jugendsprachliche Formulierungen – aber eher zurückhaltend, höflich, nicht vorlaut).

☐ *Kann ich schon gut.* ☐ *Klappt überwiegend.* ☐ *Sollte besser werden.*

3. Formuliere **abwechslungsreich**, **anschaulich** und **lebendig**.

☐ *Kann ich schon gut.* ☐ *Klappt überwiegend.* ☐ *Sollte besser werden.*

4. Achte auf die korrekte **Grammatik** (z. B. den richtigen Satzbau).

☐ *Kann ich schon gut.* ☐ *Klappt überwiegend.* ☐ *Sollte besser werden.*

5. Achte auf eine korrekte **Rechtschreibung** und **Zeichensetzung**.

☐ *Kann ich schon gut.* ☐ *Klappt überwiegend.* ☐ *Sollte besser werden.*

Anregungen zur Vorbereitung und Nachbereitung

- Versetze dich in die Lebenssituation einer literarischen Figur hinein.
- Übe, zu einem literarisch dargestellten Ereignis aus der Sicht einer beteiligten Person eine Kurzgeschichte zu verfassen.
- Schreibe durch passende Einzelheiten, Gedanken und Gefühle sowie wörtliche Rede lebendig und anschaulich.
- Trainiere, abwechslungsreich zu formulieren.
- Finde eine interessante Überschrift für die Kurzgeschichte.
- Schreibe sprachlich korrekt und angemessen.

Schmuckelemente © Aquir – Fotolia.com

Wissen, worauf es ankommt (3/3)

Tipps zum Thema

Beachte Folgendes beim Schreiben deiner Kurzgeschichte

- Das Schreiben einer Kurzgeschichte aus veränderter Perspektive setzt ein **genaues Textverständnis** voraus.
- Du brauchst **Einfühlungsvermögen** gegenüber der Person, aus deren Sicht du erzählen sollst.
- Berücksichtige den **Ausgangstext**, aber sei auch **kreativ** bei der Gestaltung deiner eigenen Erzählung.

Bereite deine Kurzgeschichte gründlich vor

- **Lies** den Ausgangstext zunächst **sorgfältig**, um ein **Textverständnis** zu entwickeln.
- Versetze dich in die **Person**, aus deren Sicht du erzählen sollst.
  - ➡ Z. B. Leon: isolierter Außenseiter; sein Interesse an Zügen ist nicht bekannt; will auf der Brücke einen ICE beobachten; wird von Nils als selbstmordgefährdet angesehen …
- Notiere **Formulierungsideen** zur Gestaltung deiner Geschichte.

Achte bei der inhaltlichen Gestaltung deiner Kurzgeschichte auf Folgendes

- Berücksichtige den **Ausgangstext als Grundlage** der Handlung.
- Beachte die typischen **Merkmale einer Kurzgeschichte** (z. B. unmittelbarer Einstieg, Verdeutlichung der Zusammenhänge im weiteren Handlungsverlauf, offenes Ende).
- Erzähle aus der **Perspektive der vorgegebenen Person**: Beachte die **Lebenssituation**, das **Verhältnis zu anderen Personen**, besondere **Probleme** oder **Konflikte** sowie die erkennbaren **Charaktereigenschaften**.
- Gestalte die Handlung der Geschichte **logisch** und **sinnvoll**. Vermeide Abschweifungen.
- Gestalte die Handlung **kreativ** und **anschaulich**: Beschreibe **Gefühle** und **Gedanken**, erzähle lebendig mit **passenden Details** und verwende **wörtliche Rede**. Vermeide bloßes Berichten. Formuliere eine **passende und ansprechende Überschrift**.

Achte auf passende Formulierungen

- Schreibe die Kurzgeschichte in der **Ich-Form**.
- Berücksichtige eine zur Person **passende Ausdrucksweise**.
- Formuliere möglichst **abwechslungsreich** und vermeide Wortwiederholungen.
- Verwende **anschauliche Verben und Adjektive** (z. B.: zusammenzucken/stottern/mulmig/herzlich).
- Bilde interessant wirkende **Satzanfänge** (z. B.: Plötzlich …/Nach einem Moment des Schweigens …).

Schmuckelemente © Aquir – Fotolia.com

Mögliches Ergebnis

Das bedeuten die Hervorhebungen im Text:

Rot: anschauliche Formulierungen

Blau: wörtliche Rede

Das Missverständnis, das mich zum Reden brachte

Voller Vorfreude hatte ich mir im Stillen diesen Moment ausgemalt. Es sollte der Höhepunkt des Tages werden. Ich hatte mir in Gedanken den pfeilschnellen ICE vorgestellt, während meine Mitschüler in den Pausen über Fußball plapperten und die Lehrer im Unterricht langweilige Themen behandelten. Endlich war Nachmittag und ich stand auf dem höchsten Punkt der Brücke. Unter mir glänzten die Schienen in der Sonne, es knisterte in der Oberleitung. Und da – etwas langes Weißes schoss aus der Ferne auf mich zu, rauschte immer lauter und dröhnte schließlich höllisch: Das war der ICE aus Hamburg. Niemand würde meine Leidenschaft für Züge verstehen, also behielt ich sie für mich. Lieber war ich ein farbloser Nobody, den man links liegen lässt, als ein komischer Freak, den man wegen eines schrulligen Hobbys mobbte. Zum Glück war ich auf der Brücke allein.

Mein Lieblingszug brauste näher – es kribbelte im Bauch. Plötzlich ließ mich eine Stimme von der Seite zusammenzucken. – „Leeeooon!" – Wer brüllte da aus voller Kehle meinen Namen? Egal, ich konzentrierte mich voll auf meinen ICE. Er raste heran, war ganz nah. Ganz nah war nun auch die Stimme, die mir irgendwie vertraut vorkam. Auf einmal packten mich zwei kräftige Hände an den Armen. Erschrocken starrte ich in das Gesicht der Person, die mich mitten während meines ICE-Erlebnisses überrumpelt hatte. Es war Nils aus meiner Klasse! Zum Glück Nils und nicht Bastian. Nils schien etwas anders zu sein als die meisten Mitschüler – weniger vorlaut, nachdenklicher, mitfühlender. Eigentlich ganz okay. Aber warum zum Kuckuck hielt er mich hier auf der Brücke fest? „Sich umzubringen, ist doch keine Lösung!", fauchte er mit entsetzter Miene. Ich verstand nur Bahnhof und brachte keinen Ton hervor, obwohl meine Arme schmerzten. Der ICE war verschwunden, Nils lockerte noch immer nicht den harten Griff. „Du … du wolltest dich gar nicht vor den Zug schmeißen", stammelte er plötzlich. Nun begriff ich, dass Nils mich vor einem Sprung auf die Gleise hatte retten wollen. – Wie verrückt! – Ich nickte und er ließ mich endlich los. „Sorry! – Mann, ist mir das peinlich!" Nils wurde rot im Gesicht und blickte beschämt zu Boden. Der Arme! Er hatte helfen wollen, ich konnte ihm nicht böse sein. „Kein Problem, Nils", beruhigte ich ihn. Vielleicht wirkte ich auf der Brücke tatsächlich wie ein verzweifelter Selbstmörder.

Das Missverständnis bot die Gelegenheit, für Aufklärung zu sorgen. „Ich stehe oft hier und schaue mir die Züge an", verriet ich und atmete erleichtert auf. Jetzt war es raus. „Mensch, Leon, warum hast du eigentlich nie erzählt, dass du ein Eisenbahnfreak bist?", fragte Nils etwas irritiert. Ich blickte ihn nachdenklich an. „Stell dir vor, du wärst der einzige Fußballfan unter lauter Eisenbahnliebhabern!"

Klassenarbeit (1/3)

Thema:

Einen Dialog zwischen literarischen Figuren schreiben

Textgrundlage:

Kurzgeschichte „Karriereaussichten"

Aufgabe:

- Schreibe einen Dialog zwischen dem Ich-Erzähler Matthias und seiner Frau Anja. Der Dialog soll vor dem Schlafengehen der beiden Personen am selben Abend stattfinden.

Beachte!

- Orientiere dich an den Textinformationen der Kurzgeschichte „Karriereaussichten".
- Entscheide, wie sich Matthias' Situation auf das Verhältnis der beiden auswirkt.
- Kürze den Namen der sprechenden Person mit M. bzw. A. ab.

Karriereaussichten

Lars Fedeler (2015)

Paulchen schläft sanft und unbeschwert in seinem Kinderwagen, den ich auf staubigen Wegen durch den ausgedehnten Stadtpark schiebe. – Ich spreche trotzdem mit ihm, als Vater zum Sohn.

„Wenn dein Papi ein Prokurist wird, könnte er dir die schönsten Spielsachen kaufen", rede ich ihm ein. „Einen Kindercomputer de luxe mit vielen tollen Games, eine sprechende Yeti-Puppe, ein Bobbycar mit Elektromotor."

Ich selbst musste früher zum Spielen stets mit dem gebrauchten Krimskrams meiner älteren Cousins vorliebnehmen, denn meine Eltern waren arm.

Natürlich antwortet Paulchen nicht. Er ist erst zwei und außerdem im Tiefschlaf. Ein süßer, kleiner Kerl mit den schönen Gesichtszügen seiner Mutter und dem Tatendrang seines Vaters.

Schmuckelemente © Aquir – Fotolia.com

Klassenarbeit (2/3)

Unser erstes Kind und womöglich auch das einzige. Ein Geschwisterchen können wir uns (zeitlich) nicht leisten, wenn ich erst einmal befördert bin. Anja, meine Frau, will schließlich auch Karriere machen.
Ich denke an den Vertrag, der unterschriftsreif in einer Klarsichtfolie zu Hause auf meinem Schreibtisch liegt. Eine Signatur, dann bin ich zum Prokuristen befördert. Morgen ist Montag, um acht soll ich das Papier mit meiner Unterschrift beim Chef im Büro abgeben.
Eigentlich eine reine Formsache, dieser Ritterschlag. Aber ich habe noch nicht unterschrieben.
„Ja, ich könnte dir viel bieten", murmele ich dem schlafenden Paulchen zu. – Aber würde ich als Prokurist noch Zeit haben, mit meinem Sohn solche Sonntagsspaziergänge zu unternehmen wie gerade jetzt?
„Alles hat eben seinen Preis", brumme ich ins Vogelgezwitscher hinein.
„Wenn dein Papi ein Prokurist wird, könnte er für die ganze Familie ein riesengroßes Haus bauen lassen. Mit einer Spieletage, einem gemütlichen Fernsehzimmer und vielleicht sogar mit einem Whirlpool im Garten." – Aber würde ich als Prokurist nicht fast nur noch zum Schlafen nach Hause kommen? Wäre ich nicht bis zur Rente verdammt, den lieben, langen Tag plus Überstunden im Büro zu schuften und abends todmüde ins Bett zu fallen?
Grübelnd suche ich weitere Argumente, um Paulchen zu überzeugen.
„Wenn dein Papi ein Prokurist wird, könnte er ein spitzenmäßiges Auto mit allem denkbaren Schnickschnack kaufen. Und dazu noch eine weiße Segelyacht mit Teakholzdeck und einer Badeplattform am Heck." – Aber würde Paulchen wirklich Freude an einem Premiumwagen haben, in dem er die ganze Zeit zu hören bekäme, dass er keine Kratzer machen solle? Und was hätten wir von einer Yacht, die mit Algen am Rumpf am Steg dümpelt, weil uns die Zeit zum Segeln fehlt?
„Wenn dein Papi ein Prokurist wird, könnte er dir ferne Länder zeigen!", gebe ich meinem Sohnemann zu bedenken und präzisiere: „Die ganz fernen Länder, von denen andere Leute nur träumen können. Zum Beispiel die Fidschi-Inseln, die Fjorde von Patagonien – oder wie wäre es mit einer Abenteuer-Kreuzfahrt durch die Nordwest-Passage?"
Ich spüre ein Bauchkribbeln, das mich immer überkommt, wenn ich Fernweh habe.
Aber hätten diese Highlights nicht einen zu hohen Preis? Für 14 Tage Fernreise den Rest des Jahres Dauerstress. – Und wer sagt, dass ich an fernen Gestaden meine Ruhe haben würde? Durch das World Wide Web könnte mich die Firma auch an den Traumstränden der Südsee zu fassen kriegen, wenn sie mich haben will. Der bisherige Prokurist, der den Job bis zu seinem Herzinfarkt redlich und gewissenhaft ausübte, musste seinen Urlaub so manches Mal abbrechen. Zum Wohle des Unternehmens.

Schmuckelemente © Aquir – Fotolia.com

Klassenarbeit (3/3)

Wenig später stehe ich mit dem kleinen Paulchen auf dem Arm vor unserer Wohnungstür. Meine Zweifel an der ganzen Beförderungschose habe ich Anja immer verschwiegen. Darüber spricht „Mann“ schließlich nicht. Heute wäre dafür die allerletzte Chance.

„Überraschung!“, schallt es mir plötzlich mehrstimmig entgegen, als die Tür aufgeht.

Ich starre auf eine Wand aus grinsenden Gesichtern: Anja, meine Eltern, meine Schwester und ihr Mann, meine Schwiegereltern, unsere Trauzeugen, die Nachbarn, ein paar enge Freunde und gute Kollegen.

Sie alle haben eine Sektfahne. Meine Schwiegermutter reißt mir Paulchen vom Arm. Ulli – ein alter Kommilitone – drückt mir stattdessen ein übervolles Sektglas in die Hand. Anja fällt mir so stürmisch um den Hals, dass ich einen Teil des edlen Alkohols verschütte.

„Was soll das?“, stammele ich verwirrt.

„Auf deine Beförderung, Matthias!“, brüllen alle im Chor und lassen die Gläser klirren.

„Ab morgen ist mein Sohn Prokurist!“, konstatiert Papa mit leuchtenden Augen und haut mir mit väterlichem Stolz auf die Schulter.

© christine krahl – Fotolia.com

Wörterlexikon

Zeile 4: **Prokurist** | leitender Angestellter eines Unternehmens
Zeile 6: **Yeti** | legendärer Schneemensch im Himalajagebiet
Zeile 18: **Signatur** | Unterschrift
Zeile 21: **Ritterschlag** | Ernennung zum Ritter
Zeile 37: **Teakholz** | wertvolles Tropenholz
Zeile 38: **Premiumwagen** | teures Auto einer Nobelmarke
Zeile 40: **Rumpf** | unterer Teil eines Bootes oder Schiffes
Zeile 45: **Fidschi-Inseln** | Inselgruppe im Südpazifik
Zeile 45: **Patagonien** | Landschaft an der Südspitze Amerikas
Zeile 46: **Nordwest-Passage** | Seeweg nördlich von Kanada
Zeile 51: **Gestade** | Küste, Ufer
Zeile 57: **Chose** | Angelegenheit, Sache (umgangssprachlich)
Zeile 66: **Kommilitone** | Studienkollege
Zeile 72: **konstatiert** | bemerkt

Viel Spaß und viel Erfolg!

Schmuckelemente © Aquir – Fotolia.com

Erwartungshorizont für die Lehrkraft

1) Inhaltliche Leistung

	Kompetenzerwartung: Der Schüler …	**Punkte (max.)**
1.	berücksichtigt die *Textinformationen der Kurzgeschichte „Karriereaussichten" als Grundlage* für den Dialog zwischen Matthias und seiner Frau Anja.	12
2.	bezieht den Dialog auf das *zentrale Thema* der Kurzgeschichte (berufliche Karriere und Wohlstand auf Kosten von Familie, Freiheit und Gesundheit) und beachtet die damit verbundenen *Konflikte* (Matthias' Haltung ↔ Anjas Haltung).	12
3.	verdeutlicht die *Motive, Gefühle und Charaktere* der beiden Personen.	14
4.	schreibt einen *sinnvollen Gesprächsverlauf*, bei dem die Sprechenden *aufeinander eingehen*, mit einem *passenden Abschluss*.	16
5.	gestaltet den Dialog *kreativ* und *abwechslungsreich*.	16
	Teilsumme Inhalt:	**70**

2) Darstellungsleistung

	Kompetenzerwartung: Der Schüler …	**Punkte (max.)**
1.	verwendet *„gesprochene" Alltagssprache* und berücksichtigt eine zu den Personen *passende Ausdrucksweise*.	2
2.	formuliert *abwechslungsreich*.	7
3.	formuliert *anschaulich* und *lebendig*.	7
4.	schreibt *grammatisch* korrekt (u. a. Syntax).	7
5.	schreibt *orthografisch* korrekt (Rechtschreibung, Zeichensetzung).*	7
	Teilsumme Inhalt:	**30**

Gesamtpunktzahl = Inhaltliche Leistung + Darstellungsleistung:	**100**

Vorschlag zur Benotung:

Note 1	Note 2	Note 3	Note 4	Note 5	Note 6
89 bis 100 P.	76 bis 88 P.	63 bis 75 P.	50 bis 62 P.	20 bis 49 P.	0 bis 19 P.

* Wenn der Schüler orthografische Regeln häufig nicht beachtet, wird die Note um eine Notenstufe abgesenkt. Drückt sich der Schüler sprachlich sehr sicher aus, wird die Note um eine Stufe angehoben. Für Schüler mit LRS sowie Deutsch als Zweitsprache gelten besondere Regelungen, die ggf. durch die Schulkonferenz festgelegt wurden.

Wissen, worauf es ankommt (1/3)

Aufgabe:

Schätze deinen Leistungsstand zu den einzelnen Anforderungen ein.
Kreuze an, wie gut du schon bist.

Der Inhalt deines Dialogs

1. Berücksichtige die **Textinformationen** der Kurzgeschichte „Karriereaussichten" **als Grundlage für den Dialog** zwischen dem Ich-Erzähler Matthias und seiner Frau Anja.

   ☐ *Kann ich schon gut.* ☐ *Klappt überwiegend.* ☐ *Sollte besser werden.*

2. Beziehe den Dialog auf das **zentrale Thema** der Kurzgeschichte (berufliche Karriere und Wohlstand auf Kosten von Familie, Freiheit und Gesundheit) und beachte die damit verbundenen **Konflikte** (z. B. Matthias' Zweifel am Sinn seiner Beförderung ↔ Anjas Freude über die Karriereaussichten ihres Mannes).

   ☐ *Kann ich schon gut.* ☐ *Klappt überwiegend.* ☐ *Sollte besser werden.*

3. Verdeutliche die **Motive, Gefühle und Charaktere** der Sprechenden (z. B. Matthias ist verzweifelt und wünscht eine Aussprache über seine Bedenken oder will möglicherweise auf die Karriere verzichten – Anja ist verständnisvoll oder aber enttäuscht und wütend).

   ☐ *Kann ich schon gut.* ☐ *Klappt überwiegend.* ☐ *Sollte besser werden.*

4. Schreibe einen **sinnvollen Gesprächsverlauf**, bei dem Matthias und Anja **aufeinander eingehen**, mit einem **passenden Abschluss** (z. B. Einigung oder Konfliktverhärtung).

   ☐ *Kann ich schon gut.* ☐ *Klappt überwiegend.* ☐ *Sollte besser werden.*

5. Gestalte den Dialog **kreativ** und **abwechslungsreich** (z. B. durch Gefühlsäußerungen, Fragen und Antworten sowie Ausrufe).

   ☐ *Kann ich schon gut.* ☐ *Klappt überwiegend.* ☐ *Sollte besser werden.*

Schmuckelemente © Aquir – Fotolia.com

Wissen, worauf es ankommt (2/3)

Aufgabe:

- Schätze deinen Leistungsstand zu den einzelnen Anforderungen ein. Kreuze an, wie gut du schon bist.

➡ Die Art, wie du deinen Dialog schreibst (Darstellung)

1. Verwende **„gesprochene" Alltagssprache** und berücksichtige eine zu den Personen **passende Ausdrucksweise** (gebildete Erwachsene).
   ☐ *Kann ich schon gut.* ☐ *Klappt überwiegend.* ☐ *Sollte besser werden.*

2. Formuliere **abwechslungsreich**.
   ☐ *Kann ich schon gut.* ☐ *Klappt überwiegend.* ☐ *Sollte besser werden.*

3. Formuliere **anschaulich** und **lebendig**.
   ☐ *Kann ich schon gut.* ☐ *Klappt überwiegend.* ☐ *Sollte besser werden.*

4. Achte auf die korrekte **Grammatik** (z. B. den richtigen Satzbau).
   ☐ *Kann ich schon gut.* ☐ *Klappt überwiegend.* ☐ *Sollte besser werden.*

5. Achte auf eine korrekte **Rechtschreibung** und **Zeichensetzung**.
   ☐ *Kann ich schon gut.* ☐ *Klappt überwiegend.* ☐ *Sollte besser werden.*

Anregungen zur Vorbereitung und Nachbereitung

- Übe, die Figurenkonstellation und Konfliktsituation in einem literarischen Text zu verstehen.
- Trainiere, die Motive und Positionen der Personen im Handlungskontext zu erfassen.
- Verfasse auf der Grundlage von Textinformationen einen Dialog literarischer Figuren mit sinnvollem Verlauf und passendem Abschluss.
- Stelle die Anliegen, Forderungen, Fragen, Reaktionen und Gefühlsäußerungen der kommunizierenden Personen im Stil „gesprochener" Sprache dar.
- Formuliere anschaulich und abwechslungsreich.
- Schreibe sprachlich korrekt und angemessen.

Schmuckelemente © Aquir – Fotolia.com

Wissen, worauf es ankommt (3/3)

Tipps zum Thema

Beachte Folgendes beim Schreiben eines Dialogs zwischen literarischen Figuren

- Das Schreiben eines Dialogs zwischen literarischen Figuren setzt ein **genaues Textverständnis** voraus.
- Du brauchst **Einfühlungsvermögen** gegenüber den beteiligten Personen.
- Beachte den **Ausgangstext**, aber sei auch **kreativ** bei der Gestaltung deines Dialogs.

Bereite deinen Dialog gründlich vor

- **Lies** den Ausgangstext **sorgfältig**, um ein **Textverständnis** zu entwickeln.
- Notiere **Standpunkte** und **Absichten** der Personen sowie ihr **Verhältnis** zueinander.
- Skizziere den **Dialogverlauf** und notiere **Formulierungsideen**.

Achte bei der inhaltlichen Gestaltung deines Dialogs auf Folgendes

- Berücksichtige das **zentrale Thema** und die **Figurenkonstellation** des Ausgangstextes. Vermeide Abschweifungen.
- Gestalte den Dialog **aussagekräftig** im Hinblick auf die **Motive**, **Gefühle** und **Charaktere** der beteiligten Personen. Vermeide Oberflächlichkeit.
  - ➡ Z. B.: „Ich muss gestehen, dass es mir immer zu peinlich war, über meine Angst vor einer Beförderung zu reden. Klar, wir wären reich. Aber zu welchem Preis?"
- Verdeutliche das **Verhältnis** der Personen zueinander, indem sie im Dialog **aufeinander eingehen**. Vermeide eine bloße Aneinanderreihung von Aussagen.
- Verfasse einen **sinnvollen Gesprächsverlauf** mit einem **passenden Abschluss**. Vermeide einen zu kurzen Dialog ohne Entwicklung.
- Gestalte den Dialog **kreativ** und **abwechslungsreich** durch Gefühlsäußerungen, Fragen und Antworten sowie Ausrufe. Vermeide zu „trockene" Aussagen.
  - ➡ Z. B.: „Du willst wirklich auf deine Beförderung verzichten? Das kann nicht wahr sein! Du bist verrückt, Matthias! Ich bin fassungslos!"

Achte auf passende Formulierungen

- Verwende **direkte Rede** ohne weitere Situationsbeschreibungen.
- Schreibe den Dialog **im Stil „gesprochener" Sprache** mit **kurzen Sätzen** und einer **„natürlich" klingenden Wortwahl**. Vermeide Schachtelsätze.
- Berücksichtige eine zur Person **passende Ausdrucksweise**. Beachte die persönlichen **Merkmale** (z. B. Alter, Bildungsgrad, Charaktereigenschaften) sowie die **Stimmung** in der Gesprächssituation (z. B. Freude, Mitgefühl, Trauer, Angst, Wut, Nervosität).
- Formuliere möglichst **abwechslungsreich**. Vermeide Wortwiederholungen.
- Verwende **anschauliche Verben und Adjektive**.

Schmuckelemente © Aquir – Fotolia.com

Mögliches Ergebnis (1/2)

Das bedeuten die Hervorhebungen im Text:

Grün:	Ausdruck von Gefühlen und Motiven der Personen
Rot:	Reaktion auf die vorherige Äußerung („verbindender" Effekt)
Blau:	alltags- bzw. umgangssprachliche Formulierung (Merkmal gesprochener Sprache)

Dialog zwischen Matthias und Anja vor dem Schlafengehen

A.: Irgendetwas stimmt nicht mit dir, Schatz. Hast du etwa den Sekt nicht vertragen?
M.: Doch, der Sekt ist nicht das Problem. Vielleicht war diese Überraschungsparty etwas zu viel für mich.
A.: Na! Du feierst doch eigentlich immer gern. Außerdem gibt es doch einen supertollen Grund zum Feiern: Du bist ab morgen Prokurist! Schon vergessen? – Hast du übrigens endlich den Vertrag unterschrieben? Wäre doch peinlich, wenn sich im Büro des Chefs herausstellen würde, dass du aus Versehen die Unterschrift verschwitzt hast.
M.: Ähm, tja, ich habe nicht unterschrieben. Ich … Ich fürchte, ich kann nicht …
A.: Wie bitte? Willst du mich veräppeln?
M.: Nein, Anja. Ich meine das so, wie ich es sage. Seit Tagen bereitet mir der Gedanke an diese Beförderung Kopfschmerzen. Ich bezweifle, dass uns meine Beförderung glücklich machen wird.
A.: Du und Muffensausen? Aber Matthias, so kenne ich dich ja gar nicht! – Du wolltest doch schon immer was schaffen im Leben, ganz groß rauskommen, es allen zeigen, reich werden! Diese Beförderung ist doch wie ein Schlüssel zum Glück, darüber waren wir uns stets einig! – Und jetzt stellst du dich so an!
M.: Nenn meine Sorge keine Anstellerei! – Glaubst du, dass ich einfach so ein Theater mache? – Ich muss gestehen, dass es mir immer zu peinlich war, über meine Angst vor einer Beförderung zu reden. Klar, wir wären reich. Aber zu welchem Preis? Kann ich ein erfolgreicher Prokurist und gleichzeitig ein guter Papa für Paulchen sein? Diese Frage quält mich schon lange."
A.: Ausgerechnet jetzt, am Abend vor dem Tag, an dem die Beförderung unter Dach und Fach sein soll, platzen deine Zweifel aus dir heraus! Warum hast du nicht schon viel früher mit mir darüber geredet? Das ist ja ein schönes Vertrauen, das du zu mir hast!
M.: Entschuldige, Anja, ich hätte mich wirklich viel eher öffnen sollen. Ach, du kennst doch meinen Stolz. Manchmal steh ich mir selbst im Weg. – Als ich mit Paul im Park spazierte, wurde mir klar, dass ich mit dir über diese Sache sprechen muss. Aber dann kamen wir nach Hause und wurden von dieser spontanen Party überrumpelt.
A.: Wie undankbar! Da will man dir eine Freude bereiten und du bezeichnest das als eine Überrumpelung! – Was sollen eigentlich unsere Verwandten und Freunde denken, wenn du plötzlich einen Rückzieher machst?

Mögliches Ergebnis (2/2)

M.: Egal! – Es geht um Paulchen, um dich, um mich, um uns! Was soll aus uns werden?
A.: Ist doch klar! Eine reiche und glückliche Familie.
M.: Klingt zu schön, um wahr zu sein – reich und glücklich. Gibt es diese Kombination überhaupt? Werde ich als Prokurist nicht rund um die Uhr ein Sklave meiner Firma sein, nur um in einem goldenen Käfig zu vegetieren? Was habe ich von Ansehen und Luxus, wenn ich dafür meine ganze Energie, meine besten Jahre und schließlich auch meine Gesundheit opfern muss?
A.: Wie pessimistisch! – Diese Schwarzmalerei passt nicht zu dir, Matthias! Ich finde, du übertreibst.
M.: Ach ja? Denk mal an Wolfgang, den bisherigen Prokuristen! Der hat sich regelrecht kaputtgearbeitet. Bis zum Herzinfarkt. Jetzt liegt er unter der Erde. Das hat er davon!
A.: Puh! Du malst den Teufel an die Wand. – Ich kann verstehen, dass Wolfgangs Tod dich zum Nachdenken gebracht hat, Schatz. Aber muss es dir so ergehen wie ihm? Lerne aus seinen Fehlern und mach es besser!
M.: Das ist leicht gesagt. – Der Job ist ein Hamsterrad, in dem man nicht mehr zur Ruhe kommt …
A.: Aber du bist stark! Und dieser Job ist deine Chance! – Sei ein paar Jahre Prokurist, beiß dich durch und mit etwas Glück landest du danach auf einem noch besseren Posten, wo es ruhiger läuft.
M.: Könnte klappen … Aber wenn nicht? Wenn ich merke, dass mir alles über den Kopf wächst?
A.: Dann hast du es wenigstens versucht! – Ich werde dich trotzdem lieben, und Paulchen natürlich auch. Egal, was kommt: Wir halten zu dir. Und natürlich wollen wir nicht, dass du dich kaputtarbeitest.
M.: Danke, Anja, dass du mir den Rücken stärkst. – Also gut, ich werde probieren, den Job als Prokurist zu meistern.
A.: Das ist mein Matthias! – Oh, ich glaube, wir haben Paulchen geweckt. Er weint!
M.: Ich gehe hin und tröste ihn. – Und danach unterschreibe ich den Vertrag.

Klassenarbeit (1/2)

Thema:

Einen szenischen Text in einen epischen Text umwandeln

Aufgabe:

- Schreibe auf der Grundlage des szenischen Textes eine Kurzgeschichte aus Sarahs Perspektive in der Ich-Erzählform. Ergänze eine passende Überschrift.

Beachte!

- Entscheide, in welchem Umfang du Teile des Dialogs als direkte Rede übernimmst.
- Ergänze den Handlungsablauf durch sinnvolle Details zu Personen und Situationen.

In einem ziemlich vollen Schulbus an einem frühen Nachmittag: Die Freundinnen Sarah und Melissa – beide 15 – haben nur Stehplätze ergattert. Sie unterhalten sich über die Ereignisse des Schultags. Sarah ist allerdings nicht ganz bei der Sache. Sie wirft ständig Blicke auf einen großen, blonden Jungen, der etwas weiter hinten nahe der Tür steht.

MELISSA (M): Tja, ich hab Aufgabe fünf nicht ganz geschafft und dann gleich mit sieben weitergemacht. Sechs war mir zu schwer. Bismarcks Außenpolitik – wozu muss man so was eigentlich wissen? … Hey, Sarah, hörst du mir überhaupt zu?

SARAH (S): Klar. – Kann mich nicht mehr dran erinnern, was ich so geschrieben hab.

M: So cool wäre ich auch gern. – Sag mal, wen starrst du da eigentlich die ganze Zeit an? Aha! Den Süßen mit den blonden Haaren und dem blauen Hemd, stimmt's?

S: Ähm …

M: Wow! Wenn ich nicht schon mit Jan zusammen wäre, würde der Typ mich auch total interessieren. Der ist, glaube ich, ein neuer Schüler in unserer Parallelklasse.

S: Erinnert er dich nicht auch an Leonardo DiCaprio?

Schmuckelemente © Aquir – Fotolia.com

Klassenarbeit (2/2)

M: Der hier ist fast noch hübscher als Leonardo. – Mensch, Sarah! Du und er! Wäre doch was, oder?

S: Ja, schon, aber …

M: Nichts aber! – Sieh mal, er will an der nächsten Haltestelle aussteigen. Schnell, Sarah, hinterher! – Ich hab da so eine Idee!

S (*während Melissa sie aus dem Bus zerrt*): He, was soll die Aktion?

M: Wirst schon sehen! – *Zum Jungen:* Hallo, du! Der Reißverschluss deines Rucksacks ist auf. Da könnte was rausfallen.

DER JUNGE (J): Oh, stimmt, danke! – Wenn ich jetzt meine Schulbücher verloren hätte …

M: Könntest du heute keine Hausaufgaben machen und hättest Zeit für was Schönes. Kino zum Beispiel. – Weißt du zufällig, welche Filme gerade laufen?

J: Unter anderem so ein neuer Horrorfilm über Graf Dracula.

M: Was für ein Zufall! Sarah, meine Freundin hier neben mir, steht total auf Vampirfilme.

S: Melissa!

J: Du heißt Melissa? Ich bin Jonathan. – Vampirfilme sind übrigens gar nicht mein Fall. – Heute Abend gehe ich auf die Kirmes. Ähm, Melissa, vielleicht hättest du Lust, mich zu begleiten. Wird bestimmt spaßig!

S: Vor allem, wenn Jan euch zusammen sieht.

© CSschmuck – Fotolia.com

Viel Spaß und viel Erfolg!

Schmuckelemente © Aquir – Fotolia.com

Erwartungshorizont für die Lehrkraft

1) Inhaltliche Leistung

	Kompetenzerwartung: Der Schüler …	**Punkte (max.)**
1.	berücksichtigt die *Textinformationen des vorgegebenen Dialogs als Grundlage* für die Kurzgeschichte.	12
2.	beachtet die *typischen Kurzgeschichtenmerkmale* (z. B. unmittelbarer Einstieg, Verdeutlichung der Zusammenhänge im Handlungsverlauf, offener Schluss).	12
3.	schreibt die Kurzgeschichte aus *Sarahs Perspektive* und gestaltet die Handlung *logisch* und *sinnvoll* unter Berücksichtigung der *Figurenkonstellation* (Belastung der Freundschaft von Sarah und Melissa durch die Begegnung mit Jonathan).	20
4.	verfasst die Geschichte *kreativ* und *anschaulich* (z. B. durch passende Details und Beschreibungen, Gefühle und Gedanken, wörtliche Rede).	20
5.	formuliert eine *passende und ansprechende Überschrift.*	6
	Teilsumme Inhalt:	**70**

2) Darstellungsleistung

	Kompetenzerwartung: Der Schüler …	**Punkte (max.)**
1.	verwendet *geeignete Verben des Sagens* zur Einbindung der wörtlichen Rede.	3
2.	berücksichtigt eine zur Ich-Erzählerin *passende Ausdrucksweise.*	6
3.	formuliert *abwechslungsreich, anschaulich* und *lebendig.*	7
4.	schreibt *grammatisch* korrekt (u. a. Syntax).	7
5.	schreibt *orthografisch* korrekt (Rechtschreibung, Zeichensetzung).*	7
	Teilsumme Inhalt:	**30**

Gesamtpunktzahl = Inhaltliche Leistung + Darstellungsleistung:	**100**

Vorschlag zur Benotung:

Note 1	Note 2	Note 3	Note 4	Note 5	Note 6
89 bis 100 P.	76 bis 88 P.	63 bis 75 P.	50 bis 62 P.	20 bis 49 P.	0 bis 19 P.

* Wenn der Schüler orthografische Regeln häufig nicht beachtet, wird die Note um eine Notenstufe abgesenkt. Drückt sich der Schüler sprachlich sehr sicher aus, wird die Note um eine Stufe angehoben. Für Schüler mit LRS sowie Deutsch als Zweitsprache gelten besondere Regelungen, die ggf. durch die Schulkonferenz festgelegt wurden.

Wissen, worauf es ankommt (1/3)

Aufgabe:

Schätze deinen Leistungsstand zu den einzelnen Anforderungen ein. Kreuze an, wie gut du schon bist.

Der Inhalt deiner Kurzgeschichte aus Sarahs Sicht auf der Grundlage des Dialogs

1. Berücksichtige die **Textinformationen des vorgegebenen Dialogs als Grundlage** für die Kurzgeschichte.
   ☐ *Kann ich schon gut.* ☐ *Klappt überwiegend.* ☐ *Sollte besser werden.*

2. Beachte die **typischen Kurzgeschichtenmerkmale** (unmittelbarer Einstieg, Verdeutlichung der Zusammenhänge im Handlungsverlauf, offener Schluss).
   ☐ *Kann ich schon gut.* ☐ *Klappt überwiegend.* ☐ *Sollte besser werden.*

3. Schreibe die Kurzgeschichte aus **Sarahs Perspektive** und gestalte die Handlung **logisch** und **sinnvoll** unter Berücksichtigung der **Figurenkonstellation** (Belastung der Freundschaft zwischen Sarah und Melissa durch die Begegnung mit Jonathan).
   ☐ *Kann ich schon gut.* ☐ *Klappt überwiegend.* ☐ *Sollte besser werden.*

4. Verfasse die Geschichte **kreativ** und **anschaulich** durch passende Einzelheiten und Beschreibungen, Gefühle und Gedanken sowie wörtliche Rede.
   ☐ *Kann ich schon gut.* ☐ *Klappt überwiegend.* ☐ *Sollte besser werden.*

5. Formuliere eine **passende und ansprechende Überschrift**.
   ☐ *Kann ich schon gut.* ☐ *Klappt überwiegend.* ☐ *Sollte besser werden.*

Schmuckelemente © Aquir – Fotolia.com

Wissen, worauf es ankommt (2/3)

Aufgabe:

- Schätze deinen Leistungsstand zu den einzelnen Anforderungen ein. Kreuze an, wie gut du schon bist.

➡ Die Art, wie du deine Kurzgeschichte aus Sarahs Sicht schreibst (Darstellung)

1. Verwende **geeignete Verben des Sagens** zur Einbindung der wörtlichen Rede.
   ▢ *Kann ich schon gut.* ▢ *Klappt überwiegend.* ▢ *Sollte besser werden.*

2. Berücksichtige eine zur Ich-Erzählerin **passende Ausdrucksweise** (z. B. teils umgangs- und jugendsprachliche Formulierungen, emotionale Adjektive angesichts der Situation).
   ▢ *Kann ich schon gut.* ▢ *Klappt überwiegend.* ▢ *Sollte besser werden.*

3. Formuliere **abwechslungsreich**, **anschaulich** und **lebendig**.
   ▢ *Kann ich schon gut.* ▢ *Klappt überwiegend.* ▢ *Sollte besser werden.*

4. Achte auf die korrekte **Grammatik** (z. B. den richtigen Satzbau).
   ▢ *Kann ich schon gut.* ▢ *Klappt überwiegend.* ▢ *Sollte besser werden.*

5. Achte auf eine korrekte **Rechtschreibung** und **Zeichensetzung**.
   ▢ *Kann ich schon gut.* ▢ *Klappt überwiegend.* ▢ *Sollte besser werden.*

Anregungen zur Vorbereitung und Nachbereitung

- Übe, die Thematik sowie die Figurenkonstellation eines szenischen Textes zu erfassen.
- Versetze dich in die Situation der beteiligten Personen hinein.
- Verfasse zu einem szenischen Text aus der Perspektive einer beteiligten Person eine Kurzgeschichte.
- Schreibe anschaulich und lebendig, indem du passende Einzelheiten, Gedanken und Gefühle sowie wörtliche Rede verwendest.
- Formuliere abwechslungsreich.
- Finde eine interessante Überschrift für die Kurzgeschichte.
- Schreibe sprachlich korrekt und angemessen.

Schmuckelemente © Aquir – Fotolia.com

Wissen, worauf es ankommt (3/3)

Tipps zum Thema

Beachte Folgendes bei der Umwandlung eines szenischen Textes in einen epischen Text

- Untersuche die **Figurenkonstellation** und die **Konfliktsituation**.
- Du brauchst **Einfühlungsvermögen** gegenüber den beteiligten Personen.
- Berücksichtige den **Ausgangstext**, aber sei auch **kreativ**.

Bereite den epischen Text auf der Grundlage des szenischen Textes gut vor

- **Lies** den szenischen Text **sorgfältig**.
- Notiere die **Personenbeziehungen** und ihre (mögliche) **Entwicklung**.
- Notiere **Formulierungsideen** (anschauliche Verben, Adjektive).

Achte bei der inhaltlichen Gestaltung deines epischen Textes auf Folgendes

- Berücksichtige das **zentrale Thema** sowie die **Figurenkonstellation**.
- Beachte **typische Merkmale einer Kurzgeschichte** (z. B. unmittelbares Einsetzen der Handlung, Verdeutlichung der Zusammenhänge im Handlungsverlauf, offenes Ende).
- Achte darauf, dass die **Erzählhaltung** zur **Erzählperspektive** passt.
- Gestalte die Handlung **logisch** und **sinnvoll** ohne Abschweifungen.
- Gestalte die Handlung der Geschichte **kreativ** und **anschaulich**: Beschreibe **Gefühle** und **Gedanken**. Erzähle **abwechslungsreich** und **lebendig**.
  - ➡ Z. B.: Während das tolle Aussehen dieses süßen Typs mich in den Bann zog, spürte ich ein Kribbeln im Bauch. Er warf einen zufälligen Blick in meine Richtung, dem ich aber auswich. Ach, ich würde wohl niemals den Mut aufbringen, diesen hübschen Kerl anzusprechen. „Hey, Sarah, hörst du mir überhaupt zu?“, riss mich Melissas Stimme plötzlich aus meinen Gedanken. …
- Integriere (mindestens) die **zentralen Äußerungen** der Personen, die für die Handlung von Bedeutung sind, als **wörtliche Figurenrede** in den epischen Text.
- Ergänze den Handlungsverlauf durch **Details** zu Personen und Situation.
- Formuliere eine **geeignete Überschrift**, die zum Inhalt passt und den Leser anspricht.

Achte auf passende Formulierungen

- Schreibe im **Präteritum** (oder im Präsens). Vermeide Tempuswechsel.
- Verwende verschiedene **Verben des Sagens**. Binde die **wörtliche Rede** ein.
  - ➡ Z. B.: „…“, entfuhr es ihr / „…“, fiel mir Melissa ins Wort / „…“, fauchte ich sie an
- Formuliere möglichst **abwechslungsreich**. Vermeide Wortwiederholungen.
- Verwende **anschauliche Verben und Adjektive** (z. B.: seufzen/kichern/zuckersüß/knallrot).
- Bilde interessant wirkende **Satzanfänge** (z. B.: Plötzlich … /Empört über diese falsche Behauptung …).

Schmuckelemente © Aquir – Fotolia.com

Mögliches Ergebnis (1/2)

Das bedeuten die Hervorhebungen im Text:

Grün: Formulierungen des Sagens bei der wiedergegebenen Figurenrede

Rot: aus dem szenischen Text übernommene wörtliche Rede

Blau: anschauliche Formulierungen

Eine wirklich „tolle" Hilfe

Da war er wieder, dieser süße Typ! Seit ich ihn vor wenigen Tagen auf dem Schulhof zum ersten Mal gesehen hatte, ging er mir nicht mehr aus dem Kopf. Nun stand er nur einige Meter neben mir im vollen Schulbus, nahe der Hintertür, wo seine sportliche Traumfigur die Siebt- und Achtklässler überragte. Die stickige Luft stank nach Schülern, die einen ganzen Vormittag lang geschwitzt hatten; der Bus ruckelte und neben mir schwatzte meine Freundin Melissa über Problemchen bei der Geschichtsarbeit. Trotzdem kam mir die Busfahrt paradiesisch vor. Während mich das tolle Aussehen dieses süßen Typs immer mehr fesselte, spürte ich ein Kribbeln im Bauch. Ich konnte mich einfach nicht von ihm abwenden. Er warf einen zufälligen Blick in meine Richtung, dem ich aber auswich. Ach, ich würde wohl niemals den Mut aufbringen, diesen coolen Typen anzusprechen. „Hey, Sarah, hörst du mir überhaupt zu?", riss mich Melissas Stimme plötzlich aus meinen verträumten Gedanken. Meine scharfsinnige Freundin fand natürlich schnell heraus, wem meine Aufmerksamkeit in Wahrheit galt. „Wow", entfuhr es ihr aufgeregt, „wenn ich nicht schon mit Jan zusammen wäre, würde der Typ mich auch total interessieren." Sie klang ehrlich begeistert. „Der ist, glaube ich, ein neuer Schüler in unserer Parallelklasse", fügte Melissa mit wichtigtuerischer Miene hinzu. Sie wusste immer über alles und jeden Bescheid. „Erinnert er dich nicht auch an Leonardo DiCaprio?", flüsterte ich ihr schwärmerisch zu. „Der hier ist fast noch hübscher als Leonardo", platzte es aus meiner Freundin heraus. Auf einmal begann sie, laut zu kichern. „Mensch, Sarah! Du und er! Wäre doch was, oder?" „Ja, schon, aber …" „Nichts aber!", fiel mir Melissa schroff ins Wort und versetzte mir einen plötzlichen Rippenstoß. „Sieh mal, er will an der nächsten Haltestelle aussteigen. Schnell, Sarah, hinterher! – Ich hab da so eine Idee!" Hastig zerrte Melissa mich aus dem Bus. „He, was soll die Aktion?", fauchte ich sie verständnislos an. „Wirst schon sehen!", lautete die selbstsichere Antwort. Schnell hatten wir den Jungen, der mit seinem angesagten, blauen Hemd aus der Menge der Fußgänger auf dem Bürgersteig herausstach, eingeholt. Mein Herz pochte rasend. Was führte Melissa im Schilde? „Hallo, du!" Sie tippte ihm unbefangen auf die Schulter, als sei dies das Normalste auf der Welt. Er blickte sich irritiert um, wovon sich Melissa jedoch keineswegs beirren ließ. „Der Reißverschluss deines Rucksacks ist auf", flötete sie mit einer hellen, besorgt klingenden Engelsstimme. „Da könnte was rausfallen." – Das traf sogar zu und war nicht übertrieben. – „Oh, stimmt, danke!", murmelte der Typ überrascht. „Wenn ich jetzt meine Schulbücher verloren hätte …"

Mögliches Ergebnis (2/2)

„Könntest du heute keine Hausaufgaben machen", unterbrach ihn Melissa lächelnd, „und hättest Zeit für was Schönes. Kino zum Beispiel. – Weißt du zufällig, welche Filme gerade laufen?" Ich schielte verstohlen zu dem Jungen hinüber, der anscheinend angestrengt nachdachte. „Unter anderem so ein neuer Horrorfilm über Graf Dracula", beantwortete er schließlich Melissas Frage. Diese klatschte begeistert in die Hände und rief entzückt: „Was für ein Zufall! Sarah, meine Freundin hier neben mir, steht total auf Vampirfilme!" Wie auf Knopfdruck wurde ich knallrot im Gesicht – zum einen, weil der zuckersüße Typ mich nun erstmals mit seinen tiefen, blauen Augen bewusst anschaute, zum anderen, weil ich mit Vampirfilmen nichts am Hut hatte. Ich und Vampirfilme! – Empört über diese falsche Behauptung, die wohl als Anfang eines Verkupplungsversuchs gedacht war, zischte ich: „Melissa!"

„Du heißt Melissa?", schnappte der Typ den Namen meiner Freundin auf und wandte sich dieser offensichtlich interessiert zu: „Ich bin Jonathan." Nun errötete auch Melissa und strich verlegen mit der Hand durch ihr frisch getöntes Haar. „Vampirfilme sind übrigens gar nicht mein Fall", bemerkte Jonathan beiläufig. Diese Botschaft war wohl an meine Adresse gerichtet und klang wie eine Abfuhr auf ganzer Linie. Ein bitteres Gefühl überkam mich, denn mir dämmerte nun, dass mein Traumtyp null Interesse an mir hatte und sich stattdessen an Melissa ranschmiss. In diesem Moment hasste ich sie abgrundtief für ihre wirklich „tolle" Hilfe beim Kennenlernen jenes Jungen, für ihren unwiderstehlichen Charme und für ihr unverschämtes Glück.

Jonathans Stimme riss mich aus meinen trüben Gedanken und bestätigte, was ich bereits ahnte: „Heute Abend gehe ich auf die Kirmes. Ähm, Melissa, vielleicht hättest du Lust, mich zu begleiten. Wird bestimmt spaßig!"

„Vor allem, wenn Jan euch zusammen sieht", ergriff ich kalt lächelnd das Wort, bevor Melissa etwas sagen konnte.

Quellenverzeichnis

Bildquellen

Seite 19: © namosh – Fotolia.com
Seite 29: © goir – Fotolia.com
Seite 33: © goir – Fotolia.com
Seite 42: © vencav – Fotolia.com
Seite 60: © sbojanovic – Fotolia.com
Seite 126: © namosh – Fotolia.com
Seite 133: © namosh – Fotolia.com
Seite 136: © vladayoung – Fotolia.com
Seite 142: © gensou2 – Fotolia.com
Seite 168: © kickimages – Fotolia.com
Seite 185: © BillionPhotos.com – Fotolia.com
Seite 198: © Michael Brown – Fotolia.com
Seite 205: © BillionPhotos.com – Fotolia.com
Seite 239: © Robert Kneschke – Fotolia.com
Seite 240: © Robert Kneschke – Fotolia.com
Seite 248: © nerthuz – Fotolia.com
Seite 256: © christine krahl – Fotolia.com
Seite 264: © CSschmuck – Fotolia.com

Textquellen

Seite 66 f.: Medienpädagogischer For-schungsverbund Südwest (Hrsg.); Feierabend, Sabine (SWR Medienforschung); Plankenhorn, Theresa (LFK); Rathgeb, Thomas (LFK) (Autoren): JIM-Studie 2015. Jugend, Information, (Multi-)Media. Basisstudie zum Medienumgang 12- bis 19-Jähriger in Deutschland, Stuttgart 2015, S. 49, 51, 53, *Link:* http://www.mpfs.de/studien/jim-studie/2015/

Seite 68: DER SPIEGEL online (15.12.2014): Friedmann, Jan; Kleinhubbert, Guido; Wiedmann-Schmidt, Wolf: Auf Handy-Entzug, *Link:* http://www.spiegel.de/spiegel/print/d-130878597.html

Seite 113 f.: FAZ online (15.11.2015): Becker, Lisa: Zukunftsfähige Jugend, *Link:* http://www.faz.net/aktuell/wirtschaft/wirtschaftspolitik/kommentar-zukunfts faehige-jugend-13911215.html

Seite 126 ff.: Grimm, Jacob und Wilhelm: Rumpelstilzchen, in: Kinder- und Hausmärchen, gesammelt durch die Brüder Grimm, erster Teil, Frankfurt a. M.: Insel-Verlag, 1974, S. 318–321

Seite 135 f.: ESA Kids (Kinderseite der European Space Agency): Das Sonnensystem und seine Planeten, *Link:* https://www.esa.int/esaKIDSde/SEMUX0NZCIE_OurUniverse_0.html

Seite 141 f.: Droste-Hülshoff, Annette von: Der Knabe im Moor, in: Sämtliche Werke, Bd. 1, Günther Weydt und Winfried Woesler (Hrsg.), München: Winkler, 1973, S. 60–61

Seite 149 f.: FAZ online (27.08.2012): Trautsch, Matthias: Schule ist kein Freibad, *Link:* http://www.faz.net/aktuell/rhein-main/kommentar-zu-schulbekleidung-schule-ist-kein-freibad-11870267.html

Seite 157 f.: Süddeutsche online (13.11.2015): Hildebrand, Kathleen: Sie nannten ihn „Smombie", *Link:* http://www.sueddeutsche.de/kultur/wort-wahl-sie-nannten-ihn-smombie-1.2735892

Kurzgeschichten des Autors Lars Fedeler

Seite 41 f.: Kein Fünkchen Respekt, 2015
Seite 49 ff.: Der Raid meines Lebens, 2015
Seite 166 ff.: Der letzte Freundschaftsdienst, 2015
Seite 239 f.: Der Aufstieg, 2017
Seite 246 ff.: Freak, 2015
Seite 254 ff.: Karriereaussichten, 2015

Literaturtipps

Alof, Sonja; Wilmot-Günther, Astrid:
KomplettWissen Deutsch. Gymnasium 5.–10. Klasse
Klett, 2013.
ISBN 978-3-1292-6049-4

Auer, Gerold:
Mein Materialpool für alle Fälle. 100 x Textverständnis.
Kopiervorlagen mit Multiple-Choice-Aufgaben für die Sekundarstufe.
Verlag an der Ruhr, 2017.
ISBN 978-3-8346-3721-5

Brömel, Floreen; Heublein, Karoline:
Alles klar! Deutsch – Sekundarstufe I – 5./6. Schuljahr.
Texte schreiben. Lern- und Übungsheft mit beigelegtem Lösungsheft.
Cornelsen Verlag, 2011.
ISBN 978-3-4646-0456-4

Ferus, Veronika; Kusumi, Annika; Munoz, Ina:
Alles klar! Deutsch – Sekundarstufe I – 7./8. Schuljahr.
Texte schreiben. Lern- und Übungsheft mit beigelegtem Lösungsheft.
Cornelsen Verlag, 2011.
ISBN 978-3-4646-0457-1

Gebhard, Lilli; Munoz, Ina; Neudeck, Anne:
Alles klar! Deutsch – Sekundarstufe I – 9./10. Schuljahr.
Texte schreiben. Lern- und Übungsheft mit beigelegtem Lösungsheft.
Cornelsen Verlag, 2012.
ISBN 978-3-4646-0466-3

Kraus, Stefanie; Maier, Gerlinde:
Lernwerkstatt Aufsatztraining.
Kopiervorlagen zur Verbesserung der Schreibkompetenz.
Kohl Verlag, 2007.
ISBN 978-3-8663-2678-1

Wessel, Jan-Frederik:
30 x 45 Minuten – Deutsch.
Fertige Stundenbilder für Highlights zwischendurch.
Klasse 5–7.
Verlag an der Ruhr, 2017.
ISBN 978-3-8346-3725-3